Petra Kauch
Gentechnikrecht

Gentechnikrecht

von

Dr. Petra Kauch

Rechtsanwältin und Fachanwältin für Verwaltungsrecht
in Lüdinghausen

Lehrbeauftragte für Umweltrecht
an der Fachhochschule für öffentliche Verwaltung NRW,
Abteilungen Münster und Gelsenkirchen

Verlag C.H. Beck München 2009

Verlag C. H. Beck im Internet:
beck.de

ISBN 978 3 406 58649 1

© 2009 Verlag C. H. Beck oHG
Wilhelmstraße 9, 80801 München

Druck: Nomos Verlagsgesellschaft,
In den Lissen 12, 76547 Sinzheim

Satz: Textservice Zink, 74869 Schwarzach

Gedruckt auf säurefreiem, alterungsbeständigem Papier
(hergestellt aus chlorfrei gebleichtem Zellstoff)

Vorwort

Das Gentechnikgesetz wurde im April 2008 durch das Gesetz zur Änderung des Gentechnikgesetzes, zur Änderung des EG-Gentechnik-Durchführungsgesetzes und zur Änderung der Neuartigen Lebensmittel- und Lebensmittelzutaten-Verordnung novelliert und hat damit eine grundlegende Neuerung erfahren. Oberstes Ziel soll nach wie vor der Schutz von Mensch und Umwelt sein. Gleichzeitig allerdings sind Verfahrenserleichterungen für Arbeiten mit gentechnisch veränderten Organismen in geschlossenen Systemen eingeführt worden. Auch die Regelungen zur Vereinbarkeit von Bewirtschaftungsformen mit und ohne Gentechnik in der Landwirtschaft wurden näher ausgestaltet.

Das Gentechnikrecht wird insgesamt nur unzureichend mit dem Gentechnikgesetz beschrieben. Zwar umfasst dieses Gesetz seit fast zwei Jahrzehnten auf der Grundlage der Systemrichtlinie und der Freisetzungsrichtlinie der Europäischen Gemeinschaft den Teilbereich des Gentechnikrechts, der als Umwelt-Gentechnikrecht (so genannte grüne Gentechnik) bezeichnet wird. Allerdings ist es bezogen auf umweltrechtliche Normen nicht abschließend, sodass daneben zahlreiche andere Vorschriften zur Anwendung kommen. Wegen der Zuständigkeit der Europäischen Gemeinschaft für den Erlass von Rechtsvorschriften zum Umweltrecht – und damit auch zum Gentechnikrecht – handelt es sich bei zahlreichen Vorgaben um europarechtliche Verordnungen und Richtlinien, die vom Anlagenbetreiber und seinem Personal in der Praxis ggf. direkt anzuwenden sind. Dies kommt nicht zuletzt im Leben- und Futtermittelbereich zum Tragen. Bezogen auf die Verwendung der Gentechnik in der Medizin und zum Teil auch der Pharmaforschung (so genannte rote und weiße Gentechnik) ist die Anwendung des Gentechnikgesetzes zum Teil sogar ausgeschlossen, sodass hier allgemeine medizinische Grundlagen oder aber Strafvorschriften des Embryonenschutzgesetzes und des Stammzellgesetzes gelten.

Für den Praktiker ist es nicht immer leicht, aus diesem Dickicht zwischen europarechtlichen Vorgaben, nationalen Gesetzen, Verordnungen und Verwaltungsvorschriften diejenigen rechtlichen Regelungen herauszufinden, die gerade seinen Fall betreffen.

Der Praxisleitfaden Gentechnikrecht, der sich zum Ziel gesetzt hat, praktischen Anforderungen und wissenschaftlichen Grundlagen gerecht zu werden, umfasst die rechtlichen Vorgaben, die beim Umgang mit gentechnisch veränderten Organismen zu beachten sind, und stellt die unterschiedlichen Regelungen für den Bereich der Pharmazie, des Lebensmittelrechts, der Humangenetik und des Umwelt-Gentechnikrechts dar und erläutert ihre Abgrenzungen. Der Praxisleitfaden Gentechnikrecht spricht die wesentlichen Probleme bei der Anzeige, der Anmeldung und der

Genehmigung von Anlagen sowie bei den Arbeiten mit gentechnisch veränderten Organismen in den Zulassungsverfahren an. Er geht auf die Unterschiede zwischen landesrechtlichen, bundesrechtlichen und europarechtlichen Zulassungsverfahren ein. Da der Gesetzgeber den Umgang mit gentechnisch veränderten Organismen nach wie vor als gefährlich einstuft und zum Teil mit Bußgeld oder aber mit Strafe belegt, werden auch die haftungsrechtlichen Folgen und die Bußgeld- bzw. Straftatbestände behandelt; dies unter Berücksichtigung, dass Bußgelder und Strafen an die persönliche Vorwerfbarkeit des Einzelnen anknüpfen und deshalb auch Projektleitern und Beauftragten für Biologische Sicherheit auferlegt werden können.

Der Leitfaden hat den Rechtsstand Oktober 2008. Änderungen der Gesetzeslage sowie Rechtsprechung und Literatur nach diesem Zeitpunkt wurden, soweit dies möglich war, noch berücksichtigt.

Lüdinghausen, im Januar 2009   Petra Kauch

Inhaltsverzeichnis

Vorwort V
Abkürzungsverzeichnis XV
Literaturverzeichnis XXI

A. **Einführung** 1

B. **Begriffe und Anwendungsbereiche der Gentechnik** 3
  I. Begriffe der Gentechnik 3
    1. Begriff des Genoms 3
    2. Begriff des Gens 4
    3. Das Prinzip der Veränderung gentechnischer Organismen 4
    4. Gentechnik als Bereich der Biotechnologie 5
  II. Anwendungsbereiche der Gentechnik 5
    1. Gentechnik im Zusammenhang mit dem Menschen 5
      a) Genomforschung, Genomanalyse und Gendiagnostik 6
      b) Gentherapie 7
      c) Stammzellenforschung 7
      d) Embryonenforschung, Reproduktionsmedizin 7
    2. Gentechnik in der Pharmazie 8
    3. Gentechnik in der Ernährung, Landwirtschaft und Entsorgung 8

C. **Begriff des Gentechnikrechts** 11

D. **Systematischer Überblick über die Rechtsvorschriften im Gentechnikrecht** 13
  I. Rechtliche Regelungen im Bereich der Humangenetik 13
    1. Das Recht auf informationelle Selbstbestimmung 14
    2. Embryonenschutzgesetz 14
      a) Missbräuchliche Anwendung von Fortpflanzungstechniken 15
      b) Missbräuchliche Verwendung von Embryonen 16
      c) Auswahl nach Geschlechtschromosomen 16
      d) Eigenmächtige Befruchtung einer Eizelle 16
      e) Künstliche Veränderung menschlicher Keimbahnzellen 16
      f) Klonen 17
      g) Chimären- und Hybridbildung 17
    3. Stammzellgesetz 17
      a) Zweck des Gesetzes 17
      b) Anwendungsbereich des Stammzellgesetzes 18
      c) Zulässigkeit der Einfuhr und Verwendung embryonaler Stammzellen 18
      d) Genehmigung der Einfuhr und Verwendung embryonaler Stammzellen 19
  II. Rechtliche Regelungen der Umwelt-Gentechnik 20
    1. Geschichtliche Entwicklung des Umwelt-Gentechnikrechts 20

Inhaltsverzeichnis

2. Internationale Regelungen	23
a) Supranationale Regelungen	23
b) EG-rechtliche Vorgaben	23
aa) Kompetenz der Europäischen Gemeinschaft	23
bb) Mögliche rechtliche Regelungen und ihre Wirkungen	24
cc) Vorhandene Regelungen	25
(1) Richtlinien	25
(a) Vorhandene Richtlinien	25
(aa) Systemrichtlinie	26
(bb) Freisetzungsrichtlinie	26
(cc) Arbeitnehmerschutzrichtlinie	28
(dd) Bio-Patentrichtlinie	29
(ee) Etikettierungsrichtlinie	30
(b) Wirkung von Richtlinien	30
(aa) EG-rechtskonforme Auslegung	31
(bb) Unmittelbare Wirkung von Richtlinien	31
(2) Verordnungen	32
(a) Vorhandene Verordnungen	32
(aa) Novel-Food-Verordnung	33
[1] Anwendungsbereich	34
[2] Wesentliche Grundsätze	35
[3] Verfahren der Zulassung	35
[a] Genehmigungsverfahren	35
[aa] Antrag	35
[bb] Erstprüfung	36
[cc] Ergänzende Prüfung und Entscheidung	36
[b] Mitteilungsverfahren	37
[4] Kennzeichnungspflicht	37
[5] Rechtsschutz	38
(bb) Lebens- und Futtermittelverordnung	39
[1] Anwendungsbereich	39
[2] Materielle Genehmigungsvoraussetzungen	41
[3] Zuständigkeit für die Erteilung einer Genehmigung	41
(cc) Kennzeichnungsverordnung	42
(dd) Verbringungsverordnung	42
(ee) Erkennungsmarkerverordnung	42
(ff) Verordnung (EG) Nr. 49/2000	43
(gg) Verordnung (EG) Nr. 50/2000	43
(b) Wirkung von EG-Verordnungen	43
(3) Entscheidungen	43
(4) Empfehlungen	45
c) Nationale Bestimmungen des Umwelt-Gentechnikrechts	46
aa) Gesetzgebungskompetenz	46
bb) Nationale Rechtsgrundlagen	47
(1) Gesetze	47
(2) Verordnungen	47
cc) Änderungen des Gentechnikgesetzes	48
dd) Weitere Regelungen zum Gentechnikrecht	50
(1) Gefahrstoffbezogene Regelungen	51
(a) Infektionsschutzgesetz	52

Inhaltsverzeichnis

(b) Tierseuchengesetz und Tierseuchenerreger-Verordnung	53
(c) Lebens-, Bedarfsgegenstände- und Futtermittelgesetzbuch	54
(d) Arzneimittelgesetz	55
(e) Gesetz über den Transport gefährlicher Güter	55
(f) Gesetz über die Kontrolle von Kriegswaffen und Gesetz über das Verbot bakteriologischer Waffen	57
(2) Anlagenbezogene Regelungen	58
(a) Bundes-Immissionsschutzgesetz und Strahlenschutzverordnung	58
(b) Baurecht	59
(c) Wasserhaushaltsgesetz und Abwasserverordnung	59
(3) Entsorgungsbezogene Regelungen	61
(a) tierische Nebenprodukte-Beseitigungsgesetz	61
(b) Kreislaufwirtschafts- und Abfallgesetz	62
(4) Artenschutzbezogene Regelungen	62
(a) Tierschutzgesetz	62
(b) Bundesnaturschutzgesetz	63
(5) Arbeitsbezogene Regelungen	64
(a) Arbeitsschutzgesetz	64
(b) Biostoffverordnung	65
(c) Unfallverhütungsvorschriften	65
(d) Anhang VI der Gentechnik-Sicherheitsverordnung	66

E. Das Gentechnikgesetz und seine Rechtsverordnungen 67

I. Allgemeine Vorschriften 67
 1. Gesetzeszweck 67
  a) Inhalt der Zweckbestimmung 67
   aa) Schutzzweck 68
   bb) Koexistenzregelung 69
   cc) Förderzweck 70
  b) Bedeutung der Zweckbestimmung 70
  c) Verhältnis von Schutzzweck, Koexistenzregelung und Förderzweck 71
 2. Anwendungsbereich des Gentechnikgesetzes 71
  a) Umfassendes Anlagen- und Tätigkeitskonzept 71
  b) Ausnahme gentechnisch veränderter Organismen durch Rechtsverordnung 72
  c) Ausnahme der Humangenetik 73
  d) Weitergehende Anforderungen nach anderen Gesetzen 74
 3. Begriffsbestimmungen 75
  a) Organismus 75
  b) Mikroorganismen 76
  c) Gentechnische Arbeiten 76
  d) Gentechnisch veränderter Organismus 77
  e) Verfahren der Veränderung gentechnischen Materials 78
  f) Gentechnische Anlagen 79
  g) Freisetzung 80
  h) Inverkehrbringen 80
  i) Umgang mit gentechnisch veränderten Organismen 80
  j) Risikomanagement 81
  k) Betreiber 81

Inhaltsverzeichnis

l) Projektleiter	81
m) Beauftragter für die Biologische Sicherheit	82
n) Sicherheitsstufen	82
o) Laborsicherheitsmaßnahmen oder Produktionssicherheitsmaßnahmen	82
p) Biologische Sicherheitsmaßnahme	82
q) Vektor	82
r) Bewirtschafter	82
s) Beschäftigte	83
4. Kommission für die Biologische Sicherheit	83
a) Zusammensetzung der Kommission	83
b) Aufgaben der Kommission	84
5. Grundpflichten	85
a) Pflicht zur Risikobewertung	86
aa) Begriff der Risikobewertung	87
bb) Risikobewertung nach der Gentechnik-Sicherheitsverordnung	88
cc) Wirkungen der Risikovorsorge	89
b) Gefahrenabwehr und Vorsorge	89
aa) Umfang der Gefahrenabwehr- und Vorsorgepflicht	90
bb) Wirkungen der Gefahrenabwehr- und Vorsorgepflicht	90
cc) Sanktionen	90
c) Aufzeichnungspflicht	90
aa) Zweck der Aufzeichnungspflicht	90
bb) Bestehen einer Aufzeichnungspflicht	91
cc) Inhalt der Aufzeichnungspflicht	91
(1) Aufzeichnungsumfang für alle Arbeiten	91
(2) Zusätzliche Aufzeichnungen im Laborbereich	92
(3) Zusätzliche Aufzeichnungen im Produktionsbereich	92
(4) Zusätzliche Aufzeichnungen bei Sicherheitsstufe drei oder vier	92
(5) Zusätzliche Aufzeichnungen bei Freisetzungen	92
dd) Form der Aufzeichnungen	93
ee) Zuständigkeit	93
ff) Aufbewahrungspflicht	93
gg) Sanktionen	94
d) Bestellung von Fachleuten für Biologische Sicherheit	94
aa) Projektleiter	94
(1) Verantwortungsbereich	94
(2) Sachkundenachweis des Projektleiters	95
bb) Beauftragter für Biologische Sicherheit	96
(1) Bestellung des Beauftragten für die Biologische Sicherheit	96
(2) Aufgaben des Beauftragten für die Biologische Sicherheit	96
(3) Sachkunde des Beauftragten für die Biologische Sicherheit	96
(4) Verhältnis zum Betreiber	96
II. Organisation	97
III. Zulassung gentechnischer Anlagen und gentechnische Arbeiten	98
1. Gentechnische Arbeiten in gentechnischen Anlagen	98
a) Sicherheitsstufen und Sicherheitsmaßnahmen	98

Inhaltsverzeichnis

b) Zulassungstatbestände	100
aa) Genehmigungspflicht	100
bb) Anmeldepflicht	101
cc) Anzeigepflicht	102
dd) Mitteilungspflicht	102
ee) Kontrollfreie Vorhaben	102
c) Genehmigungsvoraussetzungen, -verfahren und -entscheidung	102
aa) Genehmigungsvoraussetzungen	103
(1) Zuverlässigkeit	103
(2) Präsenz	104
(3) Einhaltung anderer öffentlich-rechtlicher Vorschriften und Belange des Arbeitsschutzes	104
bb) Genehmigungsverfahren	104
(1) Antrag	104
(a) Unterlagen für die Anlagengenehmigung	105
(b) Unterlagen für die Tätigkeitsgenehmigung	106
(2) Eingangsbestätigung	106
(3) Stellungnahme der Kommission und Behördenbeteiligung	106
(4) Beteiligung der Öffentlichkeit	107
(5) Entscheidung der Behörde	109
cc) Rechtscharakter der Genehmigungsentscheidung	109
d) Anmeldevoraussetzungen, -verfahren und -entscheidung	110
aa) Schriftform	110
bb) Eingangsbestätigung	110
cc) Stellungnahme der Kommission und Behördenbeteiligung	110
dd) Zulassung durch Fristablauf	110
ee) Bedingungen, Befristungen und Auflagen	111
ff) Untersagung	111
e) Anzeigevoraussetzungen, -verfahren, -folgen	111
aa) Antragsunterlagen	111
bb) Eingangsbestätigung	112
cc) Wirkung der Anzeige	112
dd) Vorläufige Untersagung	112
ee) Unbefristete Untersagung	112
IV. Freisetzung und Inverkehrbringen	113
1. Freisetzung	113
a) Genehmigungspflicht	113
b) Zuständigkeit	115
c) Verfahren	115
aa) Antrag	115
bb) Eingangsbestätigung	116
cc) EG-Beteilungsverfahren	116
dd) Beteiligung anderer Behörden	118
ee) Beteiligung der Öffentlichkeit	119
ff) Entscheidung der zuständigen Bundesoberbehörde	120
d) Genehmigungsvoraussetzungen	120
e) Genehmigungsentscheidung	122
f) Rechtsschutz	122
g) Eintragung in das Standortregister	123
2. Inverkehrbringen	125
a) Genehmigungspflicht	125
b) Zuständigkeit	127

Inhaltsverzeichnis

c) Verfahren	127
aa) Antragsbefugnis	128
bb) Antragsunterlagen	128
d) Genehmigungsverfahren	128
aa) Bewertung durch die zuständige Bundesoberbehörde	128
bb) EG-Beteiligungsverfahren	129
cc) Entscheidung durch die Bundesoberbehörde	131
dd) Beteiligung anderer Behörden	131
e) Verlängerung der Inverkehrbringensgenehmigung	131
f) Genehmigungsvoraussetzungen	132
g) Genehmigungsentscheidung	132
h) Umgang mit in Verkehr gebrachten Produkten	132
aa) Vorsorgepflicht	132
(1) Gute fachliche Praxis	133
(2) Gentechnik-Pflanzenerzeugungsverordnung	133
bb) Ausnahmen von der Vorsorgepflicht	135
cc) Zuverlässigkeit	135
dd) Produktinformation	135
ee) Beobachtung	136
i) Entscheidung der Behörde bei Inverkehrbringen	136
j) Ausnahmen für Saatgut	137
k) Genehmigungsanspruch	137
V. Gemeinsame Vorschriften	137
1. Verwendung von Unterlagen und ihre Vertraulichkeit	138
2. Kennzeichnung	139
3. Anhörungsverfahren	139
4. Nebenbestimmungen, nachträgliche Auflagen	140
a) Nebenbestimmungen	140
b) Nachträgliche Auflagen	141
5. Einstweilige Einstellung	142
6. Mitteilungspflichten	143
7. Andere behördliche Entscheidungen und der Ausschluss von privatrechtlichen Ansprüchen	144
a) Konzentrationswirkung	144
b) Ausschluss privatrechtlicher Ansprüche	145
8. Überwachungs-, Auskunfts-, Duldungspflichten	145
a) Prüfungsrecht	146
b) Einsichtsrecht	147
9. Behördliche Anordnungen	147
a) Einzelfallanordnung nach § 26 Abs. 1 S. 1 GenTG	147
b) Untersagung nach § 26 Abs. 1 S. 2 GenTG	148
aa) Untersagung wegen fehlender Zulassung	148
bb) Untersagung wegen Grund zur Rücknahme bzw. Widerruf	149
cc) Untersagung bei Verstoß gegen Nebenbestimmungen und Auflagen	149
dd) Stilllegungs- und Beseitigungsverfügung	150
ee) Untersagung bei Freisetzungen	150
ff) Untersagung beim Inverkehrbringen	150
10. Erlöschen der Genehmigung, Unwirksamwerden der Anmeldung	151
a) Erlöschen der Genehmigung	151
b) Unwirksamwerden der Anmeldung	151

Inhaltsverzeichnis

11. Informationsweitergabe	151
12. Unterrichtung der Öffentlichkeit	152
13. Methodensammlung	152
14. Auswertung und Bereitstellung von Daten	152
VI. Haftungsvorschriften	153
1. Haftung nach §§ 32 ff. GenTG	153
a) Haftungsbegründender Tatbestand	154
aa) Rechtsgutverletzung	155
bb) Haftungsbegründende Handlung	155
cc) Kausalität	156
b) Haftungsumfang	157
aa) Schaden	157
bb) Haftungsausschluss	157
cc) Haftungsmehrheit	157
dd) Mitverschulden	158
c) Haftungsberechtigung und Haftungsverpflichtung	158
d) Verjährung	158
e) Haftungshöchstbetrag und Deckungsvorsorge	159
f) Auskunftsansprüche des Geschädigten	159
g) Ansprüche bei Nutzungsbeeinträchtigungen	160
h) Haftung nach anderen Rechtsvorschriften	160
aa) Haftung für Arzneimittel	160
bb) Haftung für gentechnisch veränderte Produkte	161
2. Haftung nach anderen Rechtsvorschriften	161
a) Haftung nach dem Produkthaftungsgesetz	162
b) Haftung nach dem Umwelthaftungsgesetz	162
c) Haftung nach dem Umweltschadensgesetz	163
d) Haftung nach zivilrechtlichen Vorschriften	165
VII. Straf- und Bußgeldvorschriften	168
1. Bußgeldtatbestände	168
2. Straftatbestände	170
a) Abstrakte Gefährdungsdelikte	170
b) Konkrete Gefährdungsdelikte	170
Sachverzeichnis	173

Abkürzungsverzeichnis

§/§§	Paragraf/Paragrafen
A	Autobahn
a.A.	anderer Ansicht
ABl.	Amtsblatt
ABl. EG	Amtsblatt der Europäischen Gemeinschaft
Abs.	Absatz
Abschn.	Abschnitt
AbwV	Verordnung über Anforderungen an das Einleiten von Abwasser in Gewässer (Abwasserverordnung)
ADR	Übereinkommen über die internationale Beförderung gefährlicher Güter auf der Straße
a.F.	alte Fassung
ACTG	Adenin, Cytosin, Thymin, Guanin
ADR	Übereinkommen über die internationale Beförderung gefährlicher Güter auf der Straße
AG	Aktiengesellschaft
Alt.	Alternative
AMG	Gesetz über den Verkehr mit Arzneimitteln (Arzneimittelgesetz)
amtl.	amtlich
angef.	angefügt
ANSchRL	Arbeitnehmerschutzrichtlinie
ArbSchG	Arbeitsschutzgesetz
ArbStättV	Verordnung über Arbeitsstätten (Arbeitsstättenverordnung)
Art.	Artikel
AS RP-SL	Amtliche Sammlung von Entscheidungen der Oberverwaltungsgerichte Rheinland-Pfalz und Saarland
AtG	Gesetz über die friedliche Verwendung der Kernenergie und den Schutz gegen ihre Gefahren (Atomgesetz)
aufgeh.	aufgehoben
Aufl.	Auflage
AUR	Agrar- und Umweltrecht (Zeitschrift)
AVV	Verordnung über das Europäische Abfallverzeichnis (Abfallverzeichnis-Verordnung)
ausführl.	ausführlich
BauGB	Baugesetzbuch
BayOblG	Bayerisches Oberlandesgericht
Bd.	Band
BGH	Bundesgerichtshof
ber.	berichtigt
Bek.	Bekanntmachung
Beschl.	Beschluss
BestüV-AbfG	Verordnung zur Bestimmung von überwachungsbedürftigen Abfällen zur Verwertung (Bestimmungsverordnung überwachungsbedürftige Abfälle zur Verwertung)

XV

Abkürzungsverzeichnis

BesVwR	Besonderes Verwaltungsrecht
BGenTKostV	Bundeskostenverordnung zum Gentechnikgesetz
BioPatRL	Bio-Patentrichtlinie
BioStoffV	Biostoffverordnung
BgVV	Bundesinstitut für gesundheitlichen Verbraucherschutz und Veterinärmedizin
BGB	Bürgerliches Gesetzbuch
BGBl.	Bundesgesetzblatt
BImSchG	Gesetz zum Schutz vor schädlichen Umwelteinwirkungen durch Luftverunreinigungen, Geräusche, Erschütterungen und ähnliche Vorgänge (Bundes-Immissionsschutzgesetz)
BImSchV	Verordnung zur Durchführung des Bundes-Immissionsschutzgesetzes
BMI	Bundesministerium des Inneren
BNatSchG	Bundesnaturschutzgesetz
BPatG	Bundespatentgericht
BR-Drs.	Bundesrats-Drucksache
BT-Drs.	Bundestags-Drucksache
BVerfG	Bundesverfassungsgericht
BVerfGE	Amtliche Entscheidungssammlung des Bundesverfassungsgerichts
BVerwG	Bundesverwaltungsgericht
bzw.	beziehungsweise
CDU	Christlich Demokratische Union
ChemG	Gesetz zum Schutz vor gefährlichen Stoffen (Chemikaliengesetz)
ChemG-VwV-GLP	Allgemeine Verwaltungsvorschrift zum Verfahren in der behördlichen Überwachung der Einhaltung der Grundsätze der guten Laborpraxis
CSU	Christlich Soziale Union
dass.	dasselbe
DB	Der Betrieb (Zeitschrift)
ders.	derselbe
d.h.	das heißt
DIN	Deutsches Institut für Normung
DMG	Düngemittelgesetz
DNA	Desoxyribonukleinacid
DNS	Desoxyribonukleinsäure
DÖV	Die öffentliche Verwaltung (Zeitschrift)
DRG	Dangerous Goods Regulations
DVBl.	Deutsches Verwaltungsblatt (Zeitschrift)
EFSA	Europäische Behörde für Lebensmittelsicherheit
EG	Europäische Gemeinschaft
EGBGB	Einführungsgesetz zum Bürgerlichen Gesetzbuch
EG	Europäische Gemeinschaft
EG-Recht	Europäisches Gemeinschaftsrecht
EG-rechtskonform	in Übereinstimmung mit dem EG Recht
EG-RL	EG-Richtlinie/n
EGV	Vertrag zur Gründung der Europäischen Gemeinschaft
EG-weit	in der gesamten Europäischen Gemeinschaft

Abkürzungsverzeichnis

endg.	endgültig
ErsK	Ersatzkasse
ESchG	Embryonenschutzgesetz
EU	Europäische Union
EUV	Vertrag über die Europäische Union
EuG	Europäisches Gericht erster Instanz
EuGH	Europäischer Gerichtshof
EuZW	Europäische Zeitschrift für Wirtschaftsrecht (Zeitschrift)
EWG	Europäische Wirtschaftsgemeinschaft
EWG-Vertrag	Vertrag über die Europäische Wirtschaftsgemeinschaft
f.	folgende
F.D.P	Freiheitliche Demokratische Partei
ff.	fortfolgende
FFH	Flora-Fauna-Habitat
FFH.-Richtlinie	Flora-Fauna-Habitat Richtlinie
FreisRL	Richtlinie des Rates über die absichtliche Freisetzung genetisch veränderter Organismen in die Umwelt (Freisetzungsrichtlinie)
G	Gesetz
GBl.	Gesetzblatt
GbV	Verordnung über die Bestellung von Gefahrgutbeauftragten
geänd.	geändert
GefStoffV	Gefahrstoffverordnung
GenTG	Gentechnikgesetz
GenTGÄndG	Gesetz zur Änderung des Gentechnikgesetzes
GenTAnhV	Verordnung über Anhörungsverfahren nach dem Gentechnikgesetz (Gentechnik-Anhörungsverordnung)
GenTAufzV	Verordnung über Aufzeichnungen bei gentechnischen Arbeiten zu Forschungszwecken oder zu gewerblichen Zwecken (Gentechnik-Aufzeichnungsverordnung)
GenTBetV	Verordnung über die Beteiligung des Rates, der Kommission und der Behörden der Mitgliedstaaten der Europäischen Union und der anderen Vertragstaaten des Abkommens über den Europäischen Wirtschaftsraum im Verfahren zur Genehmigung von Freisetzungen und Inverkehrbringen sowie im Verfahren bei nachträglichen Maßnahmen nach dem Gentechnikgesetz (Gentechnik-Beteiligungsverordnung)
GenTNeuordG	Gesetz zur Neuordnung des Gentechnikrechts
GenTNotfV	Verordnung über die Erstellung von außerbetrieblichen Notfallplänen und über Informations-, Melde- und Unterrichtungspflichten (Gentechnik-Notfallverordnung)
GenTPflEV	Gentechnik-Pflanzenerzeugungsverordnung
GenTSV	Verordnung über die Sicherheitsstufen und Sicherheitsmaßnahmen bei gentechnischen Arbeiten in gentechnischen Anlagen (Gentechnik-Sicherheitsverordnung)
GenTVfV	Verordnung über Antrags- und Anmeldeunterlagen und über Genehmigungs- und Anmeldeverfahren nach dem Gentechnikgesetz (Gentechnik-Verfahrensverordnung)
GG	Grundgesetz für die Bundesrepublik Deutschland
GGBefG	Gefahrgutbeförderungsgesetz
GGVBinSch	Gefahrgutverordnung Binnenschifffahrt

Abkürzungsverzeichnis

GGVSE	Gefahrgutverordnung Straße und Eisenbahn
GGVSee	Gefahrgutverordnung Seeschifffahrt
G+G	Gesundheit und Gesellschaft (Zeitschrift)
GLP	Grundsätze der guten Laborpraxis
GMBl.	Gemeinsames Ministerialblatt
GNG	Gesundheitseinrichtung-Neuordnungs-Gesetz
grundl.	grundlegend
GVO	gentechnisch veränderter Organismus
HdUR	Handwörterbuch des Umweltrechts
HdbUR	Handbuch des Umweltrechts
Hess. LSG	Hessisches Landessozialgericht
IfSG	Gesetz zur Verhütung und Bekämpfung von Infektionskrankheiten beim Menschen – Infektionsschutzgesetz)
Hrsg.	Herausgeber
HdbUR	Handbuch des Umweltrechts
HdUR	Handwörterbuch des Umweltrechts
HS	Halbsatz
IATA	International Air Tranport Association
ICAO	International Civil Aviation Organisation
i.d.F.	in der Fassung
i.d.F. d. Bek.	in der Fassung der Bekanntmachung
IMDG-Code	Internationaler Code für die Beförderung gefährlicher Güter mit Seeschiffen
insges.	insgesamt
IUR	Informationsdienst Umweltrecht (Zeitschrift)
i.V.m.	in Verbindung mit
JA	Juristische Arbeitsblätter (Zeitschrift)
JuS	Juristische Schulung (Zeitschrift)
JZ	Juristenzeitung (Zeitschrift)
Kap.	Kapitel
KJ	Kritische Justiz (Zeitschrift)
KOM.	Beschluss der Europäischen Kommission
KrWaffKontrG	Gesetz über die Kontrolle von Kriegswaffen (Kriegswaffenkontrollgesetz)
Krw-/AbfG	Gesetz zur Förderung der Kreislaufwirtschaft und Sicherung der umweltverträglichen Beseitigung von Abfällen (Kreislaufwirtschaft- und Abfallgesetz)
LFGB	Lebensmittel-, Bedarfsgegenstände- und Futtermittelgesetzbuch
LG	Landgericht
LKVO	Lebensmittel-Kennzeichnungsverordnung
LMFG	Lebensmittel-, Bedarfsgegenstände- und Futtermittelgesetzbuch (Lebensmittel- und Futtermittelgesetzbuch)
LRE	Sammlung lebensrechtlicher Entscheidungen
m	Meter
m.w.N.	mit weiteren Nachweisen
NJW	Neue Juristische Wochenzeitschrift (Zeitschrift)

Abkürzungsverzeichnis

NJW-RR	Neue Juristische Wochenzeitschrift- Rechtsprechungsreport (Zeitschrift)
NLV	Verordnung zur Durchführung gemeinschaftsrechtlicher Vorschriften über neuartige Lebensmittel und Lebensmittelzutaten (Neuartige Lebensmittel- und Lebensmittelzutaten-Verordnung)
NL-VO	Neuartige Lebensmittel- und Lebensmittezutaten-Verordnung (EG)
NF-VO	Novel Food-Verordnung
Nr.	Nummer(n)
NuR	Natur und Recht (Zeitschrift)
NVwZ	Neue Zeitschrift für Verwaltungsrecht (Zeitschrift)
ObOWi	Ordnungswidrigkeiten
OLG	Oberlandesgericht
OECD	Organisation for Economic Cooperation and Development
OVG	Oberverwaltungsgericht
PID	Präimplantationsdiagnostik
PflSchG	Gesetz zum Schutz der Kulturpflanzen (Pflanzenschutzgesetz)
ProdHaftG	Produkthaftungsgesetz
ProdHaft-RL	Produkthaftungsrichtlinie
Rdnr.	Randnummer(n)
RID	Europäisches Übereinkommen über die internationale Beförderung gefährlicher Güter mit der Bahn
RL	Richtlinie (n)
RVO	Rechtsverordnung(en)
s.	siehe
S.	Seite
SaatgutVG	Saatgutverkehrsgesetz
SGB-VII	Sozialgesetzbuch VII
Slg.	Sammlung
Sp.	Spalte/n
SRU	Rat von Sachverständigen für Umweltfragen
StGB	Strafgesetzbuch
StrSchV	Verordnung über den Schutz vor Schäden durch ionisierende Strahlen
StZG	Stammzellgesetz
SystemRL	Richtlinie des Rates über die Anwendung genetisch veränderter Microorganismen in geschlossenen Systemen (Systemrichtlinie)
TierNebG	Tierische Nebenprodukte-Beseitigungsgesetz
TierSchG	Tierschutzgesetz
TierSG	Tierseuchengesetz
TierSEVO	Tierseuchenerreger-Verordnung
TRBA	Technische Regeln für Biologischer Arbeitsstoffe
Tz.	Textziffer/n
u.a.	unter anderen/unter anderem

XIX

Abkürzungsverzeichnis

UBA	Umweltbundesamt
UmweltHG	Umwelthaftungsgesetz
UN	Unites Nations
UPR	Umwelt- und Planungsrecht (Zeitschrift)
Urt.	Urteil
USA	Vereinigte Staaten von Amerika
USchadG	Gesetz über die Vermeidung und Sanierung von Umweltschäden
v.	von/vom
Verf.	Verfasser
VersR	Versicherungsrecht (Zeitschrift)
VG	Verwaltungsgericht
VGH	Verwaltungsgerichtshof
vgl.	vergleiche
V/VO	Verordnung
Vorbem.	Vorbemerkung
VwV	Allgemeine Verwaltungsvorschrift
VwVfG	Verwaltungsverfahrensgesetz
WTO	World Trade Organisation
z.B.	zum Beispiel
Ziff.	Ziffer/-n
zit.	zittiert
ZKBS	Zentrale Kommission für die Biologische Sicherheit
ZKBSV	Verordnung über die zentrale Kommission für die Biologische Sicherheit
ZLR	Zeitschrift für Lebensmittelrecht (Zeitschrift)
ZPO	Zivilprozessordnung
ZRP	Zeitschrift für zivile Praxis (Zeitschrift)
zul.	zuletzt
ZUR	Zeitschrift für Umweltrecht (Zeitschrift)

Literaturverzeichnis

Abel-Lorenz, Eckard, Anmerkungen zum Urteil des OLG Stuttgart vom 24.8.1999, ZUR 2000, 30 ff.

Arnold, Sylvia, Die Haftung von Landwirten bei Auskreuzungen von gentechnisch veränderten Organismen im Nachbarrecht, NuR 2007, 15 ff.

Becker-Schwarze, Kathrin/*Godt*, Christine/*Schlacke*, Sabine, Umweltrecht und Gentechnik – Ein Beitrag zur aktuellen Rechtsentwicklung –, ZUR 1999, 2.

Bender, Bernd/*Sparwasser*, Reinhard/*Engels*, Rüdiger Umweltrecht – Grundzüge des öffentlichen Umweltschutzrechts, 5. Aufl., Heidelberg 2003

Blanke, Thomas, Notizen zur Gentechnologiedebatte vor der Verabschiedung des Stammzellengesetzes, KJ 2002, 340 ff.

Bock, Wolfgang, Schutz gegen die Risiken und Gefahren der Gentechnik, Heidelberg 1990

Breuer, Rüdiger, Anlagensicherheit und Störfälle – Vergleichende Risikobewertung im Atom- und Immissionsschutzrecht, NVwZ 1990, 211 ff.

Breuer, Rüdiger, Prohabilistische Risikoanalysen und Gentechnikrecht, NuR 1994, 157 ff.

Breuer, Rüdiger, Umweltschutzrecht, in: Schmidt-Aßmann, Eberhard (Hrsg.), Besonderes Verwaltungsrecht, 13. Aufl. Berlin 2005, zit.: Breuer, BesVwR

Chotjewitz, Iwan, Schwierigkeiten bei der Umsetzung der Richtlinie über die absichtliche Freisetzung gentechnisch veränderter Organismen in die Umwelt, ZUR 2003, 270 ff.

Dolde, Klaus-Peter, Gesetz zur Neuordnung des Gentechnikrechts, ZRP 2005, 25 ff.

Drescher, Rolf-Dieter, in: Kimminich, Otto/von Lersner, Heinrich/Storm, Peter-Christoph (Hrsg.), Handwörterbuch des Umweltrechts, Bd. 1, Sp. 861 ff., 2. Aufl., Berlin 1968, zit.: Drescher, HdUR, Bd. 1, Sp. 861 ff.

Drescher, Rolf-Dieter, Jurassic Park – Made in Germany? Eine Anmerkung zum Gentechnikrecht aus Anlass der Novellierung des Gentechnikgesetzes, ZUR 1994, 289 ff.

Eberbach, Wolfram/*Lange*, Peter/*Ronellenfitsch*, Michael, Recht der Gentechnik und Biotechnik, Loseblattsammlung, Stand 1997, zit., Eberbach/Lange/Ronellenfitsch, Gentechnikrecht

Epping, Volker/*Hillgruber*, Christian (Hrsg.), Grundgesetz für die Bundesrepublik Deutschland – Grundgesetz, Beck'scher-Online-Kommentar, München Stand Oktober 2008, zit.: Verf., in: Epping/Hillgruber, GG

Fluck, Jürgen, Der Anlagenbegriff nach dem Gentechnikgesetz, UPR 1993, 81 ff.

Führ, Martin, Das gebändigte Risiko? Zwischenbilanz nach zwei Jahren Gentechnikgesetz, IUR 1992, 197 ff.

Garditz, Klaus Ferdinand, Die Novel Food-Verordnung – Probleme der Verwaltungskompetenzen und des Rechtsschutzes, ZUR 1998, 169 ff.

Godt, Christine, Rückabwicklung von Inverkehrbringensgenehmigung und Haftung für gentechnische Produkte, NJW 2001, 1167 ff.

Graf Vitzthum, Wolfgang/*Gedder-Steinbach*, Tatjana, Der Zweck im Gentechnikrecht, Berlin 1990

Härtel, Ines, Biologische Vielfalt zwischen Nachhaltigkeit und Nutzung – Der Beitrag des ökologischen Landbau in seiner rechtlichen Ausgestaltung –, ZUR 2008, 233 ff.

Härtel, Ines, Das Agrarrecht im Paradigmenwechsel. – Grüne Gentechnik, Lebensmittelsicherheit und Umweltschutz, AUR Beilage 2007, Nr. 1, 2 ff.

Häußler, Ulf, Zulassung von Vorhaben nach dem Gentechnikrecht, JA 1997, 909 ff.

Herdegen, Matthias, Europarecht, 10. Aufl., München 2008

Himmelmann, Steffen/*Pohl*, Andreas (Hrsg.) Handbuch des Umweltrechts, Loseblatt Stand August 2000, München, zit.: Verf., HdbUR

Hirsch, Günter/*Schmidt-Didczuhn*, Andrea, Gentechnikgesetz – Kommentar, München 1991, zit.: Hirsch/Schmidt-Didczuhn, GenTG

Hofmann, Ekkehard, Die europäische Folgenabschätzung in der Umweltpolitik – Der Abschätzungsbericht als justiziabel Begründung im Sinne von Art. 253 EG?, ZUR 2006, 574 ff.

Hoppe, Werner/*Beckmann*, Martin/*Kauch*, Petra, Umweltrecht, 2. Aufl., München 2000

Jarass, Hans D./*Pieroth*, Bodo, Grundgesetz für die Bundesrepublik Deutschland, GG, Kommentar, 9. Aufl., München 2007

Jörgensen, Meike/*Winter*, Gerd, Rechtliche Probleme der Freisetzung von gentechnisch veränderten Organismen, ZUR 1996, 293 ff.

Kapteina, Matthias, Die Freisetzung von gentechnisch veränderten Organismen, Baden-Baden 2000

Karthaus, Armin, Die Zentrale Kommission für die Biologische Sicherheit, ZUR 2001, 61 ff.

Kauch, Petra, in: Luz, Dietmar (Hrsg.), Aktuelles Agrarrecht für die Praxis, Loseblatt Stand Dezember 2004, Teil 11.7 Einführung in das Gentechnikrecht, zit.: Kauch, in: Luz (Hrsg.) Aktuelles Agrarrecht für die Praxis, Teil 11.7

Kienle, Thomas, Das Verbot des Klonens von Menschen, ZRP 1998, 186 ff.

Kimminich, Otto/*von Lersner*, Heinrich/*Storm*, Peter-Christoph (Hrsg.), Handwörterbuch des Umweltrechts, Bd. 1, 2. Aufl., Berlin 1968, zit.: Verf., HdUR, Bd. 1, Sp. 861 ff.

Kloepfer, Michael (Hrsg.), Anthroprozentrik, Freiheit und Umweltschutz in rechtlicher Sicht, Berlin 1998, zit.: Verf., in: Kloepfer, Anthroprozentrik, Freiheit und Umweltschutz in rechtlicher Sicht

Kloepfer, Michael, Umweltrecht, 3. Aufl., München 2004

Kloepfer, Michael, Umweltschutzrecht, München 2008

Kloepfer, Michael/*Vierhaus*, Hans-Peter, in: Kloepfer, Michael (Hrsg.), Anthroprozentrik, Freiheit und Umweltschutz in rechtlicher Sicht, Berlin 1998, zit.: Kloepfer/Vierhaus, in: Kloepfer, Anthroprozentrik, Freiheit und Umweltschutz in rechtlicher Sicht

Kloepfer/Michael/*Delbrück*, Kilian, Zum neuen Gentechnikgesetz (GenTG), DÖV 1990, 897 ff.

Knoche, Joachim, Auslegungsprobleme des Gentechnikrechts, DVBl. 1992, 1079 ff.

Koch, Frank A./*Igelgaufts*, Horst, Kommentar zum Gentechnikgesetz mit Rechtsverordnungen und EG Richtlinien, Weinheim, Loseblatt Stand November 1992, zit.: Koch/Igelgaufts, GenTG

Koch, Frank, Aspekte der Haftung für gentechnische Verfahren und Produkte, DB 1991, 1815 ff.

Kolpatzik, Kai, Hohe Hürden für Gentests – Gendiagnostik-Gesetz, G+G 2008, 14 ff.

Krämer, Ludwig, Europäisches Umweltrecht – Chronik vom 1. April 1995 bis 31. Dezember 1997, ZUR 1998, 70 ff.

Krekeler, Nicola, Der Anlagenbegriff des Gentechnikrechts, DVBl. 1995, 765 ff.

Kroh, Ralph, Risikobeurteilung im Gentechnikrecht – Einschätzungsspielraum der Behörde und verwaltungsgerichtliche Kontrolle, DVBl. 2000, 102 ff.

Ladeur, Karl-Heinz, Drittschutz bei der Genehmigung gentechnischer Anlagen, NVwZ 1992, 948 ff.

Landmann, Robert von/*Rohmer*, Gustav (Hrsg.), Umweltrecht, Kommentar in 4 Bänden, München, Stand April 2008, Bd. IV, Sonstiges Umweltrecht, zit.: Verf., in: Landmann/Rohmer, Umweltrecht, Bd. IV, Kap. 10.1

Literaturverzeichnis

Landsberg, Gerd/*Lülling*, Wilhlm, Umwelthaftungsrecht, Kommentar, Umwelthaftungsgesetz, Haftung nach dem Gentechnikgesetz, sonstige Umwelthaftungsvorschriften, Köln 1991

Leskien, Dan, Gentechnologie und Patentrecht – Zum neuen Richtlinienvorschlag der Europäischen Kommission, ZUR 1996, 299 ff.

Leskien, Dan, Patente auf die Gentechnik – Zum Vorschlag für eine EG-Richtlinie über den rechtlichen Schutz biotechnologischer Erfindungen, IUR 1992, 207 ff.

Luttermann, Claus, Gentechnik und zivilrechtliches Haftungssystem, JZ 1998, 174 ff.

Luttermann, Claus/*Mitulla*, Daniel, Genpatente und Monopolbildung bei Saatgut (Gentic Use Restriction Technology), ZLR 2008, 390 ff.

Luz, Dietmar (Hrsg.), Aktuelles Agrarrecht für die Praxis, Loseblatt Stand Dezember 2004, zit.:Verf., in: Luz (Hrsg.) Aktuelles Agrarrecht für die Praxis

Mahro, Gabriele, Zur Zulassung einer Freisetzung gentechnisch manipulierter Organismen im Feldversuch in den USA, NuR 1986, 324 ff.

Meyer, Alfred Hagen, Gen Food, Novel Food – Recht neuartiger Lebensmittel, München 2002

Mohr, Ulrich, Gendiagnostik-Gesetz noch in dieser Legislaturperiode?, ErsK 2008, 100 ff.

Müller-Terpitz, Ralf, „Genraps-Bauer wider Willen", NVwZ 2001, 46 ff.

Neutze, Sebastian, Die Haftung für Einträge gentechnisch veränderter Organismen nach § 36a GenTG, AUR 2008, 193 ff.

Nöh, Ingrid, Erfahrungen des Umweltbundesamtes (UBA) beim Vollzug des Gentechnikgesetzes bzw. der EU-Richtlinie 90/220/EWG, ZUR 1999, 12 ff.

Nöthlichs, Matthias/*Heublein*, Dieter/*Schubart*, Gernot, Bio- und Gentechnik, Kommentar zur Biostoffverordnung und zum Gentechnikgesetz, Loseblatt Stand Juli 2007, zit.: Nöthlichs, Bio- und Gentechnik

Palme, Christoph, Die Novelle zur Grünen Gentechnik, ZUR 2005, 119 ff.

Palme, Christoph, Zur Verfassungsmäßigkeit des neuen Gentechnikgesetzes, UPR 2005, 164 ff.

Palme, Christoph/*Schumacher*, Jochen, Die Regelungen zur FFH-Verträglichkeitsprüfung bei Freisetzung und Inverkehrbringen von gentechnisch veränderten Organismen in § 34a BNatSchG, NuR 2005, 16 ff.

Rehbinder, Eckhard, Koexistenz und Haftung im Gentechnikrecht in rechtsvergleichender Sicht, NuR 2007, 115 ff.

Rehbinder, Eckard, Das Konzept des anlagen- und produktbezogenen EG-Gentechnikrechts – die Freisetzungsrichtlinie und die Novel Foods-Verordnung, ZUR 1999, 6 ff.

Renzikowski, Joachim, Die strafrechtliche Beurteilung der Präimplantationsdiagnostik, NJW 2001, 2753 ff.

Richardi, Reinhard/*Wlotzke*, Otfried (Hrsg.), Münchener Handbuch zum Arbeitsrecht, Bd. 1, Individualarbeitsrecht I §§ 1 -113, 2. Aufl., München 2000, zit.: Verf., in: Münchener Handbuch zum Arbeitsrecht

Richter, Wolfgang, Gentechnologie als Regelungsgegenstand des technischen Sicherheitsrechts – rechtliche Steuerung unter Bedingungen der Ungewissheit, Freiburg 1984

Riewenherm, Sabine, Gentechnologie, Hamburg 2000

Roller, Gerhard, Die Genehmigung zum Inverkehrbringen gentechnisch veränderter Produkte und ihre Anpassung an Änderungen des Standes der Wissenschaft, ZUR 2005, 113 ff.

Roller, Gerhard/*Jülich*, Ralf, Die Überwachung gentechnischer Freisetzungen – Zu den Befugnissen der Landesbehörden nach dem Gentechnikrecht –, ZUR 1996, 74 ff.

Rose, Matthias, Gentechnik und Vorbehalt des Gesetzes, DVBl. 1990, 279 ff.

Sander, Gerald G., Gentechnik in der Landwirtschaft – Hintergründe und europarechtlicher Rahmen des Gentechnikrechts, AUR 2008, 162 ff.

Schauzu, Marianna, Risiken und Chancen der Gentechnik für die Lebensmittelherstellung, ZUR 1999, 3 ff.

Schauzu, Marianna, Risiken und Chancen der Gentechnik für die Lebensmittelherstellung, ZUR 1999, 3 ff.

Scherzberg, Arno, Risikomanagement vor der WTO – zum jüngsten Handelsstreit zwischen der Europäischen Union und den Vereinigten Staaten über den Umgang mit gentechnisch veränderten Organismen –, ZUR 2005, 1 ff.

Schlacke, Sabine, Der Entwurf zu einer europäischen Novel-Food-Verordnung. Risikosteuerung im Spannungsfeld zwischen Gentechnik- und Lebensmittelrecht, ZUR 1996, 285 ff.

Schmidt-Aßmann, Eberhard (Hrsg.), Besonderes Verwaltungsrecht, 13. Aufl. Berlin 2005, zit.: Verf., BesVwR

Schmieder, Sandra, Die Neuregelung der Folgen von Auskreuzungen im Gentechnikrecht – Zum Gesetz zur Neuordnung des Gentechnikrechts (GenTNeuordG), UPR 2005, 49 ff.

Schroeter, Klaus-Alfred Das Antrags- und Prüfungsverfahren nach der Novel Food-Verordnung, ZLR 1998, 39 ff.

Schroeter, Klaus-Alfred, Anwendungsprobleme der Novel Food-Verordnung, ZLR 1998, 39 ff.

Schütze, Hinner, Embryonale Humanstammzellen – eine rechtsvergleichende Untersuchung der deutschen, französischen, britischen und US-amerikanischen Rechtslage, Berlin 2007

Sendler, Horst, Gesetzes- und Richtervorbehalt im Gentechnikrecht, NVwZ 1990, 231 ff.

Simon, Arnult, Einführung in das Recht der Gentechnik, IUR 1992, 193 ff.

Simon, Juergen/*Weyer*, Anne, Die Novellierung des Gentechnikgesetzes, NJW 1994, 759 ff.

Staudinger, Jürgen von, Kommentar zum Bürgerlichen Gesetzbuch mit Einführungsgesetz und Nebengesetzen, Art. 38–42 EGBGB, Berlin 2001, zit.: Verf., in: Staudinger, EGBGB

Stökl, Lorenz, Die Gentechnik und die Koexistenzfrage: zivilrechtliche Haftungsregelungen, ZUR 2003, 274 ff.

Strasser, Christian, Zur Bezeichnung von Milchprodukten als Gen-Milch im Fall der Verwendung von gentechnisch verändertem Futtermittel, NuR 2008, 444 ff.

Streinz, Rudolf, Die EG-Verordnung über neuartige Lebensmittel und neuartige Lebensmittelzusätze, EuZW 1997, 487 ff.

Streinz, Rudolf, Novel-Food-Verordnung beschlossen: Europäisches Parlament und Rat billigen Kompromiss des Vermittlungsausschusses, ZLR 1997, 99 ff.

Streinz, Rudolf, Rechtliche Probleme der Novel Food-Verordnung, ZLR 1995, 397 ff.

Streinz, Rudolf, Umwelt- und Verbraucherschutz durch den Einkaufskorb – Möglichkeiten und Grenzen der Kennzeichnung neuartiger Lebensmittel – Rechtliche Vorgaben für die Kennzeichnung neuartiger Lebensmittel, ZUR 1999, 16 ff.

Terpitz, Jochen, Rechtliche Regelungen der Embryonenforschung im internationalen Vergleich, Berlin 2003

Tünnesen-Harmes, Christian, Der praktische Fall – öffentliches Recht: Die Genomanalyse, JuS 1994, 142 ff.

Turck, Gaby, Der Anlagenbegriff nach dem Gentechnikgesetz, NVwZ 1992, 650 ff.

Vesting, Jan-W./*Simon*, Jürgen, Die Zulässigkeit des Klonens von Tieren in Deutschland, ZRP 1998, 261 ff.

Vogelsang, Klaus, Grundrecht auf Informationelle Selbstbestimmung, Baden-Baden 1987

Literaturverzeichnis

Wagner, Gerhard, Nachbarschaft für gentechnische Immissionen, VersR 2007, 1017 ff.
Wahl, Rainer, in: Landmann, Robert von/Rohmer, Gustav (Hrsg.), Umweltrecht, Kommentar in 4 Bänden, München, Stand April 2008, Bd. IV, Sonstiges Umweltrecht, zit.: Wahl, in: Landmann/Rohmer, Umweltrecht, Bd. IV, Kap. 10.1 (**Hinweis:** Die Erläuterungen von *Wahl* zum GentG a.F. wurden mit der 54. Ergänzungslieferung aus dem gedruckten Werk entnommen. In der Online-Version des Kommentars bleiben sie als sog. „Altauflage" nutzbar, siehe www.beck-online.de)
Wahl, Rainer/*Groß*, Detlef, Die Europäisierung des Gentechnikrechts am Beispiel der Novell-Food-Verordnung, DVBl. 1998, 2 ff.
Wegener, Bernhard W., Gentechnik und Landwirtschaft, AUR Beilage 2007, Nr. 1, 21 ff.
Wellkamp, Ludger, Haftung in der Gentechnologie, NuR 2001, 188 ff.
Winter, Gerd, Naturschutz bei der Ausbringung von gentechnisch veränderten Organismen – Teil 2, NuR 2007, 635 ff.
Winter, Gerd, Naturschutz bei der Ausbringung von gentechnisch veränderten Organismen – Teil 1, NuR 2007, 571 ff.
Winter, Gerhard, Naturschutz bei der Freisetzungsgenehmigung für gentechnisch verändertes Saatgut, ZUR 2006, 456 ff.
Wolf, Joachim, Umweltrecht, München 2002
Wolfers, Benedikt/*Kaufmann*, Marcel, Grüne Gentechnik: Koexistenz und Haftung, ZUR 2004, 321 ff.

A. Einführung

Wurden die wissenschaftliche Entwicklung in der Gentechnik und die darauf aufbauende Technologie bereits zum Ende des letzten Jahrhunderts als herausragende Erscheinungen in der zweiten Hälfte des 20. Jahrhunderts bezeichnet, so gilt die Gentechnik heute als Schlüsseltechnologie des 21. Jahrhunderts.

Obwohl bereits 1990 die wesentlichen rechtlichen Grundlagen für die Gentechnologie geschaffen worden sind, hält die grundsätzliche Diskussion über mit der Technologie zusammenhängende ethische Frage unvermindert an. Nachdem die Probleme der Rechtsetzung zu Beginn wesentlich dadurch gekennzeichnet waren, dass diese in einem Zustand der teilweisen Ungewissheit über die Risiken und zugleich in einem Bereich komplexer ungestümer dynamischer Entwicklung der zu regelnden Materie stattfand[1] und deshalb auf Grund der Schutzpflicht des Staates hohe Sicherheitsstandards festgelegt worden waren, sind im Laufe der Zeit Schritt für Schritt Erleichterungen für den Umgang mit gentechnisch veränderten Organismen in geschlossenen Systemen eingeführt worden. Eher restriktiv sind die rechtlichen Regelungen für die Freisetzung und das Inverkehrbringen gentechnisch veränderter Organismen. Hier fehlt es bislang an den im Bereich des Umgangs mit gentechnisch veränderten Organismen in geschlossenen Systemen gemachten Erfahrungen, die eine Lockerung der Freisetzungsvorschriften begründbar machen könnten.

Das Gentechnikrecht wurde jetzt erneut durch das Gesetz zur Änderung des Gentechnikgesetzes, zur Änderung des EG-Gentechnik-Durchführungsgesetzes und zur Änderung der Neuartigen Lebensmittel- und Lebensmittelzutaten-Verordnung vom 1. April 2008[2] geändert. Dieses Gesetz ist äußerst schwer zu lesen, da es die drei vorgenannten Rechtsgrundlagen jeweils in einem gesonderten Artikel zu diesem Gesetz ändert. Im Gesetzgebungsverfahren war noch vorgesehen, die gentechnikrechtlichen Vorschriften durch die Änderung mehrerer Einzelgesetze zu vollziehen. Zeitgleich hat der Verordnungsgeber einige der Verordnungen zum Gentechnikgesetz angepasst und die Verordnung über die gute fachliche Praxis bei der Erzeugung gentechnisch veränderter Pflanzen (Gentechnik-Pflanzenerzeugungsverordnung – GenTPflEV)[3] erlassen.

---

[1] Vgl. *Wahl*, in: Landmann/Rohmer, Umweltrecht, Bd. IV, Vorb. GenTG Rdnr. 1. (**Hinweis:** Die Erläuterungen von *Wahl* zum GenTG a.F. werden mit der 54. Ergänzungslieferung aus dem gedruckten Werk entnommen. In der Online-Version des Kommentars bleiben sie als sog. „Altauflage" nutzbar, siehe www.beck-online.de).
[2] BGBl. I S. 499.
[3] V. 7.4. 2008 (BGBl. I S. 655).

A. Einführung

4 Ziel dieser Änderungen ist es gewesen, das Gentechnikrecht so auszugestalten, dass Forschung und Anwendung der Gentechnik in Deutschland befördert werden. Dabei sollte weiterhin der Schutz von Mensch und Umwelt dem Vorsorgegrundsatz entsprechend oberstes Ziel des Gentechnikrechts sein. Gleichzeitig sollten die Wahlfreiheit der Landwirte sowie die Koexistenz der unterschiedlichen Bewirtschaftungsformen in der Landwirtschaft gewährleistet bleiben. Auch war es ein Anliegen des Gesetzgebers, die Wahlfreiheit der Verbraucher, die statistischen Angaben zufolge überwiegend gentechnikfreie Lebensmittel bevorzugen, sicherzustellen.[4]

5 Demzufolge hat der Gesetzgeber einerseits diejenigen Regelungen geändert, die die vereinfachte Zulassung von gentechnischen Anlagen und Arbeiten in gentechnischen Anlagen sowie die vereinfachte Freisetzung betreffen. Er hat im Bereich der gentechnischen Anlagen für Anlagen der Sicherheitsstufe eins und weitere Arbeiten der Sicherheitsstufe zwei ein Anzeigeverfahren eingeführt und eine entsprechende Reduzierung der Antragsunterlagen vorgesehen. Für Freisetzungen ist das vereinfachte Verfahren eingeführt werden. Andererseits hat er die Vorgaben für die Kennzeichnung von Lebensmitteln konkreter gefasst in der Erwartung, durch die Kennzeichnung von Lebensmitteln als gentechnikfrei den Interessen der Verbraucher gerecht zu werden.

6 Keine Änderungen hat es bei den Haftungsvorschriften in § 36a GenTG gegeben, obwohl dies vielfach gefordert worden war. Ebenso hat der Gesetzgeber keine Beschränkung des Standortregisters auf Angaben der Gemarkung statt der konkreten Flurstücke vollzogen. Ungeklärt sind auch noch die Belange von Imkereien beim Anbau von gentechnisch veränderten Organismen in der Umgebung, zu denen in letzter Zeit vielfach Rechtsprechung ergangen war. Ebenso hatte der Bundesrat gefordert, Maßnahmen zur Vermeidung von Auskreuzungen in Kulturen zur Saatgutvermehrung und einheitliche Saatgutschwellenwerte festzulegen. Auch dieser Forderung ist der Gesetzgeber mit der Änderung des Gentechnikrechts im April 2008 nicht nachgekommen. Es bleibt abzuwarten, ob ein Teil der sich bereits jetzt stellenden Rechtsfragen durch die Rechtsprechung geklärt werden können oder ob ein weiteres Eingreifen des Gesetzgebers hierzu erforderlich wird.

---

[4] Vgl. dazu BT-Drs. 16/6814, S. 1.

B. Begriffe und Anwendungsbereiche der Gentechnik

Welche rechtlichen Regelungen es in der Gentechnik zu beachten gilt, hängt maßgeblich davon ab, was unter den Begriff der Gentechnik zu fassen ist und welche Anwendungsbereiche der Gentechnik geöffnet sind, die es zu regeln gilt. Erkennbar können nicht alle Anwendungsfelder der Gentechnik dem gleichen Rechtsregime unterworfen werden. So muss es für Anwendungsfelder der Gentechnik im Bereich der Humanmedizin andere Regelungen geben, als für die Anwendung der Gentechnik bei der Lebensmittelherstellung oder im Bereich der Forschung für die Pharmazie.

Demzufolge ist zu klären, was vom Begriff der Gentechnik erfasst wird und welche Anwendungsbereiche die Gentechnik hat, um danach aufzuzeigen, wie das Regelungsregime in den einzelnen Bereichen aussieht.

I. Begriffe der Gentechnik

Der Begriff der Gentechnik wird weitgehend mit dem Begriff der Gentechnologie gleichgesetzt, wobei die **Technik** die Bezeichnung ist, für das Verfahren, die Arbeitsweise oder die Methode einer Vorgehensweise, während die **Technologie** die Gesamtheit der Prozesse und der Methoden zur Gewinnung oder Bearbeitung von Stoffen in einem bestimmten Herstellungs- bzw. Forschungsbereich erfasst.

Der Begriff der Gentechnologie ist gesetzlich nicht definiert. Er beschreibt die Gesamtheit der Methoden zur Charakterisierung und Isolierung gentechnischen Materials, zur Bildung neuer Kombinationen sowie zur Wiedereinführung und Vermehrung des neu kombinierten Erbmaterials in eine andere biologische Umgebung.[1] Dabei werden auch alle biologisch-technische Verfahren erfasst, die auf die gezielte Veränderung am Erbgut einer Zelle, dem Genom, ausgerichtet sind. Die Organismen, an denen gentechnische Veränderungen vorgenommen worden sind, werden als gentechnisch veränderte Organismen (GVO) bezeichnet.[2]

1. Begriff des Genoms

Ein Genom ist die Gesamtheit aller Gene eines Organismus, das heißt das gesamte Erbgut.

---

[1] Bericht der Enquête Kommission, BT- Drs. 10/67775, S. 7; *Hoppe/Beckmann/Kauch*, Umweltrecht, § 35 Rdnr. 1; *Wahl*, in: Landmann/Rohmer, Umweltrecht, Bd. IV, Kap. 10.1, Vorb. GenTG, Rdnr. 2.
[2] Vgl. *Kloepfer*, Umweltrecht, § 18 Rdnr. 1.

B. Begriffe und Anwendungsbereiche der Gentechnik

2. Begriff des Gens

6   Unter einem Gen wird demgegenüber die kleinste Einheit des Erbguts, das einen bestimmten Abschnitt der DNA, bzw. deutsch DNS („Desoxyribonukleinsäure") darstellt, der auf Grund der Nucleotid-Sequenz bestimmte Funktionen, Eigenschaften, Merkmale und/oder Strukturen einer Zelle bestimmt, verstanden.

3. Das Prinzip der Veränderung gentechnischer Organismen

7   Das Prinzip der Veränderung gentechnischer Organismen ist im Allgemeinen Folgendes: Abschnitte fremder DNA werden in die Zelle eingeschleust, um dort definierte Veränderungen herbeizuführen. In Abgrenzung zu anderen Methoden der Übertragung und Veränderung von Erbinformation, insbesondere der klassischen Züchtung von Pflanzen und Tieren, soll das Besondere der Gentechnologie gerade im gezielten und gesteuerten Transfer spezifischer Gene liegen.[3]

8   Die DNA ist der universelle Stoff, aus dem das Erbmaterial aller Organismen auf der Erde besteht – egal, ob Bakterium, Pflanze, Tier oder Mensch. Lediglich einige Viren haben Erbmaterial, das sich vom Aufbau der DNA leicht unterscheidet. Rund 2 m eines DNA-Fadens sind in jeder menschlichen Zelle und damit u.a. in jeder Haarzelle und in jedem Blutkörperchen. Die vier Bestandteile der DNA sind die Basen Adenin, Cytosin, Thymin und Guanin (ACTG). Auf dem DNA-Doppelstrang liegen sich immer die Basen A-T und C-G gegenüber. Ihre Reihenfolge bestimmt die Information des Erbguts.[4]

9   Weil der grundsätzliche Aufbau des Erbmaterials (fast) aller Organismen gleich ist, kann man es miteinander vergleichen, verändern und vertauschen. Demnach umfasst die Gentechnik alle Methoden, bei denen die DNA von Organismen charakterisiert, isoliert, neu kombiniert und in andere Lebewesen eingebracht oder vermehrt wird.[5]

10 Einige wichtige Methoden sind dabei das Schneiden und Kleben von DNA, ihre Vervielfältigung und ihre Übertragung.[6] Wichtige Werkzeuge hierbei sind molekulare Scheren, auch Restriktionsenzyme genannt. Andere Enzyme können DNA-Stücke wieder zusammenkleben. Oft benötigt man in einem Genlabor nicht einzelne DNA-Stücke, sondern viele Kopien davon. In der Sprache der Gentechnik heißt die Vervielfältigungsmethode Klonieren. Klonieren bedeutet die Herstellung gentechnisch identischer Kopien von Genen oder sogar ganzen Organismen. Als ein so genanntes Kopiergerät funktioniert unter anderem das Bakterium Escherichia coli,

---

[3] Vgl. Bericht der Enquête Kommission, BT- Drs. 10/67775 S. 7; in: Landmann/ Rohmer, Umweltrecht, Bd. IV, Kap. 10.1, Vorbem. GenTG Rdnr. 2.
[4] Vgl. dazu ausführl. *Riewenherm*, Gentechnologie, S. 6 f.
[5] Vgl. dazu *Riewenherm*, Gentechnologie, S. 10.
[6] Vgl. dazu *Riewenherm*, Gentechnologie, S. 12 f.

das im menschlichen Darm vorkommt. Weitere Methoden sind der Einbau von DNA-Abschnitten in ein künstliches Hefechromosom oder die biochemische Vervielfältigung im Reagenzglas. Bei der Genübertragung werden durch so genannte Genüberträger, z.B. Bakterien, fremde Gene auf einen anderen Organismus übertragen.

4. Gentechnik als Bereich der Biotechnologie

Die Gentechnologie ist dabei ein Teilgebiet der Biotechnologie.[7] 11

Die Biotechnologie nutzt Erkenntnisse aus der Biochemie, der Mikrobiologie und der Verfahrenstechnik für die Produktion bestimmter Stoffe. Hierzu bedient man sich der Enzyme, die die eingesetzten Organismen bilden. Im Zuge der Entwicklung neuer Produktionsmethoden werden verschiedene Techniken benutzt, die vorher ausschließlich in der biochemischen oder mikrobiologischen Forschung bekannt waren. Auf diese Weise werden die benutzten Organismen analysiert und modifiziert, sodass sie den industriellen Anforderungen besser gerecht werden. 12

Die Gentechnologie baut auf die in der Biotechnologie gewonnen Kenntnisse auf und nutzt sie zur Charakterisierung und zu gezielten Eingriffen in Gene oder das Erbgut, in deren Folge gentechnisch veränderte Organismen entstehen. 13

II. Anwendungsbereiche der Gentechnik

Gentechnische Verfahren haben einen weiten Anwendungsbereich. Man unterscheidet im Wesentlichen drei Anwendungsfelder, nämlich die Anwendung der Gentechnologie im Zusammenhang mit dem Menschen, häufig einfach **Humangenetik**[8] (= rote Gentechnik) genannt, der Einsatz der Gentechnologie in der **Pharmazie** (= weiße Gentechnik) und ihr Einsatz im Bereich der Ernährung, Landwirtschaft und der Entsorgung, der **Umweltgentechnik** (= grüne Gentechnik). 14

1. Gentechnik im Zusammenhang mit dem Menschen

Der Gentechnik kommt in der Medizin mit Blick auf die Zukunft eine hohe wissenschaftliche und medizinische Bedeutung zu. Zugleich handelt es sich um den Bereich der Gentechnologie, der nach wie vor im Mittelpunkt der juristischen und ethischen Diskussion steht.[9] Auch wenn sich die Verfahren vom naturwissenschaftlich-technischen Standpunkt aus nicht von den Verfahren der Gentechnik an Tieren unterscheiden, so besteht 15

---

[7] Vgl. *Kloepfer*, Umweltrecht, § 18 Rdnr. 1.
[8] Vgl. zur Humangenetik auch *Kloepfer*, Umweltrecht, § 18 Rdnr. 82 ff.
[9] Vgl. dazu *Kloepfer*, Umweltrecht, § 18 Rdnr. 82 m.w.N.

B. Begriffe und Anwendungsbereiche der Gentechnik

gleichwohl ein grundlegender Wertungsunterschied zwischen der Gentechnik bei Tieren und bei Menschen, da das Grundgesetz von einer einzigartigen Stellung des Menschen und seiner Würde ausgeht.[10]

16 Zu den Anwendungsfeldern der Gentechnologie im Zusammenhang mit dem Menschen gehören die Verabreichung gentechnisch hergestellter Medikamente, Gentests, um Erbkrankheiten zu entdecken, oder auch der Versuch, Menschen mithilfe einer so genannten Gentherapie zu heilen.[11] Schlagworte sind hier die Genomforschung, die Genomanalyse und die Gendiagnostik, die Gentherapie, die Stammzellenforschung und die Reproduktionsmedizin.

17 **a) Genomforschung, Genomanalyse und Gendiagnostik.** Die Genomforschung verfolgt das Ziel, Struktur und Funktionen der einzelnen Gene im Genom herauszufinden. Es geht um die Feststellung – nicht Veränderung – gentechnisch bedingter Eigenschaften des Menschen. So soll die Reihenfolge der rund 3 Milliarden menschlichen DNA-Bausteine entschlüsselt werden.

18 Bei der Genomanalyse sind im Jahre 2000 weit reichende Erfolge im Hinblick auf die Entschlüsselung des menschlichen Genoms erzielt worden (26.6.2000). Wissenschaftler sehen den Vorteil der Methode darin, die Funktionen spezifischer Gene in einem komplexen Organismus bestimmen zu können.[12]

19 Die **Genomanalyse**, also die Entschlüsselung des menschlichen Erbgutes, ermöglicht u. a. Aufschlüsse über zu erwartende Gesundheitsbeeinträchtigungen. Sie ist damit bei der Erforschung von Krankheiten, aber auch für Eignungsuntersuchungen für Beschäftigungsverhältnisse und für Krankenkassen von Bedeutung. Die Genomanalyse dient ferner der Identifizierung eines Menschen im Rahmen eines Straf- und Zivilprozesses, so etwa bei der Vaterschaftsfeststellung im Zivilprozess oder für den genetischen Fingerabdruck im Strafprozess.[13]

20 Zur Erforschung der Struktur und der Funktion einzelner Gene gehört ferner der Bereich der **Gendiagnostik,** der zum engeren Bereich der Humangenetik zählt. Die Humangenetik ist eine medizinische Disziplin, die sich mit der Vererbung beim Menschen, der Entstehung und Diagnostik erblich bedingter Krankheiten und den Möglichkeiten ihrer Therapie beschäftigt. Hierzu zählen die Forschungsfelder der Präimplantationsdiagnostik (PID)[14], der vorgeburtlichen (= pränatalen) Diagnostik[15] und der genetischen Untersuchung nach der Geburt (= postnatal).

---

[10] So auch *Kloepfer*, Umweltrecht, § 18 Rdnr. 83.
[11] Vgl. dazu *Riewenherm*, Gentechnologie, S. 6.
[12] Vgl. *Riewenherm*, Gentechnologie, S. 22.
[13] Vgl. zu Gentests auch *Kolpatzik*, G+G 2008, 14 ff.; vgl. zur Genomanalyse auch *Tünnesen-Harmes*, JuS 1994, 142 ff.
[14] Vgl. *Riewenherm*, Gentechnologie, S. 48 ff.; vgl. auch *Hess. LSG*, Beschl. v. 30.1. 2007 – L 8/14 KR 314/04, juris; *BVerfG*, Beschl. v. 30.11. 2001 – 1 BvR 1764/01 –.
[15] Vgl. *Riewenherm*, Gentechnologie, S. 42 ff.

II. Anwendungsbereiche der Gentechnik

Die pränatale Diagnostik ist nach geltendem Recht zulässig. Zu ihrer Durchführung werden die im Fruchtwasser befindlichen Zellen der Leibesfrucht auf genetisch bedingte Krankheiten untersucht. Im Falle einer medizinisch-sozialen Indikation ist ein Schwangerschaftsabbruch möglich. 21

Umstritten ist der Bereich der **Präimplantationsdiagnostik (PID)**. Mit der PID kann nach einer künstlichen Befruchtung im Reagenzglas ein Gentest am Embryo durchgeführt werden, bevor er in die Gebärmutter eingepflanzt wird. Dadurch ließen sich Eizellen mit einem bestimmten genetischen Defekt aussondern.[16] 22

b) Gentherapie. Die Gentherapie hat das Ziel, Krankheiten unter Ausnutzung gentechnischer Prinzipien zu verhüten oder zu behandeln. Ein nicht richtig funktionierendes Gen soll durch eine funktionstüchtige Kopie des entsprechenden DNA-Abschnitts ersetzt werden. Dazu zählen alle Einsätze, bei denen gentechnisches Material in Körperzellen eingebracht wird. Hier findet der gentechnische Eingriff in das Erbgut menschlicher Zellen statt, was eine gezielt ausgeführte Veränderung des menschlichen Erbmaterials zur Folge hat. Im Bereich der Gentherapie ist die Unterscheidung zwischen einer Gentherapie und der Behandlung mit medizinischen Wirkstoffen, d.h. dem Bereich der Pharmazie fließend. 23

Zu den Tätigkeitsfeldern der Gentherapie gehören die somatische Gentherapie und die Keimbahntherapie. 24

Bei der **somatischen Gentherapie** sind allein Körperzellen das Ziel der Veränderung. Ihre Auswirkungen sind auf das jeweils von dem Eingriff betroffene Individuum begrenzt, sodass die Veränderung keinen Einfluss auf das Erbgut der Nachkommen hat. Sie ist mithin auch rechtlich unproblematisch. 25

Bei der **Keimbahntherapie** wird durch einen genetischen Eingriff an Zellen der Keimbahnen, insbesondere bei Ei- oder Samenzellen bzw. in das Erbgut des Embryos im Frühstadium bewirkt, dass die vorgenommenen Veränderungen der Erbinformationen an alle Nachkommen des Betreffenden weitergegeben werden.[17] 26

c) Stammzellenforschung. Die **Stammzellenforschung**, also die Entschlüsselung des menschlichen Erbgutes, beschäftigt sich mit der Erforschung der Vorläufer ausdifferenzierter und spezialisierter Zellen. Diese sollen als Alternative zu embryonalen Stammzellen gelten. Die Erwartungen der Forscher gehen dahin, mittels der Stammzellen defekte Zellen, etwa nach einem Herzinfarkt, austauschen und ersetzen zu können. 27

d) Embryonenforschung, Reproduktionsmedizin. Bei der **Embryonenforschung** geht es vornehmlich darum, aus embryonalen Stammzellen ausdifferenzierte Zellen zu entwickeln, die langfristig neue Therapien ver- 28

---

[16] Zur rechtlichen Zulässigkeit vgl. unten D. Rdnr. 12.
[17] Vgl. zur rechtlichen Zulässigkeit unten D. Rdnr. 16.

sprechen sollen.¹⁸ Die Forschung mit embryonalen Stammzellen ist rechtlich, politisch und gesellschaftlich umstritten.

29   Bei der **Reproduktionsmedizin** wird weit gehend von Klonen angesprochen. Unter Klonen versteht man im Allgemeinen die künstliche Herstellung gentechnisch identischer Lebewesen.

30   Unterschieden wird in diesem Bereich zum einen in das reproduktive Klonen. Hier werden genetisch identische Lebewesen durch Kerntransfer und Einpflanzung in die Gebärmutter erzeugt. Bekannt geworden ist dies durch das Klon-Schaf-Dolly, das jedoch nicht gentechnisch verändert war.

31   Zum anderen das therapeutische Klonen, bei dem anders als beim reproduktiven Klonen der künstlich durch Kerntransfer geschaffene Embryo nicht in die Gebärmutter übertragen, sondern die inneren Zellen entnommen werden und der Embryo dadurch zerstört wird.

2. Gentechnik in der Pharmazie

32   Der bisher erfolgreichste Bereich für den Einsatz der Gentechnik ist die Pharmaforschung. Deutschland ist einer der größten Absatzmärkte für gentechnisch hergestellte Medikamente, die unter anderem bei Diabetes, bei der Multiplen Sklerose und bei chronischem Nierenversagen eingesetzt werden.¹⁹ Auch bei der Impfstoffentwicklung spielt Gentechnik schon lange eine wichtige Rolle.

33   In der traditionellen Pharmaforschung stellt man die Wirkstoffe entweder chemisch im Labor her oder isoliert sie aus Pflanzen, Mikroorganismen, aus dem Blut oder dem Gewebe von Menschen oder Tieren.²⁰ Mithilfe der Gentechnik können humanidentische Wirkstoffe für Medikamente hergestellt werden.²¹ Den Anfang machte das menschliche Insulin im Jahre 1978. Heute gibt es rund 30 Wirkstoffe, die gentechnisch hergestellt werden und hunderte von Medikamenten in den verschiedensten Verabreichungsformen und Dosierungsmengen, die diese Stoffe enthalten.²²

3. Gentechnik in der Ernährung, Landwirtschaft und Entsorgung

34   Dem dritten Bereich der Gentechnik sind Verfahren in der Ernährung, der Landwirtschaft und der Entsorgung zuzurechnen. Es geht hier um die Auswirkungen dieser Verfahren auf den Menschen und die Umwelt. Diese Bereiche werden deshalb auch als Umwelt-Gentechnik bezeichnet.

---

[18] Vgl. dazu auch *Kloepfer*, Umweltrecht, § 18 Rdnr. 90.
[19] Vgl. *Riewenherm*, Gentechnologie, S. 23.
[20] Vgl. *Riewenherm*, Gentechnologie, S. 30.
[21] Vgl. *Riewenherm*, Gentechnologie, S. 31.
[22] Vgl. *Riewenherm*, Gentechnologie, S. 35.

II. Anwendungsbereiche der Gentechnik

In der **Lebensmittelwirtschaft** spielen eingesetzte Enzyme, die aus gentechnisch veränderten Mikroorganismen stammen, eine große Rolle, da mit ihnen Energiekosten eingespart werden können. Die Enzyme selbst unterscheiden sich nicht von den konventionell hergestellten Enzymen. Sie sind von den für Zusatzstoffe geltenden Zulassungsverpflichtungen ausgenommen.[23] 35

Im **Pflanzenbau** kommt die Gentechnik in Ergänzung der traditionellen Züchtungsmethode mittlerweile bei allen wirtschaftlich relevanten Nutzpflanzen zur Anwendung. Im Vordergrund steht dort die Verbesserung der Agrarstruktur mit dem Ziel der Ertragssteigerung.[24] Dazu werden den Pflanzen Gene übertragen, die ihnen Toleranz gegen Schädlinge, Herbizide und feindliche Umwelteinwirkungen, wie Kälte und Trockenheit, verleihen sollen. Hierzu zählt unter anderem die Entwicklung von gentechnisch veränderten Nutzpflanzen wie z.B. Tomaten, Mais oder Soja. Auch Qualitätsverbesserungen pflanzlicher Produkte im Hinblick auf ihren Nährwert, den Geschmack und die Verarbeitungseigenschaften wurden bereits realisiert. 36

In der **Tierproduktion** ist der Einsatz der Gentechnik auf die Verbesserung der Tiergesundheit durch Entwicklung effizienter Impfstoffe, Diagnostika und Arzneimittel gerichtet. Transgene Säugetiere zur Gewinnung therapeutisch wirksamer Substanzen (gene pharming) befinden sich ebenfalls in der Entwicklung.[25] 37

Für das Tätigkeitsfeld der **Entsorgung** wird die Gentechnologie bei der Bekämpfung von Umweltbelastungen eingesetzt, etwa bei der Abfallentsorgung oder bei der Abwasserentsorgung. 38

---

[23] Eine Ausnahme stellt das Enzym Chymosin dar, das für die Käseproduktion eingesetzt wird.
[24] Vgl. *Schauzu*, ZUR 1999, 3.
[25] Vgl. dazu insges. *Schauzu*, ZUR 1999, 3 ff.

C. Begriff des Gentechnikrechts

Sieht man das weite Anwendungsfeld der Gentechnologie, so stellt sich die Frage, welche rechtlichen Regelungen den einzelnen Bereichen zuordnen sind. Dies hängt maßgeblich von der Bestimmung des Begriffs des Gentechnikrechts ab. 1

Der Begriff des Gentechnikrechts kann weit und eng verstanden werden.[1] 2

Bei einem weiten Verständnis umfasst das Gentechnikrecht alle rechtlichen Bestimmungen zur Regelung der Gentechnik. Folglich wird der Bereich der Anwendung gentechnischer Verfahren am Menschen ebenso erfasst, wie die Pharmaforschung und die Ernährung, Landwirtschaft und Entsorgung. 3

Fasst man den Begriff des Gentechnikrechts indes eng, so sind darunter die rechtlichen Bestimmungen zu verstehen, die den Teil der Gentechnologie erfassen, der sich mit der Anwendung gentechnischer Verfahren an nichtmenschlichen Organismen und deren Auswirkungen auf die Umwelt befasst, d.h. vornehmlich mit den Bereichen der Pharmazie, Ernährung, Landwirtschaft und Entsorgung. Soweit es um die Anwendung gentechnischer Verfahren am Menschen geht, wird dieser Bereich durch einen engen Begriff des Gentechnikrechts nicht erfasst. Gentechnikrecht wäre hier gleichzusetzen mit dem Begriff des Umwelt-Gentechnikrechts. Das Umwelt-Gentechnikrecht ist vornehmlich Anlagenzulassungsrecht. Ferner geht es um die Kontrolle umweltgefährdender Handlungen. Dieses Umwelt-Gentechnikrecht ist ein vergleichsweise junges Rechtsgebiet. Es hat sich aber inzwischen als allgemein anerkannter Teil des Umweltrechts etabliert und ist weit gehend durchnormiert. Das Umwelt-Gentechnikrecht ist ein Teil des Gefahrstoffrechts. Das Gefahrstoffrecht allgemein umfasst die rechtlichen Vorschriften, die sich mit dem Umgang gefährlicher Stoffe beschäftigen. Als ein solcher gefährlicher Stoff wird der Umgang mit der Gentechnik in diesem Bereich rechtlich bewertet. Der Regelungszweck des Gentechnikgesetzes ist deshalb auf die Abwehr von Gefahren ausgerichtet, die von gentechnischen Verfahren und Produkten sowie gentechnisch veränderten Organismen für den Menschen und die Umwelt ausgehen können. 4

Da das Gentechnikgesetz den Begriff des Gentechnikrechts nicht bestimmt, der Gesetzgeber aber den Betreiber, den Projektleiter und den Beauftragten für Biologische Sicherheit verpflichtet, gentechnische Arbeiten 5

---

[1] Vgl. zur Reichweite des Begriffs Gentechnikrecht auch *Kloepfer*, Umweltrecht, § 18 Rdnr. 7.

C. Begriff des Gentechnikrechts

in Übereinstimmung mit den gesetzlichen Bestimmungen auszuführen (§ 15 GenTSV[2]), liegt es nahe, von einem weiten Begriff des Gentechnikrechts auszugehen, um alle relevanten Vorschriften zu erfassen.

---

[2] Verordnung über die Sicherheitsstufen und Sicherheitsmaßnahmen bei gentechnischen Arbeiten in gentechnischen Anlagen (Gentechnik-Sicherheitsverordnung – GenTSV) i.d.F. d. Bek. v. 4.11. 1996 (BGBl. I S. 1649), zul. geänd. durch VO v. 28.4. 2008 (BGBl. I S. 766); vgl. dazu unten D. Rdnr. 143.

D. Systematischer Überblick über die Rechtsvorschriften im Gentechnikrecht

Der Schwerpunkt der gesetzlichen Regelungen im Gentechnikrecht liegt im Bereich des so genannten Umwelt-Gentechnikrechts. Die Vorschriften für die Humangentechnik sind nur grundlegender Art.

I. Rechtliche Regelungen im Bereich der Humangenetik

Der Umgang mit gentechnisch veränderten Organismen am Menschen hat bislang keine einheitliche gesetzliche Normierung erfahren, obwohl dies bereits diskutiert worden ist. Das Gentechnikgesetz ist in diesem Bereich wegen § 2 Abs. 3 GenTG nicht anwendbar.[1] Es gelten lediglich die allgemeinen Vorschriften des Medizinrechts[2] und die durch das Verfassungsrecht gezogenen Grenzen.

Aus völkerrechtlicher Sicht sind für den Bereich der Humangenetik das Übereinkommen zum Schutz der Menschenrechte und der Menschenwürde im Hinblick auf die Anwendung von Biologie und Medizin (**Menschenrechtsübereinkommen zur Biomedizin**)[3] und die **allgemeine Erklärung über das menschliche Genom und Menschenrechte der Unesco**[4] von Bedeutung.

Auf gemeinschaftsrechtliche Ebene wird die Humangenetik über den Begriff der vermehrungsfähigen mikrobiologischen Einheiten von der **Systemrichtlinie**[5] erfasst. Demgegenüber nimmt die Freisetzungsrichtlinie[6] den Menschen und damit den Bereich der Humangenetik ausdrücklich aus.

---

[1] Vgl. dazu unten D. Rdnr. 26.

[2] Das Fehlen grundlegender gesetzlicher Regelungen ist im Hinblick auf die Wesentlichkeitstheorie nicht unproblematisch, vgl. dazu *Kloepfer*, Umweltrecht, § 18 Rdnr. 100.

[3] V. 4.4. 1997; vgl. dazu *Terpitz*, Rechtliche Regelungen der Embryonenforschung im internationalen Vergleich, S. 42.

[4] V. 11.11. 1997.

[5] Richtlinie 90/219/EWG des Rates vom 23.4. 1990 über die Anwendung gentechnisch veränderter Mikroorganismen in geschlossenen Systemen (ABl. EG Nr. L 117, S. 1), geänd. durch Richtlinie 98/81/EG v. 26.10. 1998 zur Änderung der Richtlinie 90/219/EWG über die Anwendung gentechnisch veränderter Mikroorganismen in geschlossenen Systemen (ABl. EG Nr. L 330, S. 13), zul. geänd. durch Entscheidung 2005/174/EG der Kommission v. 28.2. 2005 (ABl. EU Nr. L 59 S. 20); vgl. dazu unten D. Rdnr. 52.

[6] Richtlinie 2001/18/EG des Europäischen Parlaments und des Rates vom 12.3. 2001 über die absichtliche Freisetzung gentechnisch veränderter Organismen in die Umwelt und zur Aufhebung der Richtlinie 90/220/EWG des Rates (ABl. EG Nr. L 106, S. 1); vgl. dazu unten D. Rdnr. 53.

D. Systematischer Überblick über die Rechtsvorschriften im Gentechnikrecht

5   Vorhandene nationale Regelungen sind entweder datenschutzrechtlicher, strafrechtlicher oder verwaltungsrechtlicher Natur. Der Schutz des ungeborenen und des geborenen menschlichen Lebens wird im Wesentlichen durch das Grundgesetz[7] – hier das Recht auf informationelle Selbstbestimmung – sowie das Embryonenschutzgesetz[8] und das Stammzellgesetz[9] sichergestellt.[10] Bei den beiden Letzteren handelt es sich um Strafvorschriften, die damit nur die äußere Grenze des Verbotenen und Strafbewehrten beschreiben. Insbesondere im Bereich der Präimplantationsdiagnostik erweist sich der Schutz als lückenhaft.

1. Das Recht auf informationelle Selbstbestimmung

6   Datenschutzrechtliche Regelungen sind für den Bereich der Genomanalyse von Bedeutung. Die Möglichkeiten der Genomanalyse werden hier bislang durch das Grundgesetz – hier das Recht auf informationelle Selbstbestimmung – begrenzt. Art. 2 Abs. 1, 1 Abs. 1 GG[11] beinhalten die allgemeine Handlungsfreiheit, welche auch das **Recht auf informationelle Selbstbestimmung** umfasst.[12] Aus diesem Recht wird hergeleitet, dass jeder selbstständig darüber bestimmen kann, ob seine Daten an Dritte weitergegeben werden dürfen. Ohne ausdrückliche Befugnis des Betroffenen können Daten über Krankheiten folglich weder an Arbeitgeber noch an Krankenkassen weitergeleitet werden.[13] Mit Zustimmung des Betroffenen können die Daten allerdings weitergegeben werden. In diesem Fall ist die Genomanalyse rechtlich zulässig. Diesen Grundrechtsschutz genießt auch ein Embryo.[14]

2. Embryonenschutzgesetz

7   Die Regelungen zum Embryonenschutz sind demgegenüber entweder strafrechtlicher oder aber – wie beim Stammzellgesetz – auch verwaltungsrechtlicher Natur.

---

[7] Grundgesetz für die Bundesrepublik Deutschland v. 23.5. 1949 (BGBl. S. 1), zul. geänd. durch G v. 4.10. 2008 (BGBl. I S. 1926).

[8] Gesetz zum Schutz von Embryonen (Embryonenschutzgesetz – ESchG) v. 13.12. 1990 (BGBl. I S. 2746), zul. geänd. durch G v. 23.10. 2001 (BGBl. I S. 2702).

[9] Gesetz zur Sicherstellung des Embryonenschutzes im Zusammenhang mit Einfuhr und Verwendung menschlicher embryonaler Stammzellen (Stammzellgesetz – StZG) v. 28.6. 2002 (BGBl. I S. 2277), geänd. durch G v. 14.8. 2008 (BGBl. I S. 1708).

[10] Zum geplanten Gendiagnostik-Gesetz vgl. *Mohr*, ErsK 2008, 100 ff.; *Kolpatzik*, G+G 2008, 14 ff.

[11] Grundgesetz für die Bundesrepublik Deutschland v. 23.5. 1949 (BGBl. S. 1), zul. geänd. durch G v. 4.10. 2008 (BGBl. I S. 1926).

[12] *BVerfG*, Urt. v. 15.12. 1983 – 1 BvR 209/82 –, BVerfGE 65, 1 ff.

[13] *Buchner*, in: Münchener Handbuch zum Arbeitsrecht, Bd. 1, § 41 Rdnr. 25; *Vogelsang*, Grundrecht auf Informationelle Selbstbestimmung, S. 1 ff.

[14] Kritisch dazu *Kloepfer*, Umweltrecht, § 18 Rdnr. 98.

I. Rechtliche Regelungen im Bereich der Humangenetik

Das **Embryonenschutzgesetz**[15] normiert seit 1991 die Grenze des Erlaubten beim Umgang mit gentechnisch veränderten Organismen am Menschen. Es ist formuliert wie ein Strafgesetz, nämlich „Mit Freiheitsstrafe bis zu drei Jahren oder mit Geldstrafe wird bestraft, wer ".

Zunächst bestimmt das Gesetz in § 8 Abs. 1 ESchG, dass bereits die befruchtete, entwicklungsfähige menschliche Eizelle von Zeitpunkt der Kernverschmelzung an ein Embryo ist. Gleiches gilt für jede einem Embryo entnommene totipotente Zelle, d. h. eine Zelle, die sich bei Vorliegen der dafür erforderlichen weiteren Voraussetzungen zu teilen und zu einem Individuum zu entwickeln vermag. Damit liegt dem Embryonenschutzgesetz ein sehr weiterer Embryobegriff zu Grunde. Der uneingeschränkte Schutz menschlicher Embryonen[16] führt dazu, dass den Forschern jedweder Zugriff auf entwicklungsfähige Zellen praktisch verboten ist. Insoweit steht sowohl die verbrauchende Erforschung von totipotenten Stammzellen als auch die Präimplantationsdiagnostik unter Strafe.[17]

Zudem bestimmt § 8 Abs. 3 EschG den Begriff der Keimbahnzellen. Darunter werden alle Zellen verstanden, die in einer Zell-Linie von der befruchteten Eizelle bis zu den Ei- und Samenzellen des aus ihr hervorgegangenen Menschen führen.

Für die Gentechnik relevant sind neben der missbräuchlichen Anwendung von Fortpflanzungstechniken (§ 1 EschG) und der missbräuchlichen Verwendung von Embryonen (§ 2 EschG) auch die Verbotstatbestände der §§ 5 bis 7 EschG.

a) Missbräuchliche Anwendung von Fortpflanzungstechniken.

Nach § 1 EschG ist unter anderem die künstliche Befruchtung einer Eizelle zu einem anderen Zweck, als eine Schwangerschaft der Frau herbeizuführen, von der die Eizelle stammt (Nr. 2) und die Entnahme eines Embryos vor Abschluss seiner Einrichtung in der Gebärmutter, um ihn auf eine andere Frau zu übertragen oder ihn für einen nicht seiner Erhaltung dienenden Zweck zu verwenden (Nr. 6) verboten. Zudem ist es verboten, künstlich zu bewirken, dass eine menschliche Samenzelle in eine menschliche Eizelle eindringt oder eine menschliche Samenzelle in eine menschliche Eizelle zu verbringen, ohne eine Schwangerschaft der Frau herbeizuführen zu wollen, von der die Eizelle stammt (§ 1 Abs. 2 EschG). Die **Präimplantationsdiagnostik** (PID) ist als missbräuchliche Anwendung von Fortpflanzungstechniken nach § 1 Abs. 1 Nr. 2 EschG untersagt.[18]

---

[15] Gesetz zum Schutz von Embryonen (Embryonenschutzgesetz – EschG) v. 13.12.1990 (BGBl. I S. 2746), zul. geänd. durch G v. 23.10.2001 (BGBl. I S. 2702).
[16] Vgl. Begründung zum Entwurf eines Gesetzes zum Schutz von Embryonen, BT-Drs. 11/5460, S. 6 unter Ziffer I und III).
[17] So auch *Hess. LSG*, Beschl. v. 30.1.2007 – L 8/14 KR 314/04 –; *BPatG München*, Urt. v. 5.12.2006 – 3 Ni 42/04 –, juris; *Renzikowski*, NJW 2001, 2753 ff.
[18] So *LG Köln*, Beschl. v. 4.7.2007 – 23 O 347/06 –, NJW-RR 2008, 542 f.; zu verfassungsrechtlichen Fragen der PID vgl. *Kloepfer*, Umweltrecht, § 18 Rdnr. 116 ff.; *Hillgruber*, in: Epping/Hillgruber, GG, Art. 1 Rdnr. 22.

D. Systematischer Überblick über die Rechtsvorschriften im Gentechnikrecht

Auch die verbrauchende, d.h. vernichtende Embryonenforschung verstößt gegen den Menschenwürde.[19]

13 **b) Missbräuchliche Verwendung von Embryonen.** Nach § 2 ESchG ist auch die Veräußerung eines Embryos, der extrakorporale erzeugt oder einer Frau vor Abschluss seiner Einnistung in der Gebärmutter entnommen worden ist, sowie die Abgabe, der Erwerb oder die Verwendung zu einem nicht seiner Erhaltung dienenden Zweck sowie das Bewirken einer extrakorporalen Weiterentwicklung eines Embryos zu einem anderen Zweck als der Herbeiführung einer Schwangerschaft verboten. Auch dieser Tatbestand wird bei der Präimplantationsdiagnostik (PID) als erfüllt angesehen.

14 **c) Auswahl nach Geschlechtschromosomen.** Nach § 3 ESchG ist die künstliche Befruchtung einer menschlichen Eizelle mit einer Samenzelle unzulässig, die nach den Geschlechtschromosomen ausgebildet worden ist. Etwas Anderes gilt nur dann, wenn ein Arzt die Samenzelle ausgewählt hat und das Kind vor einer schwer wiegenden geschlechtsgebunden Erbkrankheit bewahrt werden soll.

15 **d) Eigenmächtige Befruchtung einer Eizelle.** Auch die eigenmächtige Befruchtung einer Eizelle ohne Einwilligung der beiden Spender, die Übertragung eines Embryos auf eine Frau ohne ihre Einwilligung sowie die wesentliche Befruchtung einer Eizelle mit dem Samen eines Mannes nach dessen Tod sind nach § 4 ESchG verboten.

16 **e) Künstliche Veränderung menschlicher Keimbahnzellen.** Gem. § 5 Abs. 1 ESchG wird zudem bestraft, wer die Erbinformation einer menschlichen Keimbahnzellen künstliche verändert (Keimbahnmanipulation). Ebenso wird gem. § 5 Abs. 2 ESchG bestraft, wer eine menschliche Keimbahnzelle mit künstlich veränderten Erbinformationen zur Befruchtung verwendet. Damit ist die **Keimbahntherapie** grundsätzlich verboten. Nach § 5 Abs. 3 ESchG ist bereits der Versuch strafbar.

17 Straflos ist andererseits, die künstliche Veränderung der Erbinformation einer außerhalb des Körpers befindlichen Keimzelle, wenn ausgeschlossen ist, dass diese zur Befruchtung verwendet wird (§ 5 Abs. 4 Nr. 1 ESchG). Gleiches gilt für die künstliche Veränderung der Erbinformation einer sonstigen körpereigenen Keimbahnzelle, die einer toten Leibesfrucht, einem Menschen oder einem Verstorbenen entnommen worden ist, wenn ausgeschlossen ist, dass diese auf einen Embryo, Fötus oder Menschen übertragen wird oder aus ihr eine Keimzelle entsteht (§ 5 Abs. 4 Nr. 2 ESchG). Straflos sind auch Impfungen, strahlen-, chemotherapeutische oder andere Behandlungen, mit denen eine Veränderung der Erbinformation von Keimbahnzellen nicht beabsichtigt ist (§ 5 Abs. 4 Nr. 3 ESchG).

---

[19] *Hillgruber*, in: Epping/Hillgruber, GG, Art. 1 Rdnr. 20.

f) **Klonen.** Das Klonen ist in § 6 ESchG geregelt. Danach wird bestraft, wer künstlich bewirkt, dass ein menschlicher Embryo mit der gleichen Erbinformation wie ein anderer Embryo, ein Fötus, ein Mensch oder ein Verstorbener entsteht (§ 6 Abs. 1 ESchG).[20] Das Klonen stellt insoweit einen Verstoß gegen die Menschenwürde dar.[21] Ferner ist unter Strafe gestellt, wer einen menschlichen Embryo mit der gleichen Erbinformation wie ein anderer Embryo, ein Fötus, ein Mensch oder ein Verstorbener auf eine Frau überträgt. Auch hier ist der Versuch strafbar (§ 6 Abs. 3 ESchG).

18

g) **Chimären- und Hybridbildung.** Ferner wird bestraft, wer es unternimmt, Embryonen mit unterschiedlichen Erbinformationen unter Verwendung mindestens eines menschlichen Embryos zu einem Zellverband zu vereinigen (§ 7 Abs. 1 ESchG), mit einem menschlichen Embryo eine Zelle zu verbinden, die eine andere Erbinformation als die Zellen des Embryos enthält und sich mit diesem weiter zu differenzieren vermag, durch Befruchtung einer menschlichen Eizelle mit dem Samen eines Tieres oder durch Befruchtung einer tierischen Eizelle mit dem Samen eines Menschen einen differenzierungsfähigen Embryo zu erzeugen.

19

Ebenso wird bestraft, wer es unternimmt einen nach § 7 Abs. 1 ESchG entstandenen Embryo auf eine Frau oder ein Tier zu übertragen oder einen menschlichen Embryo auf ein Tier zu übertragen.

20

3. Stammzellgesetz

Das Stammzellgesetz[22] regelt seit 2002 den Import humaner embryonaler Stammzellen. Auch hierbei handelt es sich im Wesentlichen um ein Verbotsgesetz, das die Grenze des Erlaubten regelt.

21

Die Einfuhr und Verwendung von menschlichen embryonalen Stammzellen ist in § 1 Nr. 1 Nr. 1 i.V.m. § 4 Abs. 1 StZG grundsätzlich verboten und unter Strafe gestellt. So wird mit Freiheitsstrafe bis zu drei Jahren oder mit Geldstrafe bestraft, wer ohne Genehmigung nach § 6 StZG embryonale Stammzellen eingeführt oder verwendet (§ 13 Abs. 1 S. 1 StZG). Den Tatbestand erfüllt auch, wer aufgrund einer durch vorsätzlich falsche Angaben erschlichenen Genehmigung handelt (§ 13 Abs. 1 S. 2 StZG) oder wer einer vollziehbaren Auflage zuwider handelt (§ 13 Abs. 2 StZG).

22

a) **Zweck des Gesetzes.** Zweck des Gesetzes ist es, im Hinblick auf die staatliche Verpflichtung, die Menschenwürde und das Recht auf Leben

23

---

[20] Zur Frage der Patentierbarkeit der Verfahren zum Klonen von menschlichen Lebewesen *EuGH*, Urt. v. 9.10. 2001 – C-377/98 –, ZUR 2002, 42 (46).
[21] *Hillgruber*, in: Epping/Hillgruber, GG, Art. 1 Rdnr. 22; *Kienle*, ZRP 1998, 186 ff.; *Vesting/Simon*, ZRP 1998, 261 ff.
[22] Gesetz zur Sicherstellung des Embryonenschutzes im Zusammenhang mit Einführung und Verwendung menschlicher embryonaler Stammzellen (Stammzellgesetz – StZG) v. 28.6. 2002 (BGBl. I S. 2277), geänd. durch G v. 14.8. 2008 (BGBl. I S. 1708); vgl. zu naturwissenschaftlichen Grundlagen *Schütze*, Embryonale Humanstammzellen, S. 1 ff.; zur Diskussion um die Verabschiedung des StZG vgl. *Blanke*, KJ 2002, 340 ff.

D. Systematischer Überblick über die Rechtsvorschriften im Gentechnikrecht

zu achten und zu schützen und die Freiheit der Forschung zu gewährleisten, die Einfuhr und die Verwendung embryonaler Stammzellen grundsätzlich zu verbieten (§ 1 Nr. 1 GenTG).[23] Es soll auch vermieden werden, dass von Deutschland aus eine Gewinnung embryonaler Stammzellen oder eine Erzeugung von Embryonen zur Gewinnung embryonaler Stammzellen veranlasst wird (§ 1 Nr. 2 GenTG). Allerdings sollen auch die Voraussetzungen bestimmt werden, unter denen die Einfuhr und die Verwendung embryonaler Stammzellen ausnahmsweise zu Forschungszwecken zuzulassen ist (§ 1 Nr. 3 StZG).[24]

24 b) Anwendungsbereich des Stammzellgesetzes. Das Stammzellgesetzes gilt für die Einfuhr von embryonalen Stammzellen und für die Verwendung von embryonalen Stammzellen, die sich im Inland befinden. Der letzte Halbsatz ist durch das Gesetz zur Änderung des Stammzellgesetzes vom 14. 8. 2008[25] ergänzt worden. Hintergrund war, dass die Teilnahme deutscher Forscher an internationalen Kooperationen problematisch war. Ein Strafbarkeitsrisiko bestand für diese auch dann, wenn ein deutscher Wissenschaftler selbst nicht mit embryonalen humanen Stammzellen forschte, sich aber an einem internationalen Forschungsprojekt beteiligt hat. Mit dem zweiten Halbsatz ist jetzt klargestellt, dass sich die Geltung des Stammzellgesetzes insgesamt auf das Inland beschränkt.[26]

25 c) Zulässigkeit der Einfuhr und Verwendung embryonaler Stammzellen. Die Voraussetzungen, unter denen die Einfuhr und die Verwendung embryonaler Stammzellen ausnahmsweise zu Forschungszwecken erlaubt werden kann, sind in § 4 Abs. 2 StZG geregelt.[27] Danach ist die Einfuhr und die Verwendung embryonaler Stammzellen zu Forschungszwecken zulässig, wenn zur Überzeugung der Genehmigungsbehörde feststeht, dass die embryonalen Stammzellen in Übereinstimmung mit der Rechtslage im Herkunftsland dort vor dem 1.5. 2007[28] gewonnen wurden und in Kultur gehalten werden oder im Anschluss daran kryokonservativ gelagert werden (§ 4 Abs. 2 Nr. 1a StZG). Gefordert wird ferner, dass die Embryonen, aus denen sie gewonnen wurden, im Wege der medizinisch unterstützten extrakorporalen Befruchtung zum Zwecke der Herbeiführung einer Schwangerschaft erzeugt worden sind, die endgültig nicht mehr für diesen Zweck verwendet wurden und keine Anhaltspunkte dafür vorliegen, dass dies aus Gründen erfolgte, die an den Embryonen selbst liegen

---

[23] Vgl. dazu auch *Hess. LSG*, Beschl. v. 30.1. 2007 – L 8/14 KR 314/04 –.
[24] Vgl. zu verfassungsrechtlichen Bedenken des Stammzellgesetzes *Kloepfer*, Umweltrecht, § 18 Rdnr. 133 ff.
[25] BGBl. I S. 1708.
[26] Vgl. BT-Drs. 16/7981, S. 6; zugleich ist die Strafbarkeitsnormen des § 13 StZG angepasst worden; unter Strafandrohung steht jetzt neben der Einfuhr die Verwendung von embryonalen Stammzellen, die sich im Inland befinden.
[27] Vgl. dazu auch *BPatG München*, Urt. v. 5.12. 2006 – 3 Ni 42/04 –.
[28] Die Stichtagsregelung ist durch G v. 14.8. 2008 (BGBl. I S. 1708) geänd. worden.

I. Rechtliche Regelungen im Bereich der Humangenetik

(§ 4 Abs. 2 Nr. 1b StZG). Zudem darf für die Überlassung der Embryonen zur Stammzellgewinnung kein Entgelt oder sonstiger geldwerter Vorteil gewährt oder versprochen worden sein (§ 4 Abs. 2 Nr. 1c StZG). Hinzukommen muss, dass der Einfuhr oder der Verwendung der embryonalen Stammzellen sonstige gesetzliche Vorschriften, insbesondere solche des Embryonenschutzgesetzes, nicht entgegenstehen (§ 4 Abs. 2 Nr. 2 StZG).

Die alte Stichtagsregelung, die für verwendbare Embryonen den 1.1. 2002 vorsah, wurde in der deutschen Gentechnikforschung als belastend empfunden, da letztlich mit veralteten Stammzelllinien gearbeitet werden musste. Überdies sind mit der Zeit die verfügbaren Zellen zahlenmäßig nicht mehr ausreichend gewesen. Aus diesem Grunde ist die Stichtagsregelung mit Gesetz vom 14.8. 2008[29] angepasst worden. Die Änderung der Stichtagsregelung war im Parlament stark umstritten.[30] Zum Teil wurde die Auffassung vertreten, die Forschung an embryonalen Stammzellen sei grundsätzlich zu verbieten.[31] Eine andere Auffassung wollte den bisherigen Stichtag beibehalten.[32]

26

d) Genehmigung der Einfuhr und Verwendung embryonaler Stammzellen. Jede Einfuhr und Verwendung embryonalen Stammzellen bedarf gem. § 6 Abs. 1 GenTG der Genehmigung durch die zuständige Behörde, d.h. das Robert-Koch-Institut.

27

Die Genehmigung ist zu versagen, wenn die Gewinnung der embryonalen Stammzellen offensichtlich im Widerspruch zu tragenden Grundsätzen der deutschen Rechtsordnung erfolgt ist (§ 4 Abs. 3 StZG).

28

Die Voraussetzungen für einen Antrag auf Genehmigung sind im Einzelnen in § 6 Abs. 1 StZG geregelt. Sie ist zu erteilen, wenn die Voraussetzungen der §§ 4 Abs. 2, 5 StZG erfüllt sind und eine Stellungnahme der Zentralen Ethik-Kommission für Stammzellenforschung, die dafür nach den §§ 8 und 9 StZG gebildet wird, nach Beteiligung durch die zuständige Behörde vorliegt (§ 6 Abs. 4 StZG). Zu den Voraussetzungen nach § 5 StZG zählt, dass das Forschungsvorhaben ethisch vertretbar sein muss. Forschungsarbeiten an embryonalen Stammzellen dürfen nur durchgeführt werden, wenn wissenschaftlich begründet dargelegt ist, dass sie hochrangigen Forschungszielen für den wissenschaftlichen Erkenntnisgewinn im Rahmen der Grundlagenforschung oder für die Erweiterung medizinischer Kenntnisse bei der Entwicklung diagnostischer, präventiver oder therapeutischer Verfahren zur Anwendung bei Menschen dienen (§ 5 Nr. 2 StZG) und nach dem anerkannten Stand von Wissenschaft und Technik die im Forschungsvorhaben vorgesehenen Fragestellungen so weit wie möglich bereits in In-vitro-Modellen bei tierischen Zellen oder in Tierversuchen vorgeklärt worden sind und der mit dem Forschungsvorhaben an-

29

---

[29] BGBl. I S. 1708.
[30] Vgl. BT-Drs. 16/7981, 16/7982 und 16/7984.
[31] BT-Drs. 16/7982.
[32] BT-Drs. 16/7984.

D. Systematischer Überblick über die Rechtsvorschriften im Gentechnikrecht

gestrebte wissenschaftliche Erkenntnisgewinn sich voraussichtlich nur mit embryonalen Stammzellen erreichen lässt (§ 5 Nr. 2 StZG). Dies setzt regelmäßig einen sehr ausführlich begründeten Antrag voraus.

II. Rechtliche Regelungen der Umwelt-Gentechnik

30 Stärker normiert sind die Anwendungsbereiche der Gentechnik in der Pharmazie, der Landwirtschaft, Ernährung und Entsorgung. Hier bestehen neben internationalen Regelungen auch spezifische EG-rechtlichen Regelungen für Lebens- und Futtermittel, aber auch für die Anlagen, Freisetzungen und das Inverkehrbringen. Ferner gibt es weit reichende rechtliche Rahmenbedingungen im nationalen Recht. Dazu zählen verfassungsrechtliche Vorgaben aber auch einfachgesetzliche Regelungen wie das Gentechnikgesetz ausgestaltet durch seine Rechtsverordnungen. Das gesamte Umwelt-Gentechnikrecht kann mittlerweile als historisch gewachsen betrachtet werden und ist in sich durch die geschichtliche Entwicklung in diesem Rechtsbereich geprägt.

1. Geschichtliche Entwicklung des Umwelt-Gentechnikrechts

31 Als Folge der internationalen Diskussion über die nicht abschließend geklärte Frage der Gefährlichkeit der Gentechnologie wurden zunächst in den USA Richtlinien[33] entwickelt, die den Umgang mit neu-kombinierter DNA regelten. Später wurden von der **OECD Sicherheitskriterien**[34] insbesondere für Arbeiten im industriellen Maßstab entwickelt, die über das europäische Recht später auch Eingang in das deutsche Gentechnikrecht gefunden haben.

32 In Deutschland galten zunächst die „Richtlinien zum Schutz vor Gefahren durch in-vitro neu kombinierte Nukleinsäuren"[35], die so genannten **Gen-Richtlinien**. Danach waren Genlaboratorien und entsprechende Produktionsbereiche beim Bundesgesundheitsamt zu registrieren. Bei diesen Gen-Richtlinien handelt es sich um so genannte Verwaltungsvorschriften. Verwaltungsvorschriften gelten nur verwaltungsintern, d.h. innerhalb der Verwaltung. Die Gen-Richtlinien galten damit im Wesentlichen nur für die vom Bund geförderten Forschungs- und Entwicklungsarbeiten. Im Hochschulbereich waren die Gen-Richtlinien durch Anweisungen der Kultus-

---

[33] Guidelines for Research Involving Recombinant DNA Molcules Fed. Reg. 27911 (7.7. 1976), die später überarbeitet worden sind; vgl. dazu *Mahro*, NuR 1986, 324 ff.

[34] Organisation for Economic Cooperation and Developement (OECD), Recombinant DNA Saftey Consideration, Paris 1986, vgl. dazu *Kloepfer*, Umweltrecht, § 18 Rdnr. 8.

[35] V. 15.2. 1978 i.d.F. v. 28.5. 1986 (BGBl. I.S. 1080); vgl. *Bender/Sparwasser/Engels*, Umweltrecht, Kap. 10 Rdnr. 38; *Wahl*, in: Landmann/Rohmer, Umweltrecht, Bd. IV, Kap. 10.1, Vorbem. GenTG Rdnr. 22.

II. Rechtliche Regelungen der Umwelt-Gentechnik

minister der Länder verbindlich. Eine weitergehende Wirkung im Bereich der industriellen Forschung und der gewerblichen Nutzung der Gentechnik, d.h. gegenüber privaten Unternehmen, kam diesen Verwaltungsvorschriften indes nicht zu. Letztere erkannten die Gen-Richtlinien im Wege der freiwilligen Selbstbindung als Stand von Wissenschaft und Technik an. Es fehlte aber an einer allgemein verbindlichen und damit vom Willen privater Unternehmen unabhängigen Regelung durch den Gesetzgeber.

Verbindliche rechtliche Regelungen für den Bereich der industriellen Nutzung der Gentechnologie gab es in Deutschland zu Beginn nur lückenhaft. So waren nach 4.11 des Anhangs der 4. BImSchG a.F.[36] gentechnische Anlagen außerhalb reiner Forschungseinrichtungen genehmigungsbedürftig nach dem Bundes-Immissionsschutzgesetz. In der Gefahrstoffverordnung waren gentechnische veränderte Organismen in § 15 Abs. 1 Nr. 1 GefStoffV a.F.[37] als bei der Bio- und Gentechnik anfallende gefährliche biologische Materialien erfasst. Auch § 1 Nr. 10h AbwHerkV a.F.[38] enthielt eine Regelung zur Herstellung und Verwendung von Mikroorganismen und Viren mit in-vitro neu kombinierter Nukleinsäure. Einzelne gentechnische Verfahren und Produkte konnten darüber hinaus ganz oder teilweise in den Anwendungsbereich weiterer Gesetze fallen, so etwa dem Arzneimittelgesetz oder dem Bundesseuchengesetz.[39] Die Regelung gentechnischer Fragen in unterschiedlichen Gesetzen und Verordnungen machte bereits deutlich, dass für die praktische Anwendung eine einheitliche umfassende gesetzliche Normierung des Gentechnikrechts erforderlich war.

Während der Diskussion in Deutschland um die Erarbeitung der Grundlagen für eine umfassende Regelung zum Gentechnikrecht,[40] ist der nationale Gesetzgeber von der Europäischen Gemeinschaft[41] überholt worden ist.

So hat der Rat der Europäischen Gemeinschaft 1990 durch die so genannte Systemrichtlinie[42] und die so genannte Freisetzungsrichtlinie[43], weit reichende Vorgaben zu inhaltlichen Anforderungen als auch zu Ver-

---

[36] V. 24.7. 1985 (BGBl. S. 1586). Nr. 4.11 angef. durch VO v. 19.5. 1988 (BGBl. I S. 608 und aufgeh. durch G v. 20.6. 1990 (BGBl. I.S. 1080); *Kloepfer*, Umweltrecht, § 18 Rdnr. 10; *Wahl*, in: Landmann/Rohmer, Umweltrecht, Bd. IV, Kap. 10.1, Vorbem. GenTG Rdnr. 23.
[37] V. 26.8. 1986 (BGBl. I S. 1470), neugef. durch VO v. 26.10. 1993 (BGBl. I S. 1782, ber. S. 2049, in der diese Vorschrift entfällt); dazu *Richter*, Gentechnologie, S. 80 f.
[38] V. 3.7. 1987 (BGBl. I S. 1578), die Abwasserherkunftsverordnung ist heute ersetzt durch die Abwasserverordnung.
[39] Vgl. dazu *Wahl*, in: Landmann/Rohmer, Umweltrecht, Bd. IV, Kap. 10.1, Vorbem. GenTG Rdnr. 25.
[40] Vgl. zu den Einzelnen Entwürfen *Kloepfer*, Umweltrecht, § 18 Rdnr. 9.
[41] Zur Begrifflichkeit Europäische Gemeinschaft und Europäische Union siehe unten D. Rdnr. 40.
[42] Vgl. dazu unten D. Rdnr. 52.
[43] Vgl. dazu unten D. Rdnr. 53.

D. Systematischer Überblick über die Rechtsvorschriften im Gentechnikrecht

fahrensanforderungen gemacht, an denen sich nunmehr das nationale Recht zu orientieren hatte. Das deutsche Gentechnikrecht ist damit auch heute noch in seinen wesentlichen Zügen vom europäischen Recht bestimmt. Grund dafür ist, dass dem europäischen Gesetzgeber die entsprechende Gesetzgebungskompetenz in Art. 175 EGV übertragen worden ist.[44]

36 Trotz der Vorgaben durch den europäischen Gesetzgeber ist das Gentechnikgesetz in Deutschland nicht gleich nach Erlass der Richtlinien verabschiedet worden, obwohl bereits seit Mitte 1984 eine Enquête Kommission „Chancen und Risiken der Gentechnologie" von der Bundesregierung beauftragt worden war, die Grundlagen für eine umfassende gesetzliche Regelung zu erarbeiten. Einen Schlusspunkt unter die Debatte über eine umfassende gesetzliche Regelung des Gentechnikrechts und die inhaltliche Ausgestaltung der Vorschriften setzte letztlich ein Beschluss des Verwaltungsgerichtshofs Kassel[45]. Der Verwaltungsgerichtshof Kassel erklärte, dass gentechnische Anlagen nur auf Grund eines die Nutzung der Gentechnik ausdrücklich zulassenden Gesetzes errichtet und betrieben werden durften. Als Rechtsgrundlage reichten ihm die Vorschriften des Bundes-Immissionsschutzgesetzes und seiner Rechtsverordnungen nicht aus. Er argumentierte, dass sich aus der Schutzpflicht des Staates und auf Grund des Gesetzesvorbehalts ergebe, dass der Gesetzgeber ausdrücklich über die rechtliche Zulässigkeit des Einsatzes der Gentechnologie entscheiden müsse. Er stützte seine Argumentation auf das Atomgesetz. Auch dort habe es einer ausdrücklichen Regelung durch den Gesetzgeber gedurft, der die atomare Forschung für zulässig erklärt hat. Daraus folgerte er, dass bis zum Erlass entsprechender gesetzlicher Regelungen gentechnische Anlagen nicht genehmigungsfähig seien. Die Folge wäre gewesen, dass alle Arbeiten in nicht genehmigten Anlagen stattgefunden hätten und die Anlagen damit illegal betrieben worden wären. Die Entscheidung ist in der juristischen Literatur zwar erheblich kritisiert worden,[46] hat aber im Ergebnis dazu geführt, dass dem Gesetzgebungsverfahren Nachdruck verliehen wurde.

37 Das deutsche Gentechnikgesetz wurde alsdann zeitnah am 20. Juni 1990 verkündet und trat am 1. Juli 1990 in Kraft. Auf der Grundlage des Gentechnikgesetzes sind zur Durchführung zunächst weitere acht Verordnungen erlassen worden. Das Gentechnikgesetz ist mittlerweile zum vierten Mal geändert worden.[47]

---

[44] Zur Kompetenz der Europäischen Gemeinschaft siehe unten D. Rdnr. 41.
[45] *VGH Kassel*, Beschl. v. 6.11. 1989 – 8 TH 685/89 –, NJW 1990, 336 ff.; *Rose*, DVBl. 1990, 279 ff.
[46] Vgl. *Kloepfer/Vierhaus*, in: Kloepfer (Hrsg.), Anthroprozentrik, Freiheit und Umweltschutz in rechtlicher Sicht, S. 29 (39 m.w.N.); *Sendler*, NVwZ 1990, 231 ff.
[47] Vgl. dazu unten D. Rdnr. 144 ff.

II. Rechtliche Regelungen der Umwelt-Gentechnik

2. Internationale Regelungen

Zum Gentechnikrecht existieren sowohl supranationale Regelungen als auch EG-rechtliche Vorgaben. 38

a) Supranationale Regelungen. Für das Gentechnikrecht von Bedeutung sind auf internationaler Ebene die **Konvention über die Biologische Vielfalt**[48], die seit 1993 in Kraft ist, und das auf ihrer Grundlage beschlossene **Cartagena-Protokoll über die Biologische Sicherheit**[49], welches 2003 in Kraft getreten ist.[50] Für beide gilt, dass es sich um internationale Verträge und Abkommen handelt, die Rechtswirkung im nationalen Recht erst dann entfalten, wenn sie durch ein nationales Gesetz umgesetzt worden sind. Unmittelbar finden beide Abkommen keine Anwendung. 39

b) EG-rechtliche Vorgaben. Rechtliche Regelungen zum Gentechnikrechts befinden sich in unterschiedlichen Rechtsakten der Europäischen Gemeinschaft.[51] 40

aa) Kompetenz der Europäischen Gemeinschaft. Der Europäischen Gemeinschaft kommt für den Erlass von Rechtsakten im Umweltrecht eine eigene Kompetenz zu. Nach Art. 175 EGV[52] (vormals Art. 130r EGV) kann die Europäische Gemeinschaft im Bereich der Umweltpolitik Recht erlassen.[53] Die Bereiche der Umweltpolitik sind in Art. 174 EGV ausdrücklich umschrieben. Danach kann die Europäische Gemeinschaft sowohl zur Erhaltung und zum Schutz der Umwelt als auch zum Schutz der menschlichen Gesundheit sowie zur Bewältigung globaler Umweltprobleme tätig werden. Auf diese Umweltkompetenz hat die Europäische Gemeinschaft die Systemrichtlinie gestützte. Nach Art. 176 EGV gilt in diesem Fall, dass die einzelnen Mitgliedstaaten nicht gehindert sind, verstärkte Schutzmaßnahmen beizubehalten oder zu ergreifen. 41

Ergänzend kann die Europäische Gemeinschaft im Gentechnikrecht ihre rechtlichen Regelungen auf Art. 95 EGV (vormals Art. 100a EGV) stützen. Danach kann die Europäische Gemeinschaft zur Verwirklichung des Binnenmarktes Vorschriften zur Rechtsangleichung erlassen. Auf 42

---

[48] BGBl. II 1997, S. 1747.
[49] V. 29.1. 2000 (BGBl. 2003 II S. 1508).
[50] Vgl. dazu *Kloepfer*, Umweltrecht, § 18 Rdnr. 18.
[51] Die Europäischen Gemeinschaften bestehen nach wie vor. Sie bilden die Grundlage der Europäischen Union (Art. 1 Abs. 3 S. 1 EUV); durch den Unionsvertrag wurde der bisher bestehende und den Kern bildende EWG-Vertrag geändert und neu gefasst (Titel 2 des EUV). Dieser Vertrag heißt seither EG Vertrag (EGV); auf seiner Rechtsgrundlage ergehen die Rechtsakte der Europäischen Gemeinschaft.
[52] Vertrag zur Gründung der Europäischen Gemeinschaft (EG-Vertrag) i.d.F. des Vertrages von Amsterdam v. 2.10. 1997 (BGBl. 1998 II S. 465), zul. geänd. durch Vertrag v. 25.4. 2005 (ABl. EG Nr. L 157/11) in Kraft seit dem 1.1. 2007.
[53] Zum Verbot des Einsatzes gentechnisch veränderter Organismen in Oberösterreich vgl. *EuG*, Urt. v. 5.10. 2005 – Rs T-366/03 u. T-235/04 Land Österreich und Österreich/Kommission – ZUR 2006, 83 ff.

D. Systematischer Überblick über die Rechtsvorschriften im Gentechnikrecht

diese Kompetenzgrundlage hat die Europäische Gemeinschaft die Freisetzungsrichtlinie[54] und die Bio-Patentrichtlinie[55] gestützt. Auch im Rahmen des Art. 95 EGV hat die Kommission bei ihren entsprechenden Richtlinien Vorschlägen von einem hohen Schutzniveau in den Bereichen Gesundheit, Sicherheit, Umwelt und Verbraucherschutz auszugehen (Art. 95 Abs. 3 EGV). Andererseits dürfen die Mitgliedstaaten aber grundsätzlich keine abweichenden oder beschränkenden Maßnahmen treffen (Art. 28 EGV). Ausnahmsweise ist es jedoch zulässig, soweit dies nämlich aus Gründen der öffentlichen Sicherheit, Ordnung und Sicherheit, zum Schutz der Gesundheit und des Lebens von Menschen, Tieren oder Pflanzen, des gewerblichen oder kommerziellen Eigentums, des Schutzes der Arbeitsumwelt oder des Umweltschutzes gerechtfertigt ist (Art. 95 Abs. 4 i.V.m. Art. 30 EGV).[56]

43 Letztlich kann die Europäische Gemeinschaft ihr Handeln auch auf Art. 137 Abs. 2 EGV stützen. Danach kann sie Sozialvorschriften erlassen. Auf diese Kompetenz hat die Europäische Gemeinschaft die Arbeitnehmerschutzrichtlinie[57] gestützt. Auch in diesem Fall sind die Mitgliedstaaten nicht gehindert, zusätzlich verschärfte Vorschriften beizubehalten oder zu treffen (Art. 137 Abs. 5 EGV).

44 Diese Kompetenzzuweisung an die Europäische Gemeinschaft hat zur Folge, dass europäischen Rechtsakten grundsätzlich ein Anwendungsvorrang vor Rechtsakten der Mitgliedstaaten zukommt.[58] Die Europäische Gemeinschaft hat ihre Gesetzgebungskompetenz im Bereich des Gentechnikrechts vielfältig genutzt und weit reichende Vorgaben für die Mitgliedstaaten gemacht.

45 **bb) Mögliche rechtliche Regelungen und ihre Wirkungen.** Die rechtlich verbindlichen Handlungsinstrumente der Europäischen Gemeinschaft sind Verordnungen, Richtlinien und Entscheidungen. Darüber hinaus können die Organe der Europäischen Gemeinschaft Empfehlungen aussprechen und Stellungnahmen abgeben (Art. 249 Abs. 1 EGV)[59]. Im Umwelt-Gentechnikrecht gibt es Richtlinien, Verordnungen, Entscheidungen und Empfehlungen.

46 Eine **Verordnung** der Europäischen Gemeinschaft hat allgemeine Geltung. Sie ist in all ihren Teilen verbindlich und gilt unmittelbar in jedem Mitgliedstaat (Art. 249 Abs. 2 EGV). Eine Umsetzung in nationales Recht – etwa durch ein Gesetz – ist hier nicht erforderlich. Allerdings kann auf

---

[54] Vgl. dazu unten D. Rdnr. 52.
[55] Vgl. dazu unten D. Rdnr. 68 ff.
[56] Zur Abweichung einer einzelstaatlichen Bestimmung von einer Harmonisierungsmaßnahme vgl. *EuGH*, Urt. v. 13.9. 2007 – C-439/05 P und C-454/05 P, C-439/05 P, C-454/05 P –, ZUR 2008, 30 ff.
[57] Vgl. dazu unten D. Rdnr. 58 ff.
[58] *EuGH*, Rs. 6/64 –, Slg. 1964, 1251 (1269 ff.); *Herdegen*, Europarecht, § 11 Rdnr. 1.
[59] Vormals Art. 189 EGV.

II. Rechtliche Regelungen der Umwelt-Gentechnik

der Grundlage einer Verordnung der Europäischen Gemeinschaft eine weitere nationale Regelung erlassen werden, durch die die Verordnung der Europäischen Gemeinschaft konkretisiert wird. So müssen zum Beispiel die nationalen Zuständigkeiten für die Durchführung von per Verordnung auf die Mitgliedstaaten übertragenen Aufgaben oder das Verwaltungsverfahren geregelt werden.

Eine **Richtlinie** der Europäischen Gemeinschaft ist für jeden Mitgliedstaat, an den sie gerichtet wird, hinsichtlich des zu erreichenden Ziels verbindlich, überlässt jedoch den innerstaatlichen Stellen die Wahl der Form und der Mittel (Art. 249 Abs. 3 EGV). Damit sind Richtlinien dadurch gekennzeichnet, dass sie EG-weit einen gültigen rechtlichen Rahmen setzen. Sie müssen in den einzelnen Mitgliedstaaten allerdings durch eine Norm in nationales Recht umgesetzt werden. 47

Eine **Entscheidung** ist in all ihren Teilen für diejenigen verbindlich, die sie bezieht (Art. 249 Abs. 4 EGV). Sie ist im Gegensatz zu Verordnungen und Richtlinien damit nur für die konkret in ihr Bezeichneten verbindlich. Entscheidungen sind im deutschen Recht mit einem Verwaltungsakt vergleichbar. 48

Empfehlungen und **Stellungnahmen** sind nicht verbindlich (Art. 249 Abs. 5 EGV). Mangels Verbindlichkeit sind es keine Rechtsetzungsakte. Sie bieten allerdings häufig EG-weit abgestimmte Hilfen für die Auslegung und Anwendung von europäischen rechtlichen Regelungen. 49

cc) **Vorhandene Regelungen.** *(1) Richtlinien.* Geprägt ist das europäische Gentechnikrecht in erster Linie durch Richtlinien. 50

(a) Vorhandene Richtlinien. Bei den Richtlinien sind insbesondere die 51

– Richtlinie 90/219/EWG des Rates vom 23.4.1990 über die Anwendung gentechnisch veränderter Mikroorganismen in geschlossenen Systemen[60] (Systemrichtlinie),
– Richtlinie 2001/18/EG des Europäischen Parlaments und des Rates vom 12.3.2001 über die absichtliche Freisetzung gentechnisch veränderter Organismen in die Umwelt und zur Aufhebung der Richtlinie 90/220/EWG des Rates[61] (Freisetzungsrichtlinie),
– Richtlinie 2000/54/EG des Parlaments und des Rates vom 18.9.2000 über den Schutz der Arbeitnehmer gegen Gefährdung durch biologische Arbeitsstoffe bei der Arbeit[62] (Arbeitnehmerschutzrichtlinie),

---

[60] (90/219/EWG) des Rates v. 23.4.1990 über die Anwendung gentechnisch veränderter Mikroorganismen in geschlossenen Systemen (ABl. EG Nr. L. 117, S. 1), geänd. durch Richtlinie 98/81/EG v. 26.10.1998 zur Änderung der Richtlinie 90/219/EWG über die Anwendung gentechnisch veränderter Mikroorganismen in geschlossenen Systemen (ABl. EG Nr. L 330, S. 13), zul. geänd. durch Entscheidung 2005/174/EG der Kommission v. 28.2.2005 (ABl. EU Nr. L 59 S. 20).
[61] ABl. EG Nr. L 106, S. 1.
[62] ABl. EG Nr. L 335, S. 17.

D. Systematischer Überblick über die Rechtsvorschriften im Gentechnikrecht

– Richtlinie 98/44/EG des Europäischen Parlaments und des Rates vom 6.7. 1998 über den rechtlichen Schutz biotechnischer Erfindungen (Patentrichtlinie),[63]
– Richtlinie 200/13/EG des Europäischen Parlaments und des Rates vom 20.3. 2000 zur Angleichung der Rechtsvorschriften der Mitgliedstaaten über die Etikettierung und Aufmachung von Lebensmitteln sowie die Werbung hierfür[64] (Etikettierungsrichtlinie).

52 *(aa) Systemrichtlinie.* Die Systemrichtlinie[65] normiert die Anwendung gentechnisch veränderter Organismen in geschlossenen Systemen. Geregelt sind dort im Wesentlichen die Fragen der Zulassung von gentechnischen Arbeiten in gentechnischen Anlagen. Die Systemrichtlinie ist 1998 erstmals geändert worden. Sie liegt jetzt in der Fassung der Richtlinie vom 26.10. 1998 vor und ist durch das Zweite Gesetz zur Änderung des Gentechnikgesetzes vom 16.8. 2002[66] umgesetzt wurden. Nicht geregelt ist ein Zulassungsverfahren für aus gentechnisch veränderten Organismen hergestellte Futtermittel.

53 *(bb) Freisetzungsrichtlinie.* Die Freisetzungsrichtlinie[67] regelt die absichtliche Freisetzung und das Inverkehrbringen gentechnisch veränderter Organismen. Die ursprüngliche Freisetzungsrichtlinie[68] wurde durch die Richtlinie 2001/18/EG vom 12.3. 2001 aufgehoben,[69] die ihrerseits wiederum geändert worden ist durch die Entscheidung 2002/811/EG des Rates[70]. Mittlerweile liegt sie in der Fassung der Verordnung (EG) Nr. 1830/03[71] vor. Die geänderte Richtlinie ist seit dem 7.11. 2003 in Kraft und gilt in den Mitgliedstaaten seit dem 19.10. 2004.

54 Gegenstand der Richtlinie ist die Freisetzung und das Inverkehrbringen von gentechnisch veränderten Organismen und Erzeugnissen, die aus gentechnisch veränderten Organismen bestehen beziehungsweise solche ent-

---

[63] ABl. EG Nr. L 213, S. 13.
[64] ABl. EG Nr. L 109, S. 29 (vormals: 97/112/EWG).
[65] Vgl. dazu oben D. Rdnr. 51.
[66] BGBl. I S. 3220; vgl. dazu unten D. Rdnr. 147.
[67] Vgl. dazu oben D. Rdnr. 51.
[68] Richtlinie 90/220/EWG des Rates vom 23.4. 1990 über die absichtliche Freisetzung gentechnisch veränderter Organismen in die Umwelt (ABl. EG Nr. L 117, S. 15), zul. geänd. durch Richtlinie 98/81/EG der Kommission vom 26.10. 1998 (ABl. EG Nr. 330, S. 13).
[69] Vgl. dazu *Chotjewitz*, ZUR 2003, 270 ff.
[70] V. 3.10. 2002 über Leitlinien zur Ergänzung des Anhangs VII der Richtlinie 2001/18/EG des Europäischen Parlaments und des Rates über die absichtliche Freisetzung gentechnisch veränderter Organismen in die Umwelt und zur Aufhebung der Richtlinien 90/2020/EWG des Rates (ABl. EG Nr. L 280 S. 27).
[71] Des Europäischen Parlaments und des Rates vom 22.9. 2003 über die Rückverfolgbarkeit und Kennzeichnung von gentechnisch veränderten Organismen und über die Rückverfolgbarkeit von aus gentechnisch veränderten Organismen hergestellten Lebensmitteln und Futtermitteln sowie zur Änderung der Richtlinie 2001/18/EG (ABl. EG Nr. L 268 S. 24).

halten (z.B. gentechnisch veränderte Tomaten), nicht jedoch aus gentechnisch veränderten Organismen gewonnene Erzeugnisse wie Tomatenmark aus gentechnisch veränderten Tomaten.[72] Von der Freisetzungsrichtlinie werden auch Futtermittel nur erfasst, wenn sie gentechnisch veränderte Organismen enthalten oder aus gentechnisch veränderten Organismen bestehen.

Die Freisetzungsrichtlinie bildet zusammen mit der Systemrichtlinie, der Novel Food-Verordnung[73] und der Lebens- und Futtermittelverordnung[74] den gesetzlichen Rahmen für die **grüne Gentechnik** in Europa. 55

Im Wesentlichen soll durch die neue Freisetzungsrichtlinie der Vorsorgegedanken gestärkt werden und Freisetzungsgenehmigungen generell auf 10 Jahre befristet werden. Die Freisetzungsrichtlinie sieht ferner ein fallspezifisches und allgemeines Monitoring und verstärkte Information durch öffentliche Register und die Einbeziehung der Öffentlichkeit bei Zulassungsentscheidung vor. Ferner werden Maßnahmen bei unvorhergesehenen Auswirkungen gefordert. Zudem soll die Verwendung von Antibiotikaresistenzgenen befristet werden und eine Verschärfung der Bestimmungen zur Kennzeichnung und Verpackung sowie zur Rückverfolgbarkeit erfolgen. Gleichwohl sind auch im Rahmen dieser Freisetzungsrichtlinie zahlreiche Fragen offen geblieben. Dies nicht zuletzt auch deshalb, weil der europäische Gesetzgeber eine beschränkte Kompetenz hat. Offen geblieben sind insbesondere Regelungen zu Schwellenwerten bei nicht zugelassenen gentechnisch veränderten Organismen, vor allem beim Saatgut, weitergehende Regelungen über die Verfolgbarkeit, Haftungsfragen, die Deckungsvorsorge und die Konkretisierung der Anforderungen an das Monitoring sowie die Fortgeltung der Entscheidung 94/730/ EG der Kommission[75], die für Freisetzungen ein vereinfachtes Verfahren an nachgemeldeten Standorten vorsah.[76] 56

Die Freisetzungsrichtlinie ist in Teilen umgesetzt worden durch das Erste Gesetz zur Neuordnung des Gentechnikrechts[77], das am 4.2.2005 in Kraft trat. Ihre weitere Umsetzung erfolgte durch das Gesetz zur Änderung des Gentechnikgesetzes, zur Änderung des EG-Gentechnik-Durchführungsgesetzes und zur Änderung der neuartige Lebensmittel- und Lebensmittelzutaten-Verordnung[78], das am 5.4.2008 in Kraft getreten ist. 57

---

[72] Vgl. *Meyer*, Gen Food, Novel Food, S. 13.
[73] Vgl. dazu unten D. Rdnr. 81 ff.
[74] Verordnung (EG) Nr. 1829/2003 des Europäischen Parlaments und des Rates vom 22.9.2003 über genetisch veränderter Lebensmittel und Futtermittel (Lebens- und Futtermittelverordnung) (ABl. EG Nr. L 268, S. 1); vgl. dazu unten D. Rdnr. 81, 144 ff.
[75] V. 4.11.1994 zur Festlegung von vereinfachten Verfahren für die absichtliche Freisetzung gentechnisch veränderter Pflanzen nach Art. 6 Abs. 5 der Richtlinie 90/220/EWG des Rates (ABl. EG Nr. L 292 S. 31).
[76] Vgl. dazu *Chotjewitz*, ZUR 2003, 270 (271).
[77] V. 21.12.2004 (BGBl. 2005 I S. 186); vgl. dazu unten D. Rdnr. 145.
[78] V. 1.4.2008 (BGBl. I S. 499); vgl. dazu unten D. Rdnr. 150.

58 *(cc) Arbeitnehmerschutzrichtlinie.* Die Arbeitnehmerschutzrichtlinie[79] sieht Mindestvorschriften für den Umgang mit biologischen Arbeitsstoffen am Arbeitsplatz vor.

59 Ziel der Richtlinie ist der Schutz der Arbeitnehmer vor der Gefährdung ihrer Sicherheit und ihrer Gesundheit, der sie aufgrund der Exposition gegenüber biologischen Arbeitsstoffen bei der Arbeit ausgesetzt sind oder sein können (Art. 1 ANSchRL).

60 Biologische Arbeitsstoffe sind dabei u. a. Mikroorganismen, einschließlich gentechnisch veränderter Mikroorganismen, die Infektionen, Allergien oder toxische Wirkungen hervorrufen können (Art. 2 ANSchRL).

61 Dabei werden biologische Arbeitsstoffe entsprechend dem von ihnen ausgehenden Infektionsrisiko in vier **Risikogruppen** unterteilt. Zur Gruppe eins zählen Stoffe, bei denen es unwahrscheinlich ist, dass sie beim Menschen eine Krankheit verursachen, zur Gruppe zwei zählen solche, die eine Krankheit beim Menschen hervorrufen können und eine Gefahr für Arbeitnehmer darstellen können, bei denen eine Verbreitung in der Bevölkerung allerdings unwahrscheinlich und eine wirksame Vorbeugung oder Behandlung normalerweise möglich ist. Stoffe der Gruppe drei können eine schwere Krankheit beim Menschen hervorrufen und eine ernste Gefahr für Arbeitnehmer darstellen; eine Gefahr einer Verbreitung in der Bevölkerung kann bestehen, eine Vorbeugung oder Behandlung ist normalerweise möglich. Zur Gruppe vier zählen Stoffe, die eine schwere Krankheit beim Menschen hervorrufen und eine ernste Gefahr für Arbeitnehmer darstellen und bei denen die Gefahr einer Verbreitung in der Bevölkerung unter Umständen groß ist; normalerweise ist eine wirksame Vorbeugung oder Behandlung möglich.

62 Für jede Tätigkeit, bei der eine Exposition gegenüber biologischen Arbeitsstoffen auftreten kann, ist Art, Ausmaß und Dauer der Exposition der Arbeitnehmer zu ermitteln, damit alle Risiken für die Sicherheit oder die Gesundheit der Arbeitnehmer abgeschätzt und entsprechende Maßnahmen festgelegt werden können (Art. 3 ANSchRL). Dabei ist für die Risikoabschätzung genau vorgegeben, welche verfügbaren Informationen diese haben muss (Art. 3 Abs. 3 ANSchRL). Der Arbeitgeber ist verpflichtet, die Verwendung eines gefährlichen biologischen Arbeitsstoffes zu vermeiden (Art. 5 ANSchRL), zumindest aber sein Risiko zu verringern (Art. 6 ANSchRL)

63 Lässt die Risikoabschätzung ein Risiko für die Sicherheit oder Gesundheit der Arbeitnehmer erkennen, so muss der Arbeitgeber den Behörden sachdienliche Informationen zur Verfügung stellen (Art. 7 Abs. 1 ANSchRL). Im Falle eines Unfalls hat er die Behörden unverzüglich zu unterrichten (Art. 7 Abs. 2 ANSchRL). Entsprechend der Risikoabschätzung

---

[79] Richtlinie 2000/54/EG des Parlaments und des Rates vom 18.9. 2000 über den Schutz der Arbeitnehmer gegen Gefährdung durch biologische Arbeitsstoffe bei der Arbeit (ABl. EG Nr. L 335, S. 17).

II. Rechtliche Regelungen der Umwelt-Gentechnik

hat der Arbeitgeber Hygienemaßnahmen und individuelle Schutzmaßnahmen zu ergreifen (Art. 8 ANSchRL).

Um ein Risiko für die Gesundheit der Arbeitnehmer zu vermeiden, hat er diese entsprechend zu unterrichten und unterweisen (Art. 9 ANSchRL). Die erstmalige Verwendung biologische Arbeitsstoffe der Gruppe zwei bis vier sind bei der zuständigen Behörde im Voraus anzumelden. Konkretisiert wird die Arbeitnehmerschutzrichtlinie in ihren Anhängen. Der Anhang I legt die im Einzelnen erfassten Arbeitsbereiche fest. So werden etwa Arbeiten in Nahrungsmittelproduktionsanlagen, in der Landwirtschaft und in klinischen, veterinärmedizinischen und diagnostischen Laboratorien erfasst. Der Anhang III der Richtlinien erhält eine gemeinschaftliche Einstufung der Arbeiten mit bestimmten Stoffen. Vergleichbar der Organismenliste nach der Gentechnik-Sicherheitsverordnung werden hier bestimmte Tätigkeiten einer Risikogruppe zugeordnet, für die dann bestimmte Sicherheitsmaßnahmen gelten.

In Deutschland sind die Vorgaben der europarechtlichen Arbeitnehmerschutzrichtlinie in der Biostoffverordnung (BiostoffV)[80] festgelegt.

(dd) Bio-Patentrichtlinie. Die Bio-Patentrichtlinie[81] regelt die Patentierbarkeit von biotechnologischen Erfindungen.[82] Sie verpflichtet die Mitgliedstaaten, biotechnologische Erfindungen durch ihr nationales Patentrecht zu schützen und bezweckt unter anderem die Förderung der Forschung und der Entwicklung im Bereich der Gentechnik in der Europäischen Gemeinschaft. Dadurch ist sie auch für das Gentechnikrecht von großer Bedeutung.[83]

Gegenstand der Patentanmeldung können **Erfindungen** sein, die einen natürlichen Bestandteil mit einem technischen Verfahren verknüpfen, durch das dieser im Hinblick auf eine gewerbliche Anwendung isoliert und reproduziert werden kann. Folglich kann ein Bestandteil eines menschlichen Körperteils ein Erzeugnis sein, das durch ein Patent geschützt werden kann. Andererseits können der menschliche Körper bzw. seine Körperteile in seiner bzw. ihrer natürlichen Umgebung nicht Gegenstand einer Aneignung durch Patentierung sein.[84] Diese Unterscheidung gilt auch für Arbeiten an Sequenzen oder Teilsequenzen menschlicher Gene. Das Ergebnis solcher Arbeiten kann nur dann zur Erteilung eines Patents führen, wenn die Anmeldung eine Beschreibung zum einen der neuen Methode der Sequenzierung, die zu der Erfindung geführt hat, und

64

65

66

67

68

69

---

[80] Vgl. dazu unten D. Rdnr. 215.
[81] Richtlinie (98/44/EG) des Europäischen Parlaments und des Rates v. 6.7. 1998 über den rechtlichen Schutz biotechnischer Erfindungen (Patentrichtlinie) (ABl. EG Nr. L 213, S. 13); vgl. dazu *Leskien*, IUR 1992, 2007 ff.; *ders.*, ZUR 1996, 299 ff.
[82] Zur Rechtmäßigkeit der EG-Biopatentrichtlinie *EuGH*, Urt. v. 9.10. 2001 – C-377/98 –, ZUR 2002, 42 ff.
[83] Zu Genpatenten und Monopolbildung bei Saatgut vgl. *Luttermann/Mitulla*, ZLR 2008, 390 ff.
[84] Vgl. Beweggründe (20) und (21) BioPatRL.

zum anderen der gewerblichen Anwendung umfasst, die das Ziel der Arbeiten ist.[85]

70 Ausdrücklich ausgenommen sind von der Patentierung Verfahren zum Klonen von menschlichen Lebewesen, Verfahren zur Veränderung der genetischen Identität der Keimbahnen des menschlichen Lebewesens und die Verwendung von menschlichen Embryonen zu industriellen oder kommerziellen Zwecken (Art. 6 BioPatRL). Derartige Verfahren gelten als Verstoß gegen die öffentliche Ordnung oder die guten Sitten und sind nicht patentierbar.

71 *(ee) Etikettierungsrichtlinie.* Die Etikettierungsrichtlinie[86] sieht bestimmte Angaben auf Verpackungen vor. Sie gilt für vorverpackte Lebensmittel, die ohne weitere Verarbeitung an den Endverbraucher oder an Gaststättenbetrieb, Krankenhäuser oder ähnliche gemeinschaftliche Einrichtungen abgegeben werden sollen. Sie bezieht sich nicht auf Erzeugnisse, die nach Ländern außerhalb der Europäischen Gemeinschaft ausgeführt werden sollen. Dabei dürfen die Etikettierungen und Aufmachungen von Lebensmitteln sowie die Lebensmittelwerbung nicht geeignet sein, den Käufer hinsichtlich der Eigenschaften oder Wirkungen des Lebensmittels irrezuführen oder einem Lebensmittel Eigenschaft zur Vorbeugung, Behandlung oder Heilung menschlicher Krankheiten zuzuschreiben. Die Etikettierung muss sich unter anderem auf die Angabe zu gentechnisch veränderten Organismen beziehen.

72 In Deutschland sind die Vorgaben der europäischen Etikettierungsrichtlinie in der Lebensmittel-Kennzeichnungsverordnung (LMKV)[87] festgelegt.

73 *(b) Wirkung von Richtlinien.* Die Richtlinie ist für die Mitgliedstaaten, an die sie gerichtet ist, hinsichtlich des zu erreichenden Zieles verbindlich, überlässt es aber den einzelnen Mitgliedstaaten, die Form und die Mittel auszuwählen, die sie für die Erreichung des Zieles als geeignet ansehen (Art. 189 Abs. 3 EGV). Das bedeutet, dass Richtlinien der Europäischen Gemeinschaft in ein nationales Gesetz oder eine Rechtsverordnung umzusetzen sind, um in dem Mitgliedstaat direkt anwendbar zu sein.

74 Daraus lässt sich keinesfalls ableiten, dass die Systemrichtlinie und die Freisetzungsrichtlinie für die Rechtsanwender ohne Bedeutung sind. Den Richtlinien kommen für die Rechtsanwendung vielmehr zwei Bedeutungen zu. Sie sind einerseits Grundlage der Auslegung der nationalen Bestimmungen, können aber andererseits auch unmittelbar zur Anwendung kommen.

---

[85] So *EuGH*, Urt. v. 9.10. 2001 – C-377/98 –, ZUR 2002, 42 (46).
[86] Richtlinie 200/13/EG des Europäischen Parlaments und des Rates vom 20.3. 2000 zur Angleichung der Rechtsvorschriften der Mitgliedstaaten über die Etikettierung und Aufmachung von Lebensmitteln sowie die Werbung hierfür (ABl. EG Nr. L 109, S. 29).
[87] Verordnung über die Kennzeichnung von Lebensmitteln (Lebensmittel-Kennzeichnungsverordnung – LMKV) i.d.F. d.Bek.v. 15.12.1999 (BGBl. I S. 2464); zul. geänd. d.V.v. 18.12.2007 (BGBl. I S. 3011).

II. Rechtliche Regelungen der Umwelt-Gentechnik

(aa) EG-rechtskonforme Auslegung. Richtlinien sind zunächst bei der 75
Auslegung der Vorschriften des Gentechnikgesetzes und seiner Rechtsverordnungen heranzuziehen. Wenn sich ein Gesetzesbegriff oder eine gesetzliche Pflicht von ihrem Wortlaut her nicht klären lässt, so ist ihr Sinn und Zweck unter Heranziehung der entsprechenden Vorschrift der EG-Richtlinie zu ermitteln und die Vorschriften dann entsprechend auszulegen. Dies nennt sich eine EG-rechtskonforme Auslegung.[88] So lässt sich beispielsweise § 1 GenTG unter Zuhilfenahme der Systemrichtlinie dahingehend EG-rechtskonform auslegen, dass der Schutzzweck Vorrang vor dem Förderzweck hat.[89]

(bb) Unmittelbare Wirkung von Richtlinien. Überdies kann eine EG- 76
Richtlinie auch unmittelbar einen Anspruch eines Bürgers – gentechnikrechtlich auch den eines Antragstellers – begründen.[90] Voraussetzung für die unmittelbare Anwendung einer EG-Richtlinie ist, dass die EG-Richtlinie nicht oder nicht hinreichend umgesetzt worden ist, die Bestimmung der Richtlinie hinreichend bestimmt und inhaltlich unbedingt ist und es sich um eine Regelung zugunsten des Bürgers handelt.[91] In diesem Fall ist die entsprechende EG-Richtlinie von Behörden und Gerichten in vollem Umfang anzuwenden, auch wenn sich der Bürger nicht darauf beruft.[92]

Der Europäische Gerichtshof hat die unmittelbare Anwendung einer 77
Richtlinie im **Reisevertragsrecht** anerkannt.[93] Diese Richtlinie war in Deutschland nicht rechtzeitig umgesetzt worden, sodass Urlauber, die in ihren Urlaubsorten wegen der Insolvenz ihrer Fluggesellschaft fest saßen, die Rückflugkosten im Wege des Regresses von der Bundesrepublik erstattet verlangen konnten.

Zu einer direkten Anwendung von EG-Richtlinien ist es mittlerweile 78
auch für umweltrechtliche Regelungen – etwa der FFH-Richtlinie[94] und der Vogelschutzrichtlinie[95] – gekommen. So hat der Bundesgerichtshof den Weiterbau der A 20 im Hinblick auf die seinerzeit noch nicht umgesetzte FFH-Richtlinie untersagt.[96]

Auch im Gentechnikrecht ist zu konstatieren, dass die europäischen 79
Richtlinien nicht, nicht hinreichend oder nicht rechtzeitig umgesetzt wor-

---

[88] Dazu *Wahl*, in Landmann/Rohmer, Umweltrecht, Bd. IV, Kap. 10.1 Vorbem. GenTG Rdnr. 43, der von richtlinienkonformer Auslegung spricht.
[89] Vgl. dazu unten E. Rdnr. 17.
[90] Vgl. dazu *Wahl*, in Landmann/Rohmer, Umweltrecht, Bd. IV, Kap. 10.1 Vorbem. GenTG Rdnr. 41.
[91] *EuGH*, Rs. C – 8/81 – Becker, NJW 1982, 499.
[92] *EuGH*, Rs. 103/88 – Constanzo, NVwZ 1990, 649.
[93] *EuGH*, Rs. C – 8/81 – Becker, NJW 1982, 499.
[94] Richtlinie des Rates zur Erhaltung der natürlichen Lebensräume sowie der wild lebenden Tiere und Pflanzen (Flora-Fauna-Habitat-Richtlinie) v. 21.5. 1992 (92/43/EWG), (ABl. EG Nr. 206, S. 7).
[95] Richtlinie des Rates über die Erhaltung der wild lebenden Vogelarten (Vogelschutz-Richtlinie) vom 2.4. 1979 (79/409/EWG), (ABl. EG Nr. L 103, S. 1), zul. geänd. a. 19.11.2008 (ABl. EG Nr. L 323, S. 31).
[96] *BVerwG*, Urt. v. 31.1. 2002 – 4 A 15/01 –, NVwZ 2002, 1103 ff.

D. Systematischer Überblick über die Rechtsvorschriften im Gentechnikrecht

den sind. So war beispielsweise die geänderte Systemrichtlinie bis zum 5.6. 2000 umzusetzen. Ihre Umsetzung erfolgte erst durch das Zweite Gesetz zur Änderung des Gentechnikgesetzes vom 16.8. 2002[97]. Auch die geänderte Freisetzungsrichtlinie war bis zum 19.10. 2004 in nationales Recht umzusetzen. Eine erste Umsetzung war in Deutschland durch das Erste Gesetz zur Neuordnung des Gentechnikrechts vom 4.2. 2005[98] erfolgt.[99] Ihre weitere Umsetzung erfolgte durch das Gesetz zur Änderung des Gentechnikgesetzes, zur Änderung des EG-Gentechnik-Durchführungsgesetzes und zur Änderung der neuartige Lebensmittel- und Lebensmittelzutatenverordnung vom 1.4. 2008[100]. Für die Zeit nach dem Ablauf der Umsetzungsfristen bestand deshalb stets auch für Behörden und Gerichte aber auch für den Rechtsanwender des Gentechnikgesetzes die Pflicht, eine unmittelbare Anwendung der Richtlinien zu prüfen. Obwohl das Gesetz zur Änderung des Gentechnikgesetzes von 2008 auch der Umsetzung der Vorgaben der Freisetzungsrichtlinie gedient hat, werden nach wie vor in der Literatur offene Fragen mit Blick auf beide Richtlinie diskutiert.[101] Jedenfalls dann, wenn entweder die Systemrichtlinie oder aber die Freisetzungsrichtlinie erneut durch die Europäische Gemeinschaft geändert werden und die vorgegebenen Umsetzungsfristen abgelaufen sind, sind Rechte künftig unmittelbar auf der Grundlage der Richtlinien zu prüfen.

80 *(2) Verordnungen.* Soweit es um die Verkehrsfähigkeit von Lebens- und Futtermitteln geht, hat der europäische Gesetzgeber vornehmlich Gebrauch gemacht vom Regelungsinstrument der Verordnung. Dies lässt sich damit begründen, dass für den europaweiten Warenverkehr einheitliche Regelungen für das Inverkehrbringen von Lebens- und Futtermittel gelten müssen. Hier muss zwangsläufig der Spielraum der Mitgliedstaaten eher gering ausfallen. Da Verordnungen der Europäischen Gemeinschaft in den Mitgliedstaaten verbindlich sind (Art. 249 Abs. 2 EGV)[102], ist durch eine Verordnung ein einheitliches Regelungswerk für alle Staaten vorgegeben, was die Verkehrsfähigkeit von Lebens- und Futtermitteln sicherstellt.

81 *(a) vorhandene Verordnungen.* Zu den EG-rechtlichen Verordnungen zählen unter anderem die

– Verordnung (EG) Nr. 258/97 des Europäischen Parlaments und des Rates vom 27.1. 1997 über neuartige Lebensmittel und neuartige Lebensmittelzutaten[103] (Novel Food-Verordnung),

---

[97] BGBl. I S. 3220; vgl. dazu unten D. Rdnr. 147.
[98] V. 21.12. 2004 (BGBl. 2005 I S. 186).
[99] Dies, nachdem die Bundesrepublik Deutschland durch den EuGH verurteilt worden war, *EuGH*, Urt. v. 15.7. 2004 – C-420/03 –, NuR 2004, 657 ff.
[100] V. 1.4. 2008 (BGBl. I S. 499).
[101] *Wahl*, in: Landmann/Rohmer, Umweltrecht, Bd. IV, Kap. 10.1 Vorbem. GenTG Rdnr. 41.
[102] Vgl. dazu bereits oben D. Rdnr. 46.
[103] ABl. EG Nr. L 43, S. 1.

II. Rechtliche Regelungen der Umwelt-Gentechnik

- Verordnung (EG) Nr. 1829/2003 des Europäischen Parlaments und des Rates vom 22.9. 2003 über genetisch veränderter Lebensmittel und Futtermittel[104] (Lebens- und Futtermittelverordnung),
- Verordnung (EG) Nr. 1830/2003 des Europäischen Parlaments und des Rates vom 22.9. 2003 über die Rückverfolgbarkeit und Kennzeichnung von gentechnisch veränderter Organismen und über die Rückverfolgbarkeit von aus gentechnisch veränderten Organismen hergestellte Lebensmittel und Futtermitteln sowie zur Änderung der Richtlinie 2001/18/EG[105] (Kennzeichnungsverordnung),
- Verordnung (EG) Nr. 1946/2003 des Europäischen Parlaments und des Rates vom 15.7. 2003 über grenzüberschreitende Verbringung gentechnisch veränderter Organismen[106] (Verbringungsverordnung),
- Verordnung (EG) Nr. 65/2004 der Kommission vom 14.1. 2004 über ein System für die Entwicklung und Zuweisung spezifischer Erkennungsmarker für gentechnisch veränderte Organismen[107] (Erkennungsmarkerverordnung),
- Verordnung (EG) 49/2000 der Kommission vom 10.1. 2000 zur Änderung der Verordnung (EG) Nr. 1139/98 des Rates über Angaben, die zusätzlich zu den in der Richtlinie 79/112/EWG aufgeführten Angaben bei der Etikettierung bestimmter aus gentechnisch veränderten Organismen hergestellter Lebensmittel vorgeschrieben sind[108],
- Verordnung (EG) 50/2000 der Kommission vom 10.1. 2000 über die Etikettierung von Lebensmitteln und Lebensmittelzutaten, die gentechnisch veränderte oder aus gentechnisch veränderten Organismen hergestellte Zusatzstoffe und Aromen enthalten[109].

(aa) Novel-Food-Verordnung. Die Novel Food-Verordnung (NF-VO)[110] **82** regelt die Zulassung neuartiger Lebensmittel und neuartiger Lebensmittelzutaten, u.a. auch solcher, die gentechnisch veränderte Organismen enthalten.[111] Sie ist deshalb für die Landwirtschaft und Ernährung von Relevanz.[112]
Wenngleich die Novel Food-Verordnung nicht dem Schutz vor gentech- **83** nisch veränderten Lebensmitteln und Lebensmittelzutaten dient, so ist sie

---

[104] ABl. EG Nr. L 268, S. 1.
[105] ABl. EG Nr. L 268, S. 24.
[106] ABl. EU Nr. L 287, S. 1.
[107] ABl. EG Nr. L 10, S. 5.
[108] ABl. EG Nr. L 6, S. 13.
[109] ABl. EG Nr. L 6, S. 15.
[110] Verordnung (EG) Nr. 258/97 des Europäischen Parlaments und des Rates vom 27.1. 1997 über neuartige Lebensmittel und neuartige Lebensmittelzutaten (Novel Food-Verordnung) (ABl. EG Nr. L 43, S. 1); vgl. dazu *Wahl/Groß*, DVBl. 1998, 2 ff.; *Streinz*, ZLR 1997, 99 ff.; zum Entwurf der NF-VO vgl. *Schlacke*, ZUR 1996, 285 ff.
[111] Vgl. dazu auch *Becker-Schwarze/Godt/Schlacke*, ZUR 1999, 2 ff.; *Schauzu*, ZUR 1999, 3 ff.; *Rehbinder*, ZUR 1999, 6 ff.
[112] Zur NF-VO ferner *Schroeter*, ZLR 1998, 39 ff.; *Streinz*, ZLR 1995, 397 ff.; *ders.*, EuZW 1997, 487 ff.

D. Systematischer Überblick über die Rechtsvorschriften im Gentechnikrecht

dennoch bedeutsam für das Gentechnikrecht und kann zum Konzept des anlagen- und produktbezogenen EG-Gentechnikrechts gezählt werden. Der Rat der Europäischen Gemeinschaft hat sich – gestützt auf die Harmonisierungsklausel des Art. 95 EGV (vormals Art. 100a EGV) – im Gentechnikrecht für die Handlungsform einer Verordnung entschieden, mit der Folge, dass die Regelungen über das Inverkehrbringen neuartiger Lebensmittel und neuartiger Lebensmittelzutaten in den Mitgliedstaaten unmittelbar anzuwenden sind (vgl. Art. 249 Abs. 2 EGV).[113]

84 Vorgesehen ist in der Novel Food-Verordnung ein eigenes Zulassungsverfahren von neuartigen Lebensmitteln auf der EU-Ebene, das den nationalen Behörden weit gehend entzogen ist.[114] Hintergrund dafür ist, dass die Zulassung von Lebensmitteln auf Grund des freien Warenverkehrs europaweit gilt und die Zulassung und Kontrolle unabhängig vom Einfluss der Mitgliedstaaten sein soll.[115] Für neuartige Lebensmittel, die der Novel Food-Verordnung unterfallen, gilt mithin das Zulassungsregime der Freisetzungsrichtlinie und damit auch der §§ 14 ff. GenTG nicht.

85 *[1] Anwendungsbereich.* Der Anwendungsbereich der Novel Food-Verordnung ist in Art. 1 Abs. 2 NF-VO geregelt. Danach gilt die Verordnung für das Inverkehrbringen neuartiger Lebensmittel und neuartiger Lebensmittelzutaten der Gemeinschaft, wenn dieser bisher noch nicht in nennenswerten Umfang für den menschlichen Verzehr verwendet wurden und die unter bestimmte Gruppen von Erzeugnissen fallen. Als eine solche Gruppe von Erzeugnissen gelten auch Lebensmittel und Lebensmittelzutaten, die gentechnisch veränderte Organismen enthalten oder aus solchen bestehen (Art. 1 Abs. 2 a) NF-VO) oder Lebensmittel und Lebensmittelzutaten, die aus gentechnisch geänderten Organismen hergestellt wurden, solche jedoch nicht enthalten (Art. 1 Abs. 2 b) NF-VO). Mithin bezieht sich die Novel Food-Vorordnung auch auf das Inverkehrbringen gentechnisch veränderter Lebensmittel.

86 Zu berücksichtigen ist allerdings, dass sich das mit der Novel Food-Verordnung normierte Zulassungsverfahren und die Kennzeichnungspflicht nicht grundsätzlich auf alle Lebensmittel bezieht, bei deren Herstellung die Gentechnik irgendwann einmal eine Rolle gespielt hat, die aber selbst nicht verändert sind und auch keine veränderten Bestandteile enthalten. Vielmehr müssen das Lebensmittel oder die Lebensmittelzutaten selbst gentechnisch veränderte Organismen enthalten.

87 Vom Anwendungsbereich der Novel Food-Verordnung ausgenommen sind Lebensmittelzusatzstoffe, Aromen und Extraktionslösungen (Art. 2 Abs. 1 NF-VO).[116]

---

[113] Zur unmittelbaren Anwendung von Verordnungen der EG siehe bereits oben D. Rdnr. 46.
[114] Kritisch dazu *Garditz*, ZUR 1998, 169 ff.
[115] Vgl. *Garditz*, ZUR 1998, 169 (170).
[116] Siehe dazu auch Erwägungsgrund (3) VO (EG) Nr. 258/97.

II. Rechtliche Regelungen der Umwelt-Gentechnik

[2] Wesentliche Grundsätze. Die wesentlichen Grundsätze sind in **88** Art. 3 NF-VO geregelt. Danach dürfen neuartige Lebensmittel oder Lebensmittelzutaten keine Gefahr für den Verbraucher darstellen, keine Irreführung des Verbrauchers bewirken und sich von Lebensmitteln oder Lebensmittelzutaten, die sie ersetzen sollen, nicht so unterscheiden, dass ihr normaler Verzehr, Ernährungsmangel für den Verbraucher mit sich brächte.

[3] Verfahren der Zulassung. Die Novel Food-Verordnung sieht für **89** Lebensmittel und Lebensmittelzutaten aus gentechnisch veränderten Organismen zwei mögliche Zulassungsverfahren vor.[117] Für das Inverkehrbringen von Lebensmitteln und Lebensmittelzutaten, die gentechnisch veränderte Organismen enthalten oder aus solchen bestehen (Art. 1 Abs. 2 a) NF-VO) ist ein Genehmigungsverfahren vorgesehen (Art. 3 Abs. 2 NF-VO). Für Lebensmittel oder Lebensmittelzutaten, die aus gentechnisch veränderten Organismen hergestellt wurden, solche jedoch nicht enthalten (Art. 1 Abs. 2 b) NF-VO) ist nur ein Mitteilungsverfahren (Art. 3 Abs. 4 NF-VO erforderlich.

[a] Genehmigungsverfahren. Für das Inverkehrbringen von Lebens- **90** mitteln und Lebensmittelzutaten, die gentechnisch veränderte Organismen enthalten oder aus solchen bestehen, in die Gemeinschaft ist ein Genehmigungsverfahren nach Art. 4, 6, 7 und 8 NF-VO durchzuführen (Art. 3 Abs. 2 NF-VO).

[aa] Antrag. Der Antragsteller, d.h. diejenige Person, die für das In- **91** verkehrbringen verantwortlich ist, stellt seinen Antrag im Mitgliedstaat, in dem das Erzeugnis erstmals in den Verkehr gebracht werden soll.

Der Antrag des Antragstellers muss neben den erforderlichen Anga- **92** ben auch eine Kopie der durchgeführten Studien und sonstige Nachweise darüber enthalten, dass das Lebensmittel oder die Lebensmittelzutaten keine Gefahr für den Verbraucher darstellen, keine Irreführung des Verbrauchers bewirken und sich von Lebensmitteln oder Lebensmittelzutaten, die sie ersetzen sollen, nicht so unterscheiden, dass ihr normaler Verzehr Ernährungsmangel für den Verbraucher mit sich brächte. Ferner muss ein angemessener Vorschlag für die Aufmachung und Etikettierung des Lebensmittels oder der Lebensmittelzutaten nach Art. 8 NF-VO sowie eine Zusammenfassung des Antragsdossiers beigefügt werden.

Wenn es um Lebensmittel oder Lebensmittelzutaten geht, die gentech- **93** nisch veränderte Organismen enthalten oder aus solchen bestehen, ist der Antrag und eine Kopie der schriftlichen Zustimmung der zuständigen Behörde zur absichtlichen Freisetzung sowie die Ergebnisse der Freisetzung in Bezug auf Risiken für menschliche Gesundheit und die Umwelt beizufügen. Zudem sind die Ergebnisse der Umweltverträglichkeitsprüfung und

---

[117] Vgl. dazu im Einzelnen *Schroeter*, ZLR 1998, 39 ff.

die Ergebnisse von Untersuchungen zu Forschungs- und Entwicklungszwecke hinzuzufügen (Art. 9 Abs. 1 NF-VO).

94 Eine Kopie des Antrags geht zeitgleich an die Europäische Kommission (Art. 4 Abs. 1 NF-VO).

95 *[bb] Erstprüfung.* Nach Eingang der Antragsunterlagen erfolgt eine **Erstprüfung** durch den Mitgliedstaat nach Art. 6 NF-VO.

96 Die Erstprüfung wird zunächst durch die zuständige Behörde des Mitgliedstaates durchgeführt (Art. 6 Abs. 2 NF-VO), nachdem dieser entweder die Kommission den Namen der Prüfstelle mitgeteilt hat oder die Kommission ersucht hat, in Absprache mit einem anderen Mitgliedstaat eine Prüfstelle mit der Ausarbeitung eines solchen Berichts zu beauftragen (Art. 6 Abs. 2 S. 1 NF-VO). Die Kommission ihrerseits leitet eine Kopie der Unterlagen und den Namen der mit der Erstprüfung beauftragten zuständigen Lebensmittelprüfstelle an die anderen Mitgliedstaaten weiter.

97 National obliegt dem Bundesinstitut für gesundheitlichen Verbraucherschutz und Veterinärmedizin (BgVV) in Berlin die Prüfung der gesundheitlichen Unbedenklichkeit neuartiger Lebensmittel sowie die Entwicklung und Standardisierung von Nachweismethoden, die der Lebensmittelüberwachung zur Verfügung gestellt werden.

98 Es erfolgt innerhalb von drei Monaten nach Eingang des vollständigen Antrags eine **Empfehlung** der zuständigen Behörde, aus der sich ergibt, ob die Behörde eine ergänzende Prüfung des Lebensmittels oder der Lebensmittelzutaten für erforderlich hält. Diese Empfehlung wird der Kommission durch die zuständige Behörde übermittelt, die diese den anderen Mitgliedstaaten übersendet. Innerhalb von 60 Tagen können dann sowohl die Kommission als auch die anderen Mitgliedstaaten Bemerkungen übermitteln oder einen begründeten Einwand gegen das Inverkehrbringen des Lebensmittels oder der Lebensmittelzutaten erheben (Art. 6 Abs. 4 S. 3 NF-VO). Einwendungen anderer Mitgliedstaaten oder der Kommission werden über die Kommission innerhalb von 60 Tagen an die zuständige Stelle weitergereicht.

99 *[cc] Ergänzende Prüfung und Entscheidung.* Bei einem begründeten Einwand wird das Verfahren in eine **ergänzende Prüfung** durch die Kommission nach Art. 13 NF-VO überführt (Art. 7 Abs. 1 NF-VO), bei der letztlich die Kommission unter Beteiligung des ständigen Lebensmittelausschusses entscheiden kann. Soweit die Kommission nicht nach der Stellungnahme des Lebensmittelausschusses vorgehen will, entscheidet der Rat nach Art. 13 Abs. 4b NF-VO mit qualifizierter Mehrheit.[118] Dieser Mechanismus ermöglicht es somit der Kommission immer, das Verfahren an sich zu ziehen, indem sie Einwände geltend macht, um über die Genehmigung auf Gemeinschaftsebene zu entscheiden.

---

[118] Vgl. dazu *Gärditz,* ZUR 1998, 169 (170).

II. Rechtliche Regelungen der Umwelt-Gentechnik

Diese **Letztentscheidungsbefugnis** der Europäischen Kommission ist nicht unproblematisch, weil an sich die Verwaltungsvollzugskompetenzen bei den Mitgliedstaaten liegen. Allerdings wird die Kompetenz der Europäischen Gemeinschaft zum Erlass von Verfahrensvorschriften damit begründet, dass Maßnahmen zur Angleichung im Sinne von Art. 100a EGV auch die Befugnisse umfassen, gegebenenfalls produktbezogene Einzelmaßnahmen vorzuschreiben.[119]

[b] Mitteilungsverfahren. Für das Inverkehrbringen von Lebensmitteln oder Lebensmittelzutaten, die aus gentechnisch veränderten Organismen hergestellt wurden, solche jedoch nicht enthalten (Art. 1 Abs. 2 b) NF-VO) ist nur ein **Mitteilungsverfahren** nach Art. 5 NF-VO vorgesehen (Art. 3 Abs. 4 NF-VO).

Voraussetzung dafür ist, dass die Lebensmittel oder Lebensmittelzutaten, die aus gentechnisch veränderten Organismen hergestellt wurden, solche jedoch nicht enthalten, nach den verfügbaren und allgemein anerkannten wissenschaftlichen Befunden oder aufgrund einer Stellungnahme der zuständigen Lebensmittelprüfstellen hinsichtlich ihrer Zusammensetzung, ihres Nährwert, ihres Stoffwechsels, ihres Verwendungszweck und ihres Gehalts an unerwünschten Stoffen den bestehenden Lebensmitteln und Lebensmittelzutaten im Wesentlichen gleichwertig sind. Ob diese Voraussetzungen vorliegen, kann im Einzelfall in einem Verfahren bei der Kommission (Art. 13 NF-VO) festgelegt werden.

Im Rahmen des Mitteilungsverfahren unterrichtet der Antragsteller die Kommission über das Inverkehrbringen (Art. 5 S. 1 NF-VO). Der Unterrichtung der Kommission hat er die Angaben über die allgemein anerkannten wissenschaftlichen Befunde beziehungsweise eine Stellungnahme, aus der sich die Gleichwertigkeit des Lebensmittels oder der Lebensmittelzutaten ergeben muss, beizufügen.

Die Kommission ihrerseits übermittelt den anderen Mitgliedstaaten innerhalb von 60 Tagen eine Kopie der Mitteilung. Gegebenenfalls fügt es auf Anfrage des Mitgliedstaates eine Kopie der vom Antragsteller gemachten Angaben bei. Eine Zulassung durch die Kommission erfolgt in diesem Fall nicht.

[4] Kennzeichnungspflicht. Gem. Art. 8 NF-VO unterliegen neuartige Lebensmittel einer Kennzeichnungspflicht, wenn sie bestehenden Lebensmitteln nicht mehr gleichwertig sind. Gerade letzter Halbsatz wird in der Literatur kritisiert, da die Klausel nicht präzise genug sei.[120] Kritisiert wird auch, dass sich Anwendungsschwierigkeiten ergeben. Problematisch sei neben der Positivkennzeichnung auch die so genannte Negativkennzeichnung, die in der Novel Food-Verordnung nicht geregelt sei, von ihr aber

---

[119] *EuGH*, ABl. EG 1987 Nr. L 169, S. 1 ff.; BGBl. 1986 II S. 1102; vgl. auch *Gärditz*, ZUR 1998, 169 (171).
[120] Vgl. *Streinz*, ZUR 1999, 16 (17).

auch nicht ausgeschlossen werde.[121] In Deutschland ist eine Negativkennzeichnung nach der **Neuartige Lebensmittel- und Lebensmittelzutaten Verordnung-NLV**[122] zugelassen.[123]

106 Gekennzeichnet werden müssen vorhandene gentechnisch veränderte Organismen, so z.B. die Anti-Matsch-Tomate (Flavr-Savr-Tomate).[124]

107 Nicht gekennzeichnet werden müssen Erzeugnisse, bei deren Herstellung zwar gentechnische Verfahren zum Einsatz kommen, die selbst aber keine gentechnisch veränderten Organismen enthalten, so z.B. Chymosin als Enzym. Gleiches gilt für den damit hergestellten Käse.

108 Gekennzeichnet werden müssen ferner Stoffe, gegen die ethische Vorbehalte bestehen. Dies ist beispielsweise der Fall, wenn von bestimmten Bevölkerungsgruppen aufgrund bestimmter religiöser Überzeugungen Vorbehalte bestehen etwa gegen die Übertragung von Wachstumsgenen von Schweinen auf Fisch oder Mikroorganismen.

109 Stets anzugeben sind vorhandene Stoffe, die in bestehenden gleichwertigen Lebensmitteln nicht vorhanden sind und die die Gesundheit bestimmter Bevölkerungsgruppen beeinflussen können. Hierzu zählen Lebensmittel, die Proteine enthalten, die Allergien auslösen können.

110 Maßstab kann für gentechnisch veränderten Mais und gentechnisch veränderte Sojabohnen die Kennzeichnungs-Verordnung[125] der Europäischen Gemeinschaft sein.

111 *[5] Rechtsschutz.* Die Letztentscheidungsbefugnis der Europäischen Kommission hat auch Folgen für das Verwaltungsverfahren und den gerichtlichen Rechtsschutz[126]. Soweit die Kommission das Genehmigungsverfahren an sich zieht, ist ausschließlich das gemeinschaftseigene Verfahrensrecht einschlägig. Dabei fehlt allerdings eine den nationalen Verwaltungsverfahren entsprechende Gestaltung auf der Gemeinschaftsebene. Im Wesentlichen kennt das Gemeinschaftsrecht nur den in Art. 253 EGV (vormals Art. 190 EGV) verankerten Begründungszwang und die in Art. 254 EGV (vormals Art. 191 EGV) normierte Bekanntgabe beziehungsweise Veröffentlichung.[127]

---

[121] Vgl. *Streinz*, ZUR 1999, 16 (17).

[122] Verordnung zur Durchführung gemeinschaftsrechtlicher Vorschriften über neuartige Lebensmittel und Lebensmittelzutaten und über die Kennzeichnung von Erzeugnissen aus gentechnisch veränderten Sojabohnen und gentechnisch verändertem Mais sowie über die Kennzeichnung ohne Anwendung gentechnischer Verfahren hergestellter Lebensmittel v. 19.5. 1998 (BGBl. I S. 1125), geänd. durch VO v. 13.8. 1999 (BGBl I S. 1885).

[123] Vgl. dazu unten D. Rdnr. 143; kritisch zur Negativkennzeichnung aus Gründen des Welthandels *Streinz*, ZUR 1999, 16 (21).

[124] Bei einem daraus gewonnenen Püree entfiele die Kennzeichnungspflicht allerdings dann, wenn durch das Pürieren die Fremdgene der Tomate zerstört würden, vgl. *Streinz*, ZUR 1999, 16 (18).

[125] Kennzeichnung-Verordnung Nr. 1139/98 (ABl. EG Nr. C 139 v. 4.5. 1998, S. 1); siehe dazu oben D. Rdnr. 81.

[126] Vgl. dazu *Wahl/Groß*, DVBl. 1998, 2 (13).

[127] Vgl. *Gärditz*, ZUR 1998, 169 (175 f.).

II. Rechtliche Regelungen der Umwelt-Gentechnik

Im Falle der Ablehnung der Zulassung im Wege der Letztentscheidung 112
durch die Europäische Kommission kann der Antragsteller Rechtsschutz
nur im Wege der Anfechtungsklage nach Art. 230 Abs. 4 EGV (vormals
Art. 173 Abs. S. 4 EGV) erlangen.[128] Zuständig für die individualrechtliche Klage gegen ein Organ der Gemeinschaft ist das Europäische Gericht
erster Instanz.[129]

Da das Urteil nur ein Gestaltungsurteil ist, mit dem die Ablehnung für 113
nichtig erklärt wird, wird weder die fehlende Genehmigung ersetzt noch
der Kommission der Erlass einer Maßnahme vorgeschrieben.[130] Allerdings
ist die Kommission nach Art. 233 EGV (vormals Art. 176 EGV) an die
Entscheidung gebunden.

(bb) Lebens- und Futtermittelverordnung. Die Lebens- und Futtermit- 114
telverordnung[131] regelt den Umgang mit gentechnisch veränderten Lebensmitteln und Futtermitteln.

[1] Anwendungsbereich. Die Verordnung gilt für Lebensmittel und 115
Futtermitteln, die aus einem gentechnisch veränderten Organismus bestehen. Erfasst werden gentechnisch veränderte Tomaten und Joghurt mit
gentechnisch veränderten Bakterien sowie Tomatenketchup, der aus gentechnisch veränderten Tomaten hergestellt worden ist.

Nicht in den Anwendungsbereich der Verordnung fallen Lebensmittel, 116
Zutaten und Zusatzstoffe, die nicht aus, sondern mit Hilfe von gentechnisch veränderten Organismen hergestellt werden. Dazu zählen etwa Lebensmittel wie viel Fleisch, Milch oder Eier von Tieren, die gentechnisch
veränderte Futtermittel erhalten haben. Für Futtermittel und Futtermittelzusätze gelten im Kern die gleichen Bestimmungen wie für Lebensmittel.
Um zugelassen zu werden, müssen gentechnisch veränderte Lebens- und
Futtermittel die gleichen Sicherheitsanforderungen erfüllen. Futtermittel
werden ähnlich gekennzeichnet wie Lebensmittel. Die Kennzeichnung
wendet sich an Landwirte beziehungsweise die Abnehmer von Futtermitteln.

Die Verordnung selbst bestimmt den Begriff des Lebensmittels nicht. In 117
Art. 2 Nr. 1 VO (EG) Nr. 1829/2003 wird auf die Verordnung (EG)
Nr. 178/2002[132] verwiesen. Dort sind in Art. 2 VO (EG) Nr. 178/2002 als
Lebensmittel definiert, alle Stoffe oder Erzeugnisse, die dazu bestimmt

---

[128] Vgl. *Streinz*, EuZW 1997, 487 (490); *Gärditz*, ZUR 1998, 169 (176).
[129] Kritisch dazu *Gärditz*, ZUR 1998, 169 (176).
[130] Vgl. *Gärditz*, ZUR 1998, 169 (176 m.w.N.).
[131] Verordnung (EG) Nr. 1829/2003 des Europäischen Parlaments und des Rates vom 22.9. 2003 über genetisch veränderte Lebensmittel und Futtermittel (ABl. EG Nr. L 268, S. 1); vgl. dazu auch *VG Augsburg*, Urt. v. 30.5. 2008 – 7 K 07.276, Au 7 K –, DVBl. 2008, 992 ff.
[132] Des Europäischen Parlaments und des Rates v. 28. Januar 2002 zur Festlegung der allgemeinen Grundsätze und Anforderungen des Lebensmittelrechts, zur Errichtung der Europäischen Behörde für Lebensmittelsicherheit und zur Festlegung von Verfahren zur Lebensmittelsicherheit (ABl. EG Nr. L. 31, S. 1).

D. Systematischer Überblick über die Rechtsvorschriften im Gentechnikrecht

sind oder von denen nach vernünftigem Ermessen erwartet werden kann, dass sie in verarbeitetem, teilweise verarbeitetem oder unverarbeitetem Zustand vom Menschen aufgenommen werden. Dazu zählt auch das Ausgangsmaterial für die Herstellung von Lebensmitteln.[133]

118 Streitig ist in der Rechtsprechung, ob Honig, der gentechnisch veränderte Maispollen enthält, ein gentechnisch verändertes Lebensmittel in diesem Sinne ist, für das ein Zulassungsverfahren nach Art. 5 bis 7 VO (EG) Nr. 1829/2003 durchgeführt werden muss.[134]

119 Streitig ist, ob auch Saatgut erfasst wird, wenn es unmittelbar für die Lebensmittelproduktion zum Einsatz kommt.[135] Hier wird zum Teil differenziert danach, ob das Saatgut unmittelbar für die Lebensmittelproduktion zum Einsatz kommt oder ob es zur Saatgutproduktion eingesetzt wird.[136]

120 Erwägungsgrund (16) VO (EG) Nr. 1829/2003 zielt darauf ab, dass Lebensmittel, die mit Hilfe eines gentechnisch veränderten Hilfsstoffes hergestellt wurden und damit auch „Produkte, die aus Tieren gewonnen werden, welche mit gentechnisch veränderten Futtermitteln gefüttert wurden, weder den Zulassungsbestimmungen noch den Kennzeichnungsbestimmungen der Verordnung unterliegen". Grund dafür, tierische Lebensmittel wie Milch, Fleisch, Eier, die von mit gentechnisch veränderten Futtermitteln gefütterten Tieren stammen, aus dem Geltungsbereich der VO (EG) Nr. 1829/2003 herauszunehmen, ist, dass gentechnisch veränderte DNA-Fragmente des Futters nach Verfütterung von gentechnisch veränderten Futtermitteln weder in den Geweben von Kühen, Schweinen oder Hühnern, noch in Milch oder Eiern nachgewiesen werden konnten. Honig ist zwar wegen seiner Entstehungsweise unstreitig ein tierisches Produkt, ein tierisches Lebensmittel. Der maßgebende Unterschied zu Lebensmittelfleisch, Eier, Milch, die vor gentechnisch veränderten Futtermitteln gefütterten Tieren stammen, besteht jedoch darin, dass im Honig der Pollen von gentechnisch veränderten Pflanzen nachgewiesen werden können. Das ist der Fall, wenn gentechnisch veränderten Pflanzen über deren Blütenpollen die transgenen DNA-Sequenzen in den Honig transportiert werden, wo sie für lange Zeitkonten reserviert bleiben.[137]

---

[133] Zur Kennzeichnungspflicht von aus gentechnisch veränderten Sojabohnen hergestelltes Frittierfett *VG Berlin*, Beschl. v. 18.6. 2007 – 14A 66.06 –.

[134] So *VG Augsburg*, Beschl. v. 4.5. 2007 – Au 7 E. 07.259 –, ZUR 2007, 437 (438); anders zweitinstanzlich *VGH München*, Beschl. v. 21.6. 2007 – 22 CE 07.1294 –, ZUR 2007, 487 ff.; so im Ergebnis auch *VG Frankfurt*, Beschl. v. 8.5. 2007 – 4 L 86/07 –, ZUR 2007, 441 f., wonach es an einem gentechnisch veränderten Organismus fehlt, weil im Honig oder in anderen Molkereiprodukten enthaltende Maispollen keine Organismen im Sinne von § 3 Abs. 3 GenTG sind, da sie nicht in der Lage sind, sich zu vermehren oder genetisches Material zu übertragen, in 2. Instanz *OVG Berlin*, Beschl. v. 27.6. 2007 – 11 S. 54.07 –. *VG Frankfurt*, Beschl. v. 8.5. 2007 – 4 L 86/07 –, ZUR 2007, 441 f.

[135] Dazu *Roller*, ZUR 2005, 113 (117 f.).

[136] Dazu *Roller*, ZUR 2005, 113 (117 f.).

[137] So *VG Augsburg*, Beschl. v. 4.5. 2007 – Au 7 E 07.259 –, ZUR 2007, 437 (438); a.A. *VG Frankfurt*, Beschl. v. 8.5. 2007 – 4 L 86/07 –, ZUR 2007, 441 (442).

II. Rechtliche Regelungen der Umwelt-Gentechnik

[2] Materielle Genehmigungsvoraussetzungen. Die materiellen Genehmigungsvoraussetzungen für Lebensmittel und Saatgut ergeben sich aus Art. 4 VO (EG) Nr. 1829/2003. Sie bedürfen grundsätzlich einer Zulassung. Eine Zulassung darf nach Art. 4 Abs. 3 i.V.m. Abs. 1 VO (EG) Nr. 1829/2003 nur erteilt werden, wenn der Antragsteller in geeigneter und ausreichender Weise nachweisen kann, dass der gentechnisch veränderte Organismus kein unzumutbares Risiko für die menschliche Gesundheit oder Umwelt darstellt. Die verfahrensmäßigen Zulassungsanforderungen ergeben sich im Übrigen aus Art. 5 VO (EG) Nr. 1829/2003. Nach Art. 5 Abs. 5 VO (EG) Nr. 1829/2003 sind bei der Zulassung von gentechnisch veränderten Organismen außerdem die vollständigen technischen Unterlagen nach den Anhängen III und IV der Freisetzungsrichtlinie[138] vorzulegen, also eine Risikobewertung sowie ein Monitoringplan nach Anhang VII der Freisetzungsrichtlinie. Die Europäische Behörde für Lebensmittelsicherheit (EFSA) hat eine Bewertung durchzuführen und dabei nach Art. 6 Abs. 4 VO (EG) Nr. 1829/2003 die umweltbezogenen Sicherheitsanforderungen der Freisetzungsrichtlinie zu beachten. Die Stellungnahme der Behörde geht an die Kommission, die Mitgliedstaaten und den Antragsteller. Die Öffentlichkeit wird informiert und kann Einwendungen erheben.

121

[3] Zuständigkeit für die Erteilung einer Genehmigung. Die eigentliche Genehmigung wird dann nach Art. 7 VO (EG) Nr. 1829/2003 von der Kommission im Regel Ausschussverfahren erteilt. Genehmigungen gelten EU-weit und werden in einem EU-Gemeinschaftsverfahren erteilt. Damit ist anders als nach der Freisetzungsrichtlinie die nationale Behörde auch nicht mehr für die Ablehnung eines Genehmigungsantrags zuständig.

122

Nebenbestimmung können nach Art. 6 Abs. 5e VO (EG) Nr. 1829/2003 von der Europäischen Behörde vorgeschlagen werden. Die Überwachung ist in Art. 9 VO (EG) Nr. 1829/2003 geregelt.

123

Nachträgliche Änderungen und die Aufhebung von Genehmigungen sind in Art. 4 Abs. 5 VO (EG) Nr. 1829/2003 geregelt. Nationale Vorschriften über nachträgliche Auflagen oder die Aufhebung von Genehmigungen sind damit nicht anwendbar.

124

National zuständig bei der Erteilung einer Genehmigung zum Inverkehrbringen von gentechnisch geänderten Lebensmitteln und Futtermitteln ist das Bundesamt für Verbraucherschutz und Lebensmittelsicherheit. Die Zuständigkeit ist ihm durch das Gesetz zur Durchführung von Verordnungen der Europäischen Gemeinschaft auf dem Gebiet der Gentechnik und über die Kennzeichnung ohne Anwendung gentechnischer Verfahren hergestellter Lebensmittel[139] übertragen worden.

125

---

[138] Vgl. dazu oben D Rdnr. 53.
[139] vgl. dazu unten D. Rdnr. 141.

D. Systematischer Überblick über die Rechtsvorschriften im Gentechnikrecht

126 *(cc) Kennzeichnungsverordnung.* Die Kennzeichnungsverordnung[140] regelt die Verfolgung und Kennzeichnung von gentechnisch veränderten Lebensmitteln und Futtermitteln. Sie ist seit dem 7.11. 2003 Kraft und gilt seit dem 5.1. 2004. Sie hat zugleich die geänderte Freisetzungsrichtlinie[141] geändert.

127 Im Vorfeld des Erlasses der Verordnung strebte die Kommission zunächst an, dass Lebens- und Futtermittel, die gentechnisch veränderte Organismen enthalten, erst ab einem Anteil von 1% gentechnisch veränderte Organismen gekennzeichnet werden sollten.[142] Demgegenüber forderte das Europäische Parlament eine Kennzeichnung bereits bei einem Anteil von 0,5% gentechnisch veränderter Organismen.[143] Die Gemeinschaftsorgane einigten sich letztendlich auf einen Anteil von 0,9% gentechnisch veränderter Organismen. Die Schwelle kann in einem Ausschussverfahren weiter herabgesetzt werden (Art. 4 Abs. 7 VO (EG) Nr. 1830/2003 i.V.m. Art. 21 Abs. 3 FreisRL sowie Art. 4 Abs. 8 VO (EG) 1830/2003 i.V.m. den Art. 12 und 24 VO (EG) Nr. 1829/2003).[144]

128 *(dd) Verbringungsverordnung.* Die Verbringungsverordnung[145] regelt den Verkehr von gentechnisch veränderten Organismen mit Drittstaaten. Sie dient der Umsetzung des Cartagena-Protokolls[146] und regelt insbesondere die Ausfuhr von gentechnisch veränderten Organismen für die absichtliche Freisetzung sowie für die Verwendung als Lebens- oder Futtermittel oder zur Verarbeitung. Weitere Bestimmungen treffen die Identifizierung von gentechnisch veränderten Organismen und Maßnahmen zur Verhinderung unabsichtlicher grenzüberschreitender Verbringungen.[147]

129 *(ee) Erkennungsmarkerverordnung.* Die Erkennungsmarkerverordnung[148] regelt ein System für die Entwicklung und Zuweisung spezifischer Erkennungsmarken für gentechnisch veränderte Lebensmittel und Lebensmittelzutaten. Sie ist seit dem 15.1. 2004 in Kraft.

---

[140] Verordnung (EG) Nr. 1830/2003 des Europäischen Parlaments und des Rates vom 22.9. 2003 über die Rückverfolgbarkeit und Kennzeichnung von gentechnisch veränderten Organismen und über die Rückverfolgbarkeit von aus gentechnisch veränderten Organismen hergestellte Lebensmittel und Futtermitteln sowie zur Änderung der Richtlinie 2001/18/EG (Kennzeichnungsverordnung) (ABl. EG Nr. L 268, S. 24).
[141] Vgl. dazu oben D. Rdnr. 53.
[142] Vgl. den Kommissionsvorschlag KOM (2001) 173, S. 11.
[143] Vgl. den Bericht des Ausschusses für Umweltfragen, Volksgesundheit und Verbraucherpolitik v. 7.6. 2002, Änderungsantrag 108, A5-0225/2002 endg.
[144] Vgl. dazu *Kloepfer*, Umweltrecht, § 18 Rdnr. 22.
[145] Verordnung (EG) Nr. 1946/2003 des Europäischen Parlaments und des Rates vom 15.7. 2003 über grenzüberschreitende Verbringung gentechnisch veränderter Organismen (Verbringungsverordnung) (ABl. EG Nr. L 287, S. 1).
[146] Vgl. dazu oben D. Rdnr. 39.
[147] *Kloepfer*, Umweltrecht, § 18 Rdnr. 21.
[148] Verordnung (EG) Nr. 65/2004 der Kommission vom 14. Januar 2004 über ein System für die Entwicklung und Zuweisung spezifischer Erkennungsmarker für gentechnisch veränderte Organismen (Erkennungsmarkerverordnung) (ABl. EG Nr. 10, S. 5).

II. Rechtliche Regelungen der Umwelt-Gentechnik

(ff) Verordnung (EG) Nr. 49/2000. Verordnung (EG) Nr. 49/2000[149] regelt zusätzliche Kennzeichnungspflichten für Lebensmittelzutaten aus gentechnisch veränderten Sojabohnen (Glycine max L) und gentechnisch verändertem Mais (Zea mays L.). **130**

(gg) Verordnung (EG) Nr. 50/2000. Bei der Verordnung (EG) Nr. 50/2000[150] handelt es sich um eine Ergänzungsverordnung. Sie schreibt die Kennzeichnung von Zusatzstoffen und Aromen, die aus gentechnisch veränderten Organismen hergestellt worden sind vor, sofern der jeweilige gentechnisch veränderte Organismus im Zusatzstoff oder Aroma in Form von fremd-DNA oder Proteinspuren nachweisbar ist. **131**

(b) Wirkung von EG-Verordnungen. Da Verordnungen der Europäischen Gemeinschaft verbindlich sind und unmittelbar in den Mitgliedstaaten gelten (Art. 249 Abs. 2 EGV), müssen sie auch vom Rechtsanwender im einzelnen Mitgliedstaat angewandt werden. Ein weiteres Gesetz ist nicht erforderlich, kann aber etwa zur Regelung nationaler Zuständigkeiten von Aufgaben oder das Verwaltungsverfahren ergehen. Die Spielräume der Mitgliedstaaten sind hier allerdings sehr eng. **132**

(3) Entscheidungen. Die Kommission und der Rat der Europäischen Gemeinschaft haben überdies zur Konkretisierung bestimmter Fragen Entscheidung erlassen. Diese Entscheidungen sind nur für denjenigen verbindlich, die sie bezieht (Art. 249 Abs. 4 EGV). **133**

Folgende exemplarische **Entscheidungen** existieren für das Gentechnikrecht: **134**

– Entscheidung 2005/174/EG der Kommission vom 28. Februar 2005 über die Festlegung von Leitlinien zur Ergänzung von Anhang II Teil B. der Richtlinie 90/219/EWG über die Anwendung gentechnisch veränderter Mikroorganismen in geschlossenen Systemen [151]
– Entscheidung 2004/204/EG der Kommission vom 23. Februar 2004 zur Regelung der Modalitäten der Funktionsweise der in der Richtlinie 2001/18/EG des Europäischen Parlaments und des Rates vorgesehenen Registers für die Erfassung von Informationen über gentechnische Veränderungen bei GVO[152],

---

[149] Verordnung (EG) Nr. 49/2000 der Kommission vom 10. Januar 2000 zur Änderung der Verordnung (EG) Nr. 1139/98 des Rates über Angaben, die zusätzlich zu den in der Richtlinie 79/112/EWG aufgeführten Angaben bei der Etikettierung bestimmter aus gentechnisch veränderten Organismen hergestellter Lebensmittel vorgeschrieben sind (ABl. EG Nr. L 6, S. 13).
[150] Verordnung (EG) Nr. 50/2000 der Kommission vom 10. Januar 2000 über die Etikettierung von Lebensmitteln und Lebensmittelzutaten, die gentechnisch geänderte oder aus gentechnisch geänderten Organismen hergestellte Zusatzstoffe und Aromen enthalten (ABl. EG Nr. L 6, S. 15).
[151] ABl. EU Nr. L 59, S. 20.
[152] ABl. EG Nr. L 65, S. 20.

D. Systematischer Überblick über die Rechtsvorschriften im Gentechnikrecht

- Entscheidung 2003/701/EG der Kommission vom 29. September 2003 zur Festlegung – gemäß Richtlinie 2001/18/EG des Europäischen Parlaments und des Rates – des Formulars für die Darstellung der Ergebnisse der absichtlichen Freisetzung gentechnisch veränderter höherer Pflanzen in die Umwelt zu anderen Zwecken als Inverkehrbringen[153],
- Entscheidung 2002/813/EG des Rates vom 3. Oktober 2002 zur Festlegung – gemäß Richtlinie 2001/18/EG des Europäischen Parlaments und des Rates – des Schemas für die Zusammenfassung der Informationen zur Anmeldung einer absichtlichen Freisetzung gentechnisch veränderter Organismen in die Umwelt zu einem anderen Zweck als zum Inverkehrbringen[154],
- Entscheidung 2002/812/EG des Rates vom 3. Oktober 2002 zur Festlegung – gemäß Richtlinie 2001/18/EG des Europäischen Parlaments und des Rates – des Schemas für die Zusammenfassung der Anmeldeinformationen zum Inverkehrbringen gentechnisch veränderter Organismen als Produkte oder in Produkten[155],
- Entscheidung 2002/811/EG des Rates vom 3. Oktober 2002 über Leitlinien zur Ergänzung des Anhangs VII der Richtlinie 2001/18/EG des Europäischen Parlaments und des Rates über die absichtliche Freisetzung gentechnisch veränderter Organismen in die Umwelt und zur Aufhebung der Richtlinie 90/220/EWG des Rates[156],
- Entscheidung 2002/623/EG der Kommission vom 24. Juli 2002 über Leitlinien zur Ergänzung des Anhangs II der Richtlinie 2001/18/EG des Europäischen Parlaments und des Rates über die absichtliche Freisetzung gentechnisch veränderter Organismen in die Umwelt und zur Aufhebung der Richtlinie 90/220/EWG des Rates[157],
- Entscheidung 2001/204/EG des Rates vom 8. März 2001 zur Ergänzung der Richtlinien 90/219/EWG hinsichtlich der Kriterien für die Feststellung, ob Typen gentechnisch veränderter Mikroorganismen sicher für die menschliche Gesundheit und die Umwelt sind[158],
- Entscheidung 96/134/EG der Kommission vom 16. Januar 1996 zur Änderung der Entscheidung 91/448/EWG betreffend die Leitlinien für die Einstufung gemäß Art. 4 der Richtlinie 90/219/EWG des Rates über die Anwendung gentechnisch veränderter Mikroorganismen in geschlossenen Systemen[159],
- Entscheidung 94/730/EG der Kommission vom 4. November 1994 zur Festlegung von vereinfachten Verfahren für die absichtliche Freisetzung

---

[153] ABl. EG Nr. L 319, S. 15.
[154] ABl. EG Nr. L 280, S. 62.
[155] ABl. EG Nr. L 280, S. 37.
[156] ABl. EG Nr. L 280 S. 27.
[157] ABl. EG Nr. L 200, S. 22.
[158] ABl. EG Nr. L 73, S. 32.
[159] ABl. EG Nr. L 31, S. 25.

II. Rechtliche Regelungen der Umwelt-Gentechnik

gentechnisch geänderter Pflanzen nach Artikel 6 Absatz 5 der Richtlinie 90/220/EWG des Rates[160],
- Entscheidung 94/211/EG der Kommission vom 15. April 1994 zur Änderung der Entscheidung 91/596/EWG des Rates hinsichtlich der Zusammenfassung der Anmeldungen nach Artikel 9 der Richtlinie 90/220/EWG des Rates[161],
- Entscheidung 93/584/EWG der Kommission vom 22. Oktober 1993 zur Festlegung der Kriterien für vereinfachte Verfahren für die absichtliche Freisetzung gentechnisch veränderter Pflanzen gemäß Artikel 6 Absatz 5 der Richtlinie 90/220/EWG des Rates[162],
- Entscheidung 92/146/EWG der Kommission vom 11. Februar 1992 betreffend den formalen Aufbau der Zusammenfassung der Anmeldung gemäß Artikel 12 der Richtlinie 90/220/EWG[163],
- Entscheidung 91/596/EWG des Rates vom 4. November 1991 über den formalen Aufbau der Zusammenfassung der Anmeldung nach Artikel 9 der Richtlinie 90/220/EWG über die absichtliche Freisetzung gentechnisch veränderter Organismen in die Umwelt[164],
- Entscheidung 91/448/EWG der Kommission vom 29. Juli 1991 betreffend die Leitlinie für die Einstufung gemäß Artikel 4 der Richtlinien 90/219/EWG des Rates.

(4) Empfehlungen. Auch von der Möglichkeit Empfehlungen auszusprechen hat die Kommission Gebrauch gemacht. Empfehlungen sind nicht verbindlich. Sie bieten den Mitgliedstaaten allerdings Hilfen für die Auslegung und Anwendung der Richtlinien und Verordnungen.

Folgende **Empfehlungen** hat die Kommission ausgesprochen:

- Empfehlung 2004/787/EG der Kommission vom 4. Oktober 2004 für die Technische Anleitung für Probenname und Nachweis von gentechnisch veränderten Organismen und von aus gentechnisch veränderten Organismen hergestelltem Material als Produkt oder in Produkten im Kontext der Verordnung (EG) Nr. 183/2003[165],
- Empfehlung 2003/556/EG der Kommission vom 23. Juli 2003 mit Leitlinien für die Erarbeitung einzelstaatlicher Strategien und geeigneter Verfahren für die Koexistenz gentechnisch veränderter, konventioneller und ökologischer Kulturen[166]
- Empfehlung 97/618/EG der Kommission von 29. Juli 1997 zu den wissenschaftlichen Aspekten und zur Darbietung der für Anträge auf Genehmigung des Inverkehrbringens neuartiger Lebensmittel und Lebens-

---

[160] ABl. EG Nr. L 292, S. 31.
[161] ABl. EG Nr. L 105, S. 26.
[162] ABl. EG Nr. L 279, S. 42.
[163] ABl. EG Nr. L 60, S. 90.
[164] ABl. EG Nr. L 322, S. 1.
[165] ABl. EG Nr. L 287, S. 4.
[166] ABl. EG Nr. L 189, S. 37.

mittelzutaten erforderlichen Informationen sowie zur Erstellung der Berichte über die Erstprüfung gemäß der Verordnung (EG) Nr. 258/97 des Europäischen Parlaments und des Rates[167].

137 **c) Nationale Bestimmungen des Umwelt-Gentechnikrechts.** Nationale Bestimmungen, die von ihrer Zielsetzung auf die Regelungen der Gefahren der Gentechnik gerichtet sind, finden sich im Verfassungsrecht und in einfachgesetzlichen Regelungen wie dem Gentechnikgesetz[168] und seinen Rechtsverordnungen, dem EG-Gentechnik-Durchführungsgesetz[169], aber auch in zahlreichen weiteren Gesetzen[170].

138 **aa) Gesetzgebungskompetenz.** Bei Erlass des Gentechnikgesetzes 1990 war die Gesetzgebungskompetenz des Bundes für dessen Erlass umstritten, da es eine ausdrückliche Zuweisung für den Bund nicht gab.[171] Die überwiegende Ansicht hat die Kompetenz aus einer Gesamtschau verschiedener Kompetenznormen, insbesondere der Art. 74 Abs. 1 Nr. 1 (Bürgerliches Recht und Strafrecht), Art. 11 (Recht der Wirtschaft), Art. 12 (Arbeitsrecht), Art. 13 (Förderung der wirtschaftlichen Forschung), Art. 19 (Maßnahmen gegen gemeingefährliche und übertragbare Krankheiten), Art. 20 (Pflanzenschutz- und Tierschutz) und Art. 24 GG (Abfallbeseitigung und Luftreinhaltung) sowie der Rahmenkompetenz des Art. 74 Abs. 1 Nr. 3 GG (Naturschutz) gezogen.[172]

139 Durch Gesetz zur Änderung des Grundgesetzes vom 27.10.1994[173] wurde eine konkurrierende Gesetzgebungskompetenz des Bundes in Art. 74 Abs. 1 Nr. 26 GG für die Bereiche der Fortpflanzungsmedizin, Gentechnik und Humangenetik geschaffen.[174] Damit ist für die zukünftige Gesetzgebung im Bereich des Gentechnikrechts die konkurrierende Gesetzgebungskompetenz des Bundes nicht mehr in Frage gestellt.[175]

---

[167] ABl. EG Nr. L 253, S. 1.

[168] I.d.F. d. Bek. v. 16.12. 1993 (BGBl. I S. 2066), zul. geänd. durch G v. 1.4. 2008 (BGBl. I S. 499).

[169] V. 22.6. 2004 (BGB l. I S. 1244), zul. geänd. durch G v. 1.4. 2008 (BGBl. I S. 499).

[170] Vgl. dazu unten D. Rdnr. 152 ff.

[171] Vgl. dazu *Kloepfer*, Umweltrecht, § 18 Rdnr. 16; *Wahl*, in: Landmann/Rohmer, Umweltrecht, Bd. IV, Kap. 10.1 Vorbem. GenTG Rdnr. 35a.

[172] *VG Berlin*, Beschl. v. 12.9. 1995 – 14 A 255.95 –, ZUR 1996, 147; *Hirsch/Schmidt-Didczuhn*, GenTG, Einleitung Rdnr. 10 ff.; a.A. *Bock*, Schutz gegen die Risiken und Gefahren der Gentechnik, S. 78 ff.

[173] BGBl. I S. 3146.

[174] Der Wortlaut des Art. 74 Abs. 1 Nr 26.2. Alt. GG ist keinesfalls eindeutig. Streitig ist, ob aus den Begriffen „Untersuchung und ... künstliche Veränderung von Erbinformationen" gefolgert werden kann, dass auch die nicht-menschliche Gentechnik gemeint sei, so dass dem Regelungsbereich auch die Untersuchung und die künstliche Veränderung von Erbinformationen bei Tieren und Pflanzen unterfallen; dies wird von der herrschenden Meinung bejaht, vgl. *Pieroth*, in: Jarass/Pieroth, GG, Art. 74 Rdnr. 60; *Wahl*, in: Landmann/Rohmer, Umweltrecht, Bd. IV, Kap. 10.1 Vorbem. GenTG Rdnr. 35a; *Kloepfer*, Umweltrecht, § 18 Rdnr. 17 m.w.N.

[175] *Wahl*, in: Landmann/Rohmer, Umweltrecht, Bd. IV, Kap. 10.1 Vorbem. GenTG Rdnr. 35a.

II. Rechtliche Regelungen der Umwelt-Gentechnik

bb) Nationale Rechtsgrundlagen. Auch im nationalen Recht sind die Regelungen zur Umwelt-Gentechnik mittlerweile differenziert. 140

(1) Gesetze. Folgende Gesetze sind seit 1990 erlassen worden: 141
– Gentechnikgesetz[176],
– Gesetz zur Durchführung von Verordnungen der Europäischen Gemeinschaft auf dem Gebiet der Gentechnik und über die Kennzeichnung ohne Anwendung gentechnischer Verfahren hergestellt vom 22.6. 2004[177],
– Gesetz zu dem Übereinkommen vom 5.6.1992 über die biologische Vielfalt vom 30.8.1993[178],
– Gesetz zu dem Protokoll von Cartagena von 29.1.2000 über die biologische Sicherheit zum Übereinkommen über die biologische Vielfalt von 28.10.2003[179],
– Gesetz zur Anpassung von Zuständigkeiten im Gentechnikrechts vom 22.3.2004[180],

(2) Verordnungen. Die gesetzlichen Regelungen zum Gentechnikgesetz werden konkretisiert durch die Verordnungen. 142
Folgende Verordnungen sind bislang erlassen worden: 143

– Verordnung über die Sicherheitsstufen und Sicherheitsmaßnahmen bei gentechnischen Arbeiten in gentechnischen Anlagen (Gentechnik-Sicherheitsverordnung – GenTSV)[181],
– Verordnung über die Zentrale Kommission für die Biologische Sicherheit (ZKBS-Verordnung – ZKBSV)[182],
– Verordnung über Anhörungsverfahren nach dem Gentechnikgesetz (Gentechnik-Anhörungsverordnung – GenTAnhV)[183],
– Verordnung über Antrags- und Anmeldeunterlagen und über Genehmigungs- und Anmeldeverfahren nach dem Gentechnikgesetz (Gentechnik-Verfahrensverordnung – GenTVfV)[184],

---

[176] Gesetz zur Regelung der Gentechnik (Gentechnikgesetz – GenTG), i.d.F. d. Bek. v. 16.12.1993 (BGBl I S. 2066), zul. geänd. durch G v. 1.4.2008 (BGBl. I S. 499).
[177] BGBl. I S. 1244, geänd durch G v. 1.4.2008 (BGBl. I S. 499), zul. geänd. durch Bek. v. 27.5.2008 (BGBl. I S. 919).
[178] BGBl. I S. 1741.
[179] BGBl. I.S. 1506.
[180] BGBl. I S. 454.
[181] I.d.F. d. Bek. v. 14.3.1995 (BGBl. I S. 297), zul. geänd. durch G v. 16.8.2002 (BGBl. I S. 3220); siehe dazu unten E. Rdnr. 86 ff.
[182] V. 5.8.1996 (BGBl. I S. 1232), geänd. durch VO v. 31.10.2006 (BGBl. I S. 2407).
[183] I.d.F. d. Bek. v. 4.11.1996 (BGBl. I S. 1649), zul. geänd. durch VO v. 28.4.2008 (BGBl. I S. 766).
[184] I.d.F. d. Bek. v. 4.11.1996 (BGBl. I S. 1657), zul. geänd. durch VO v. 28.4.2008 (BGBl. I S. 766).

D. Systematischer Überblick über die Rechtsvorschriften im Gentechnikrecht

- Verordnung über Aufzeichnungen bei gentechnischen Arbeiten zu Forschungszwecken und zu gewerblichen Zwecken (Gentechnik-Aufzeichnungsverordnung – GenTAufzV)[185],
- Bundeskostenverordnung zum Gentechnikgesetz (BGenTGKostV)[186],
- Verordnung über die Beteiligung des Rates, der Kommission und der Behörden der Mitgliedstaaten der Europäischen Union und der anderen Vertragsstaaten des Abkommens über den Europäischen Wirtschaftsraum im Verfahren zur Genehmigung von Freisetzungen und Inverkehrbringen sowie im Verfahren bei nachträglichen Maßnahmen nach dem Gentechnikgesetz – Gentechnik-Beteiligungsverordnung (GenTBetV)[187],
- Verordnung über die Erstellung von außerbetrieblichen Notfallplänen und über Informations-, Melde- und Unterrichtungspflichten (Gentechnik-Notfallverordnung – GenTNotfV)[188],
- Verordnung über Sicherheit und Gesundheitsschutz bei Tätigkeiten mit biologischen Arbeitsstoffen (BiostoffVO),[189]
- Verordnung zur Durchführung gemeinschaftsrechtlicher Vorschriften über neuartige Lebensmittel und Lebensmittelzutaten (Neuartige Lebensmittel- und Lebensmittelzutaten-Verordnung – NLV).[190]
- Verordnung über die gute fachliche Praxis bei der Erzeugung gentechnisch veränderter Pflanzen (Gentechnik-Pflanzenerzeugungsverordnung – GenTPflEV)[191].

144 cc) **Änderungen des Gentechnikgesetzes.** Das deutsche Gentechnikgesetz wurde am 20. Juni 1990 verkündet und trat am 1. Juli 1990 in Kraft. Das Gentechnikgesetz ist bereits mehrfach geändert worden.

145 Eine erste Änderung hat es bereits durch das **Erste Gesetz zur Änderung des Gentechnikgesetzes vom 16.12.1993**[192] erfahren. Ziel dieser Novelle war es, dass Gentechnikrecht von nicht erforderlichen und damit unverhältnismäßigen Beschränkungen zu befreien und Nachteile für Forschung und Industrie gegenüber Wettbewerbern zu beseitigen.[193] Im

---

[185] I.d.F. d. Bek. v. 4.11. 1996 (BGBl. I S. 1644), zul. geänd. durch VO v. 28.4. 2008 (BGBl. I S. 766).
[186] I.d.F. d. Bek. v. 9.10. 1991 (BGBl. I S. 1972), zul. geänd. durch G v. 22.3. 2004 (BGBl. I S. 454).
[187] V. 17.3. 1995 (BGBl. I.S. 734), zul. geänd. durch VO v. 23.3. 2006 (BGBl. I.S. 65).
[188] V. 10.12. 1997 (BGBl. I S. 2882), zul. geänd. durch VO v. 28.4. 2008 (BGBl. I S. 766).
[189] V. 27.1. 1999 (BGBl. I S. 50), zul. geänd. durch VO v. 18.12.2008 (BGBl. I S. 2768).
[190] I.d.F. v. 14.2. 2000 (BGBl. I S. 123), zul. geänd. durch Bek. v. 27.5. 2008 (BGBl. I S. 919).
[191] V. 7.4. 2008 (BGBl. I S. 655); vgl. dazu unten E. Rdnr. 284 ff.
[192] BGBl. I S. 2059; vgl. BT-Drs. 12/3658, 12/5154, 12/5614.
[193] Vgl. Entwurf der Fraktionen der CDU/CSU und der F.D.P. eines Ersten Gesetzes zur Änderung des GenTG, BT-Drs. 12/5145 v. 16.6. 1993; kritisch *Drescher*, ZUR 1994, 289 ff.

II. Rechtliche Regelungen der Umwelt-Gentechnik

Rahmen dieser Novelle wurde die staatliche Kontrolle gelockert, die Fristen für Genehmigungs- und Anmeldeverfahren verkürzt und das Verfahren insgesamt vereinfacht. Schwerpunkt der Novellierung waren die Straffung des Verfahrens, unter anderem durch die geringere Beteiligung der Zentralen Kommission für Biologische Sicherheit (ZKBS) und die Neugestaltung der Vorschriften zum Anhörungsverfahren, aber auch die Anpassung an die System- und Freisetzungsrichtlinien der Europäischen Gemeinschaft. Der Aspekt der Verfahrensbeschleunigung stand aber eindeutig im Vordergrund.

Ein zweites Mal ist das Gentechnikgesetz durch Gesetz über die Neuordnung zentraler Einrichtungen des Gesundheitswesens vom 26.6. 1994[194] geändert worden. Dabei handelt es sich jedoch eher um eine redaktionelle Anpassung des Gentechnikgesetzes in § 4 Abs. 2 S. 1 GenTG, durch die Änderung in den Zuständigkeitsbereichen der Bundesministerien umgesetzt worden sind. Weitergehende inhaltliche Änderungen hat es indes nicht gegeben. 146

Eine weitere Änderung hat das Gentechnikgesetz durch das **Zweite Gesetz zur Änderung des Gentechnikrechts vom 16.8. 2002**[195] erfahren. Dadurch sollte die Richtlinie 98/81/EG des Rates vom 26. Oktober 1998 umgesetzt werden, durch die die Richtlinie 90/219/EWG über die Anwendung gentechnisch veränderter Mikroorganismen in geschlossenen Systemen (Systemrichtlinie) geändert worden war.[196] Wichtige Neuerungen dabei waren die Aufhebung der unterschiedlichen Zwecke Forschung und Gewerbe als Kriterium für die Ausgestaltung der Zulassungsverfahren, die Aufnahme einer Ermächtigungsgrundlage für den Erlass einer Rechtsverordnung, um bestimmte Mikroorganismen aus dem speziellen Regelungsbereich des Gesetzes ganz oder teilweise entlasten zu können, regelmäßig dauernde Überprüfung der Risikobewertung und die Information über Abfallentsorgung auch für Arbeiten der Sicherheitsstufe eins. 147

Durch das **Erste Gesetz zur Neuordnung des Gentechnikrechts vom 21.12. 2004**[197] ist die Richtlinie 2001/18/EG (Freisetzungsrichtlinie) umgesetzt worden.[198] Das Hauptanliegen der Änderung war, die gentechnikfreie konventionelle und ökologische Landwirtschaft vor Auskreuzungen, Beimischungen und sonstigen Einträgen von gentechnisch veränderten Organismen zu schützen. Vor diesem Hintergrund ist klargestellt worden, dass der Vorsorgepflicht nur dann Genüge getragen 148

---

[194] (Gesundheitseinrichtung-Neuordnungs-Gesetz – GNG) (BGBl. I S. 1416).
[195] BGBl. I S. 3220; vgl. dazu auch BR-Drs. 781/00, 464/02.
[196] Vgl. BR-Drs. 33/02, S. 1.
[197] BGBl. I S. 2930; vgl. dazu grundl. *Simon/Weyer*, NJW 1994, 759 ff.; *Dolde*, ZRP 2005, 25 ff.
[198] Dies, nachdem die Bundesrepublik Deutschland durch den EuGH verurteilt worden war, *EuGH*, Urt. v. 15.7. 2004 – C-420/03 –, NuR 2004, 657 ff.; zur Verfassungsmäßigkeit vgl. *Palme*, UPR 2005, 164 ff.

wird, wenn die allgemeinen Regeln der „guten fachlichen Praxis" befolgt werden und Mindestabstände zwischen den Feldern eingehalten werden. Zudem wurde geregelt, dass jeder, der gentechnisch veränderte Organismen freigesetzt oder anbaut, dazu verpflichtet ist, dies dem Standortregister mitzuteilen. Die Haftungsregelungen sind ergänzt worden durch eine Haftungsbestimmung für wesentliche Beeinträchtigungen durch gentechnisch veränderte Organismen. Eine solche sollte auch dann vorliegen, wenn ein Produkt nicht in den Verkehr gebracht werden kann, dieses als gentechnischer verändert gekennzeichnet werden muss oder es nicht als Öko-Produkt oder Produkt ohne Gentechnik vermarktet werden darf.

149   Das Gentechnikgesetz ist erneut im März 2006 durch das **Dritte Gesetz zur Änderung des Gentechnikgesetzes vom 17.3. 2006**[199] geändert worden, nachdem die Bundesregierung ein Eckpunktepapier zur weiteren Novellierung des Gentechnikgesetzes beschlossen hatte.[200] Hier war es Zweck, die ordnungsgemäße Umsetzung und Durchführung der Freisetzungsrichtlinie sicherzustellen. Es handelte sich überwiegend um Form- und Verfahrensvorschriften. So wurden der Inhalt der Antragsunterlagen bezogen auf die Umweltverträglichkeitsprüfung und einen Beobachtungsplan ergänzt, die Regelungen von Bearbeitungsfristen gestraft und die Vorschriften über die Öffentlichkeitsbeteiligung geändert.

150   Eine vorläufig letzte Änderung hat das Gentechnikgesetz durch das **Gesetz zur Änderung des Gentechnikgesetzes, zur Änderung des EG-Gentechnik-Durchführungsgesetzes unter Änderung der neuartige Lebensmittel- und Lebensmittelzutaten-Verordnung vom 1. April 2008**[201] erhalten. Ziel der Änderungen ist es gewesen, das Gentechnikrecht so auszugestalten, dass Forschung und Anwendung der Gentechnik in Deutschland befördert werden. Dabei sollte allerdings der Schutz von Mensch und Umwelt dem Vorsorgegrundsatz entsprechend oberstes Ziel des Gentechnikrechts bleiben. Zudem sollte die Wahlfreiheit der Landwirtinnen und Landwirte sowie der Verbraucherinnen und Verbraucher und die Koexistenz der unterschiedlichen Bewirtschaftungsformen gewährleistet bleiben. Für die Zulassung gentechnischer Anlagen und Arbeiten ist das Anzeigeverfahren neu eingeführt worden, von dem sich der Gesetzgeber eine Erleichterung für die Anlagenbetreiber erwartet.

151   Wie die Umsetzung der politischen Vorgaben im Bereich der Humangenetik erfolgen soll, über die erst ein politischer Konsens getroffen worden ist, ist derzeit noch unklar.

152   **dd) Weitere Regelungen zum Gentechnikrecht.** Zu den gesetzlichen Bestimmungen, die der Betreiber einer Anlage nach dem Gesetz schuldet, zählen überdies weitere gefahrstoffbezogene, anlagenbezogene,

---

[199] BGBl. I S. 534.
[200] Vgl. www.bmelv.de.
[201] BGBl. I S. 499.

II. Rechtliche Regelungen der Umwelt-Gentechnik

entsorgungsbezogene, artenschutzbezogene oder arbeitsschutzbezogene Regelungen. Das Gentechnikgesetz ist bezogen auf weitere Risiken nicht abschließend. Dies ergibt sich u.a. aus § 2 Abs. 4 GenTG, wonach für das Inverkehrbringen von gentechnisch veränderten Organismen andere gesetzliche Regelungen unberührt bleiben.[202]
Die nachfolgende Darstellung der weiteren für das Gentechnikrecht bedeutsamen Vorschriften kann naturgemäß nicht vollständig sein und muss inhaltlich auf das Wesentliche beschränkt werden.

(1) Gefahrstoffbezogene Regelungen. Zu den gefahrstoffbezogenen Regelungen, die neben dem Gentechnikgesetz anwendbar sind, zählen die Regelungen des Infektionsschutzgesetzes[203], des Tierseuchengesetzes[204] und der Tierseuchenerregerverordnung[205] bei der Arbeit mit Tieren, des Lebensmittel- und Futtermittelgesetzbuchs[206] sowie des Pflanzenschutzgesetz[207], der Pflanzenbeschauverordnung[208] und des Düngemittelgesetz[209] bei der Herstellung von Lebens- und Futtermittel, des Chemikaliengesetz[210] beim Umgang mit gefährlichen Stoffen und des Arzneimittelgesetzes[211] bei der Herstellung von Arzneimitteln.

Soweit sich Gefahren durch den Transport ergeben, finden ergänzend die Regelungen des Gesetzes über den Transport gefährlicher Güter[212] Anwendung. Wenn Arbeiten mit gentechnisch veränderten Organismen als Waffe dienen können, finden die Vorschriften des Gesetzes über die Kon-

---

[202] Vgl. dazu bereits unten E. Rdnr. 23.
[203] Gesetz zur Verhütung und Bekämpfung von Infektionskrankheiten beim Menschen – Infektionsschutzgesetz (IfSG) i.d.F. v. 20.7. 2000 (BGBl. I.S. 1045), zul. geänd. durch G v. 13.12. 2007 (BGBl. I S. 2904).
[204] Tierseuchengesetz (TierSG) i.d.F. d. Bek. v. 22.6. 2004 (BGBl. I S. 1260, 3588), zul. geänd. durch G v. 13.12. 2007 (BGBl. I S. 2930).
[205] Verordnung über das Arbeiten mit Tierseuchenerregern (Tierseuchenerreger-Verordnung) v. 25.11. 1985 (BGBl. I S. 2123), zul. geänd. durch G v. 2.11. 1992 (BGBl. I S. 1845).
[206] Lebensmittel-, Bedarfsgegenstände- und Futtermittelgesetzbuch (Lebensmittel- und Futtermittelgesetzbuch (LFGB) i.d.F. d. Bek. v. 26.4. 2006 (BGBl. I S. 945), zul. geänd. durch G v. 26.2. 2008 (BGBl. I S. 215).
[207] Gesetz zum Schutz der Kulturpflanzen (Pflanzenschutzgesetz – PflSchG) i.d.F. d. Bek. v. 14.5. 1998 (BGBl. I S. 971, 1527, 3512), zul. geänd. durch G v. 5.3. 2008 (BGBl. I S. 284).
[208] Pflanzenbeschauverordnung i.d.F. d. Bek. v. 3.4. 2000 (BGBl. I S. 337), zul. geänd. durch G v. 13.12. 2007 (BGBl. I S. 2930).
[209] Düngemittelgesetz (DMG) v. 15.11. 1977 (BGBl I S. 2134), zul. geänd. durch G v. 9.12. 2006 (BGBl. I S. 2819, BGBl. 2007 I S. 195).
[210] Gesetz zum Schutz vor gefährlichen Stoffen (Chemikaliengesetz – ChemG) i.d.F. d. Bek. v. 2.7. 2008 (BGBl. I S. 1146).
[211] Gesetz über den Verkehr mit Arzneimitteln (Arzneimittelgesetz – AMG) i.d.F. Bek. v. 12.12. 2005 (BGBl. I S. 3394), zul. geänd. durch G v. 23.11. 2007 (BGBl. I S. 2631).
[212] (Gefahrgutbeförderungsgesetz – GGBefG) i.d.F. d. Bek. v. 29.9. 1998 (BGBl. I S. 3114), zul. geänd. durch VO v. 31.10. 2006 (BGBl. I S. 2407).

D. Systematischer Überblick über die Rechtsvorschriften im Gentechnikrecht

trolle von Kriegswaffen[213] und des Gesetzes über das Verbot bakteriologischer Waffen[214] zusätzlich Anwendung.

156 *(a) Infektionsschutzgesetz.* Das **Infektionsschutzgesetzes**[215] regelt die Verhütung und Bekämpfung übertragbarer Krankheiten beim Menschen durch Vorbeugung, frühzeitiges Erkennen und Verhindern der Weiterverbreitung von Infektionen (§ 1 IfSG). Wenn gentechnische Arbeiten an/mit Krankheitserregern durchgeführt werden, findet auch das Infektionsschutzgesetz Anwendung. Dies gilt insbesondere für die seuchenrechtlichen Regelungen, die im neunten Abschnitt zu den Tätigkeiten mit Krankheitserregern geregelt sind.

157 § 44 IfSG sieht eine Erlaubnispflicht für Tätigkeiten mit Krankheitserregern vor. Danach bedarf einer Erlaubnis der zuständigen Behörde, wer Krankheitserreger in den Geltungsbereich des Gesetzes verbringt, sie ausführt, aufbewahrt, abgibt oder mit ihnen arbeiten will. Eine Ausnahme besteht nur für Personen, die zur selbstständigen Ausübung des Berufes als Arzt, Zahnarzt oder Tierarzt berechtigt sind (§ 45 Abs. 1 IfSG).

158 Die Voraussetzungen für die Erteilung einer Erlaubnis sind im Infektionsschutzgesetz negativ formuliert. Nach § 47 Abs. 1 IfSG ist die Erlaubnis zu versagen, wenn der Antragsteller die erforderlichen Sachkenntnis nicht besitzt oder sich als unzuverlässig in Bezug auf die Tätigkeiten erwiesen hat, für deren Ausübung die Erlaubnis beantragt wird. Die erforderliche Sachkenntnis wird durch den Abschluss eines Studiums der Human-, Zahn- oder Veterinärmedizin, der Pharmazie oder den Abschluss eines naturwissenschaftlichen Fachhochschul- oder Universitätsstudiums mit mikrobiologischen Inhalten und einer mindestens zweijährige hauptberuflichen Tätigkeit mit Krankheitserregern unter Aufsicht einer Person, die im Besitz der Erlaubnis zum Arbeiten mit Krankheitserregern ist, nachgewiesen.

159 In § 49 IfSG ist eine Anzeigepflicht vorgesehen. Derjenige, der Tätigkeiten i.S.d. § 44 IfSG erstmals aufnehmen will, hat dies der zuständigen Behörde mindestens 30 Tage vor der Aufnahme anzuzeigen. Nur mit Zustimmung der zuständigen Behörde können die Tätigkeiten vor Ablauf der Frist aufgenommen werden. Jede wesentliche Veränderung der Beschaffenheit der Räume und Einrichtungen, die Entsorgungsmaßnahmen sowie von Art und Umfang der Tätigkeit sind unverzüglich der Behörde anzuzeigen. Gleiches gilt für die Beendigung oder Wiederaufnahme der Tätigkeit.

---

[213] Ausführungsgesetzes zu Art. 26 Abs. 2 GG (Gesetz über die Kontrolle von Kriegswaffen (KrWaffKontrG) i.d.F. d. Bek. v. 22.11. 1990 (BGBl. I S. 2506), zul. geänd. durch G v. 31.10. 2007 (BGBl. I S. 207).

[214] Gesetzes zu dem Übereinkommen vom 10.4. 1972 über das Verbot der Entwicklung, Herstellung und Lagerung bakteriologischer (biologischer) Waffen und von Toxinwaffen sowie über die Vernichtung solcher Waffen (Gesetzes über das Verbot bakteriologischer Waffen) (BGBl. 1983 II S. 132).

[215] Gesetz zur Verhütung und Bekämpfung von Infektionskrankheiten beim Menschen – Infektionsschutzgesetz (IfSG) i.d.F. v. 20.7. 2000 (BGBl. I.S. 1045), zul. geänd. durch G v. 13.12. 2007 (BGBl. I S. 2904).

II. Rechtliche Regelungen der Umwelt-Gentechnik

Krankheitserreger sowie Material, das Krankheitserreger enthält, dürfen nach § 52 IfSG nur an denjenigen abgegeben werden, der eine Erlaubnis besitzt, unter Aufsicht eines Erlaubnisinhabers tätig ist oder einer Erlaubnis nach § 45 Abs. 2 Nr. 1 IfSG nicht bedarf. 160

(b) Tierseuchengesetz und Tierseuchenerreger-Verordnung. Kommen gentechnisch veränderte Organismen bei Tieren zum Einsatz, findet auch das Tierseuchengesetz[216] und die Tierseuchenerreger-Verordnung[217] zusätzlich Anwendung. 161

Das **Tierseuchengesetz** regelt im Wesentlichen die Bekämpfung von Tierseuchen. Es erfasst Krankheiten oder Infektionen mit Krankheitserregern, die bei Tieren auftreten und auf Tiere oder Menschen übertragen werden können. Im Einzelnen sieht es ein Verbot für die Verbringung, die Einfuhr und die Ausfuhr von Tieren oder Gegenständen vor. 162

Das Tierseuchengesetz ist seinerseits die Ermächtigungsgrundlage für die **Tierseuchenerreger-Verordnung**[218]. Diese sieht konkret vor, welche Handlungen einer Erlaubnis bedürfen und welche Handlungen erlaubnisfrei sind. 163

Nach § 2 TierSEVO braucht derjenige, der mit Tierseuchenerregern arbeitet, insbesondere Versuche, mikrobiologische oder serologische Untersuchungen zur Feststellung übertragbarer Tierkrankheiten oder Fortzüchtung vornehmen will, oder Tierseuchenerreger erwerben oder abgeben will, einer Erlaubnis der zuständigen Behörde. 164

Erlaubnisfrei sind Sterilitätsprüfungen und Bestimmungen der Koloniezahl bei der Herstellung und Prüfung von Arzneimitteln sowie Lebensmitteln einschließlich Trinkwasser, Tabakerzeugnissen, kosmetischen Mitteln und Bedarfsgegenständen (vgl. § 3 TierSEVO). Keine Erlaubnispflicht besteht zudem für Tierärzte und Ärzte für diagnostische Untersuchungen oder therapeutische Maßnahmen (vgl. dazu § 3 Abs. 1 TierSEVO). Wie beim Infektionsschutzgesetz bedarf auch derjenige keiner Erlaubnis, der unter Aufsicht des Inhabers einer Erlaubnis oder desjenigen tätig ist, der keiner Erlaubnis bedarf (§ 3 Abs. 2 u. 3 TierSEVO). 165

Voraussetzung für die Erteilung einer Erlaubnis ist der Nachweis der erforderlichen Sachkunde als personenbezogenes Merkmal. Die erforderliche Sachkunde wird durch die Approbation als Tierarzt, Arzt oder Apotheker oder den Abschluss eines Hochschulstudiums der Biologie, der Lebensmittelchemie und mindestens einer dreijährigen Tätigkeit in den in 166

---

[216] Tierseuchengesetz (TierSG) i.d.F. d. Bek. v. 22.6. 2004 (BGBl. I S. 1260, 3588), zul. geänd. durch G v. 13.12. 2007 (BGBl. I S. 2930).
[217] Verordnung über das Arbeiten mit Tierseuchenerregern (Tierseuchenerreger-Verordnung) v. 25.11. 1985 (BGBl. I S. 2123), zul. geänd. durch G v. 2.11. 1992 (BGBl. I S. 1845).
[218] Verordnung über das Arbeiten mit Tierseuchenerregern (Tierseuchenerreger-Verordnung) v. 25.11. 1985 (BGBl. I S. 2123), zul. geänd. durch G v. 2.11. 1992 (BGBl. I S. 1845).

D. Systematischer Überblick über die Rechtsvorschriften im Gentechnikrecht

§ 2 Abs. 1 Nr. 1 TierSEVO genannten Gebieten oder auf dem Gebiet, für das eine Erlaubnis beantragt worden ist, nachgewiesen.

167 Die Erlaubnis ist zu versagen, wenn der Antragsteller die erforderliche Sachkenntnis nicht hat, sich als unzuverlässig in Bezug auf die Tätigkeiten erwiesen hat, für deren Ausübung die Erlaubnis begehrt wird, geeignete Räume oder Einrichtungen nicht vorhanden sind oder Belange der Tierseuchenbekämpfung entgegenstehen (§ 4 TierSEVO).

168 Der Inhaber einer Erlaubnis hat jeden Wechsel der mit der Leitung der Tätigkeit beauftragten Personen sowie jede wesentliche Änderung der Räume oder Einrichtungen und im Falle einer juristischen Person oder einer Handelsgesellschaft jeden Wechsel des Vertretungsberechtigten unverzüglich der zuständigen Behörde anzuzeigen (§ 5 TierSEVO).

169 Wer eine Tätigkeit nach § 3 TierSEVO aufnehmen will, hat dies der zuständigen Behörde unter Angabe der Art und des Umfangs der Tätigkeit spätestens zwei Wochen vor deren Aufnahme anzuzeigen. Wenn sich Art oder Umfang der Tätigkeit ändert, so ist dies der zuständigen Behörde innerhalb von zwei Wochen ebenfalls anzuzeigen (§ 6 TierSEVO).

170 Auch die Abgabe von Tierseuchenerregern sowie von Material, das Tierseuchenerreger enthält, darf nach § 8 TierSEVO nur an Personen oder Einrichtungen abgegeben werden, die eine Erlaubnis haben oder einer solchen Erlaubnis nicht bedürfen.

171 In § 9 TierSEVO ist eine Aufzeichnungspflicht vorgesehen. Danach hat derjenige, der mit Tierseuchenerregern arbeitet oder Tierseuchenerreger erwirbt oder abgibt, Aufzeichnungen über diese Tätigkeit zu führen.

172 *(c) Lebens-, Bedarfsgegenstände- und Futtermittelgesetzbuch.* Gentechnisch veränderte Organismen, die zum Verzehr bestimmt sind, müssen lebensmittelrechtlichen Anforderungen entsprechen. Dazu zählen neben den europarechtlichen Vorgaben der **Novel Food-Verordnung**[219] und der **VO (EG) 1829/2003**[220] auch die Vorschriften des **Lebensmittel-, Bedarfsgegenstände- und Futtermittelgesetzbuch**[221].

173 Zum Schutz der Verbraucher und Verbraucherinnen vor Gefahren für die menschliche Gesundheit dürfen Lebensmittel sowie Bedarfsgegenstände – z.B. Kosmetika – weder bestrahlt (§ 8 LFGB), noch mit Düngemitteln im Sinne des **Düngemittelgesetzes**[222] oder Pflanzenschutzmitteln im Sinne des **Pflanzenschutzgesetzes**[223] oder anderen Chemikalien im

---

[219] Vgl. dazu bereits oben D. Rdnr. 82 ff.
[220] Vgl. dazu bereits oben D. Rdnr. 114 ff.
[221] Lebensmittel-, Bedarfsgegenstände- und Futtermittelgesetzbuch (Lebensmittel- und Futtermittelgesetzbuch (LFGB) i.d.F. d. Bek. v. 26.4. 2006 (BGBl. I S. 945), zul. geänd. durch G v. 26.2. 2008 (BGBl. I S. 215); vgl. dazu bereits oben D. Rdnr. 154.
[222] Düngemittelgesetz (DMG) v. 15.11. 1977 (BGBl I S. 2134), zul. geänd. durch G v. 9.12. 2006 (BGBl. I S. 2819, BGBl. 2007 I S. 195).
[223] Gesetz zum Schutz der Kulturpflanzen (Pflanzenschutzgesetz – PflSchG) i.d.F. d. Bek. v. 14.5. 1998 (BGBl. I S. 971, 1527, 3512), zul. geänd. durch G v. 5.3. 2008 (BGBl. I S. 284).

II. Rechtliche Regelungen der Umwelt-Gentechnik

Sinne des **Chemikaliengesetzes**[224] behandelt werden, wenn die dafür festgesetzten Höchstmengen überschritten sind. Derart behandelte Lebensmittel sowie Bedarfsgegenstände dürfen nicht in den Verkehr gebracht werden. Bei der Arbeit mit gefährlichen Stoffen i.S.d. Chemikaliengesetzes sind überdies die Vorgaben des **Biozidgesetzes**[225] und der **Grundsätze der guten Laborpraxis**[226] einzuhalten.[227]

Auch für Futtermittel gilt, dass sie nicht derart hergestellt und behandelt werden dürfen, dass bei ihrer Verfütterung an Tiere die daraus gewonnenen Lebensmittel die menschliche Gesundheit beeinträchtigen können und für den Verzehr durch den Menschen ungeeignet sind (§ 17 LFGB). 174

(d) Arzneimittelgesetz. Wird mit gentechnisch veränderten Organismen zur Herstellung von Arzneimitteln gearbeitet, findet zusätzlich das **Arzneimittelgesetz**[228] Anwendung. 175

Das Arzneimittelgesetz regelt die Anforderungen für die Herstellung und die Zulassung von Arzneimitteln. Arzneimittel unterliegen vor ihrem Vertrieb einer strengen Zulassungspflicht. Die Zulassung kann durch die zuständige Bundesbehörde oder aber durch die Europäische Kommission in einem europaweiten Verfahren erteilt werden. Arzneimittel unterliegen bei ihrer Herstellung einer strengen Prüfpflicht, die der Risikobewertung nach dem Gentechnikgesetz vergleichbar ist, ihr allerdings nach herrschender Meinung nicht entspricht.[229] 176

(e) Gesetz über den Transport gefährlicher Güter. Für den Transport gentechnisch veränderte Organismen finden sich zahlreiche rechtliche Vorgaben in internationalen und europarechtlichen Regelungen, aber auch in nationalen Vorschriften. 177

Zu den internationalen Regelungen zählen: 178

– United Nations – Recommendations on the transports for dangerous goods – model regulations WHO,
– Internationaler Code für die Beförderung gefährlicher Güter mit Seeschiffen IMDG-Code,

---

[224] Gesetz zum Schutz vor gefährlichen Stoffen (Chemikaliengesetz – ChemG) i.d.F. d. Bek. v. 2.7. 2008 (BGBl. I S. 1146).
[225] Gesetz zur Umsetzung der Richtlinie 98/8/EG des Europäischen Parlaments und des Rates über das Inverkehrbringen von Biozid-Produkten – Biozidgesetz – vom 20.6. 2002 (BGBl. I S. 2076).
[226] Allgemeine Verwaltungsvorschrift zum Verfahren in der behördlichen Überwachung der Einhaltung der Grundsätze der guten Laborpraxis (Chem-VwV-GLP) i.d.F. d. Bek. v. 15.5. 1997 (GMBl. S. 257).
[227] Vgl. hierzu umfassend *Kloepfer*, Umweltschutzrecht, § 15 Rdnr. 16 ff.
[228] Gesetz über den Verkehr mit Arzneimitteln (Arzneimittelgesetz – AMG) i.d.F. d. Bek. v. 12.12. 2005 (BGBl. I S. 3394), zul. geänd. durch G v. 23.11. 2007 (BGBl. I S. 2631).
[229] Vgl. dazu bereits unten E. Rdnr. 255.

- Technical Instructions for the Safe Transport of Dangerous Goods by air
- International Civil Aviation Organisation ICAO,
- Dangerous Goods Regulations – International Air Tranport Association IATA.

179 Aus der United Nations – Recommendations on the transports for dangerous goods – model regulations WHO ergibt sich eine Einteilung der verschiedenen Güter im Gefahrgutsklassen. Diese Einteilung wird in den weiteren europäischen und nationalen Regelungen entsprechend aufgegriffen. Infektiöse Substanzen aus mikrobiologischen, biologischen Proben und gentechnisch verändertes Material gehören danach in die UN-Klasse 6.2. Unterschieden werden dort gefährliche Stoffe mit hohem Gefährdungspotenzial (Risikogruppe 3 und 4) und sonstige gefährliche Stoffe (Risikogruppe 2). Für gefährliche Stoffe gelten Sondervorschriften für die Verpackung. Diese ergeben sich im Einzelnen aus den Verpackungsvorschriften P I 650 nach der IATA-DGR, wobei spezielle Anforderungen an Innen- und Außenverpackung sowie an Verpackungen bei Tiefkühlung zu erfüllen sind. Weitere Bestimmungen sind in der DIN EN 829 Transport Packages for Medical und Biological Specimens, Requirments, Tests enthalten. Insgesamt regeln diese Vorschriften nicht nur die Verpackung, sondern auch Kennzeichnungspflichten, die bei der Aufschrift auf den Verpackungen und bei der Kennzeichnung der Frachtpapiere zu beachten sind.

180 Europarechtliche Vorgaben finden sich in

- Übereinkommen über die internationale Beförderung gefährlicher Güter auf der Straße (ADR),
- Europäische Übereinkommen über die internationale Beförderung gefährlicher Güter mit der Bahn (RID),
- Multilaterale Vereinbarung zur Beförderung diagnostischer Proben mit der Bahn (RID 5/2000) und
- Multilaterale Sondervereinbarung zur Beförderung diagnostisch Proben auf der Straße (M 96).

181 Im nationalen Recht ist die Beförderung von gentechnisch veränderten Organismen geregelt durch das

- Gesetz über die Beförderung gefährlicher Güter[230],
- Gefahrgutverordnung Straße und Eisenbahn (GGVSE)[231],
- Gefahrgutverordnung Binnenschifffahrt (GGVBinSch)[232],

---

[230] (Gefahrgutbeförderungsgesetz – GGBefG) i.d.F. d. Bek. v. 29.9. 1998 (BGBl. I S. 3114), zul. geänd. durch VO v. 31.10. 2006 (BGBl. I S. 2407).

[231] Verordnung über die innerstaatliche und grenzüberschreitende Beförderung gefährlicher Güter auf der Straße und mit Eisenbahnen (Gefahrgutverordnung Straße und Eisenbahn – GGVSE) i.d.F. d. Bek. v. 24.11. 2006 (BGBl. I S. 2683).

[232] Verordnung über die Beförderung gefährlicher Güter auf Binnengewässer (Gefahrgutverordnung Binnenschifffahrt – GGVBinSch) i.d.F. d. Bek. v. 31.11. 2004 (BGBl. I S. 136), zul. geänd. durch VO v. 26.5. 2007 (BGBl. I S. 1222).

II. Rechtliche Regelungen der Umwelt-Gentechnik

– Gefahrgutverordnung Seeschifffahrt (GGVSee)[233],
– Verordnung über die Bestellung von Gefahrgutbeauftragten (GbV)[234] und die
– Allgemeine Geschäftsbedingungen der Deutschen Post AG in Verbindung mit den „Regelungen für die Postbeförderung von gefährlichen Stoffen".[235]

Das **Gefahrgutbeförderungsgesetz**[236] gilt für die Beförderung gefährlicher Güter i.S.d. § 2 Abs. 1 GBefGG. Dies sind Stoffe und Gegenstände, von denen auf Grund ihrer Natur, ihrer Eigenschaft oder ihres Zustandes im Zusammenhang mit der Beförderungsgefahren für die öffentliche Sicherheit und Ordnung, insbesondere für die Allgemeinheit, für wichtige Gemeindengüter, für Leben und Gesundheit von Menschen sowie für Tiere und Sachen ausgehen können. Da gentechnisch veränderter Organismen nach der Wertung des Gesetzgebers gefährliche Stoffe sind, werden sie vom Begriff der gefährlichen Güter erfasst. **182**

(f) Gesetz über die Kontrolle von Kriegswaffen und Gesetz über das Verbot bakteriologischer Waffen. Soweit gentechnisch veränderte Organismen kriegswaffenfähig sind, besteht für ihre Herstellung, das Inverkehrbringen und das Befördern eine Genehmigungspflicht nach den §§ 2, 3 und 4 **KrWaffKontrG**[237]. Bei der Durchführung genehmigungspflichtiger Handlungen bestehen besondere Überwachungs- und Aufzeichnungspflichten (§ 12 KrWaffKontrG). Straf und bußgeldbewehrte Handlungen sind in § 16 KrWaffKontrG aufgenommen. **183**

Kriegswaffen bestimmen sich in der Regel nach einer Kriegswaffenliste. Zu den Kriegswaffen zählen u.a. biologische Kampfmittel etwa solche mit Krankheitserregern. Unter Krankheitserregern in diesem Sinne werden Mikroorganismen (Bakterien), wie Pest und Cholera, aber auch Viren, wie Pocken und Influenza, sowie Toxine, etwa bakterielle Toxine verstanden. Nicht vom Kriegswaffenkontrollgesetz erfasst werden Einrichtungen, Substanzen und Organismen, die zivilen Zwecken oder der wissenschaftlichen und industriellen Forschung auf dem Gebiet der reinen und angewandten Wissenschaft dienen. **184**

---

[233] Verordnung über die Beförderung gefährlicher Güter mit Seeschiffen (Gefahrgutverordnung See – GGVSee) i.d.F. d. Bek. v. 3.12. 2007 (BGBl. I S. 2815).

[234] Verordnung über die Bestellung von Gefahrgutbeauftragten und die Schulung der beauftragten Personen in Unternehmen und Betrieben (Gefahrgutbeauftragtenverordnung – GbV) i.d.F. d. Bek. v. 26.3. 1998 (BGBl. I S. 648), zul. geänd. durch VO v. 31.10. 2006 (BGBl. I S. 2407).

[235] Vgl. dazu *Hoppe/Beckmann/Kauch*, Umweltrecht, § 34 Rdnr. 58 ff.; *Klopfer*, Umweltschutzrecht, § 16 Rdnr. 51 ff.

[236] Vgl. dazu *Klopfer*, Umweltschutzrecht, § 16 Rdnr. 51 ff.

[237] Ausführungsgesetzes zu Art. 26 Abs. 2 GG (Gesetz über die Kontrolle von Kriegswaffen (KrWaffKontrG) i.d.F. d. Bek. v. 22.11. 1990 (BGBl. I S. 2506), zul. geänd. durch G v. 31.10. 2007 (BGBl. I S. 207).

D. Systematischer Überblick über die Rechtsvorschriften im Gentechnikrecht

185 Sobald gentechnisch veränderte Organismen in den Begriff der bakteriologischen Waffe fallen, findet auf sie auch das **Gesetz über das Verbot bakteriologischer Waffen**[238] Anwendung. Danach besteht ein striktes Verbot für die Entwicklung, Herstellung und Verwendung mikrobiologische Agenzien zu feindlichen Zwecken.

186 *(2) Anlagenbezogene Regelungen.* Vornehmlich bei der erstmaligen Errichtung einer gentechnischen Anlage oder aber deren Änderung sind zudem anlagenbezogene Regelungen zu beachten.

187 Anlagenbezogene Regelungen finden sich im Bundes-Immissionsschutzgesetz[239] und seinen Verordnungen. Hier sind insbesondere für die 4., 9. und 12. BImSchV relevant sein. Diese können ergänzt werden durch das Gesetz über die Prüfung der Umweltverträglichkeit[240]. Ferner gibt es anlagebezogene Regelungen in der Strahlenschutzverordnung[241], im Baurecht, im Wasserhaushaltsgesetz[242] und in der Abwasserverordnung[243].

188 *(a) Bundes-Immissionsschutzgesetz und Strahlenschutzverordnung.*
Das **Bundes-Immissionsschutzgesetz** findet Anwendung, wenn es um Anlagen geht, von denen Immissionen, d.h. Luftverunreinigungen, Lärm, und Erschütterungen ausgehen. Eine solche Anlage ist genehmigungsbedürftig, wenn sich dies aus der Anlage zur **4. BImSchV**[244] ergibt. Anlagen, in denen mit gentechnisch veränderten Organismen gearbeitet wird, können unter die Ziff. 4.1 der Anlage I zur 4. BImSchV – wenn es um Arzneimittel geht – aber auch unter Ziff. 7.1 der Anlage I zur 4. BImSchV fallen, wenn es um Lebensmittel oder Futtermittel geht. In beiden Fällen ist dann

---

[238] Gesetzes zu dem Übereinkommen vom 10.4. 1972 über das Verbot der Entwicklung, Herstellung und Lagerung bakteriologischer (biologischer) Waffen und von Toxinwaffen sowie über die Vernichtung solcher Waffen (Gesetzes über das Verbot bakteriologischer Waffen) (BGBl. 1983 II S. 132).
[239] Gesetz zum Schutz vor schädlichen Umwelteinwirkungen durch Luftverunreinigungen, Geräusche, Erschütterungen und Ähnliche Vorgänge (Bundes-Immissionsschutzgesetz – BImSchG) i.d.F. d. Bek. v. 26.9. 2002 (BGBl. I S. 3830), zul. geänd. durch G v. 23.10. 2007 (BGBl. I S. 2470).
[240] Gesetz über die Umweltverträglichkeitsprüfung i.d.F. d. Bek. v. 25.6. 2005 (BGBl. I S. 1757, 2797), zul. geänd. durch G v. 23.10. 2007 (BGBl. I S. 2470).
[241] Verordnung über den Schutz vor Schäden durch ionisierende Strahlen (Strahlenschutzverordnung – StrlSchV) v. 20.7. 2001 (BGBl. I S. 1714, (2002) S. 1459), zul. geänd. durch G v. 29.8. 2008 (BGBl. I S. 1793).
[242] Gesetzes zur Ordnung des Wasserhaushalt (Wasserhaushaltsgesetz – WHG) i.d.F. d. Bek. v. 19.8. 2002 (BGBl. I S. 3245), zul. geänd. durch G v. 22.12. 2008 (BGBl. I S. 2986).
[243] Verordnung über Anforderungen an das Einleiten von Abwasser in Gewässer (Abwasserverordnung – AbwV) i.d.F. d. Bek. v. 17.6. 2004 (BGBl. I S. 1108, 2625), zul. geänd. durch G v. 19.10. 2007 (BGBl. I S. 2461).
[244] Vierte Verordnung zur Durchführung des Bundes-Immissionsschutzgesetzes (Art. 1 d. VO zur Neufassung und Änderung von Verordnungen zur Durchführung des Bundes-Immissionsschutzgesetzes) (Verordnung über genehmigungsbedürftige Anlagen – 4. BImSchV) i.d.F. d. Bek. v. 14.3. 1997 (BGBl. I S. 504), zul. geänd. durch G v. 23.10. 2007 (BGBl. I S. 2470).

II. Rechtliche Regelungen der Umwelt-Gentechnik

ein förmliches Verfahren nach dem Bundes-Immissionsschutzgesetz durchzuführen (§ 10 BImSchG). Bei weniger belastenden, meist kleineren Anlagen reicht ein vereinfachtes Verfahren (§ 19 BImschG) aus, in dem keine Öffentlichkeitsbeteiligung durchzuführen ist.

Für größere Anlagen kann die Durchführung einer Umweltverträglichkeitsprüfung vorgesehen sein. Diese ist dann unselbstständiger Teil des Genehmigungsverfahrens, das in der **9. BImSchV**[245] geregelt ist. 189

Die **Strahlenschutzverordnung**[246] gilt für den Umgang und der Verkehr mit radioaktiven Stoffen (§ 3 StrSchV). Die Beförderung (§ 8 StrSchV), die Ein- und Ausfuhr (§ 11 StrSchV) sowie die Errichtung und der Betrieb von Anlagen zur Erzeugung ionisierender Strahlen (§ 15 StrSchV) bedürfen einer Genehmigung. 190

Neben den Strahlenschutzgrundsätzen regelt die Strahlenschutzverordnung. Auch die höchstzulässigen Dosiswerte für die Bevölkerung (§§ 44 bis 46 StrlschV). Aus § 15 StrSchV können sich besondere bauliche Vorgabenfür gentechnische Anlagen ergeben, wenn gentechnisch veränderte Organismen zugleich der Erzeugung ionisierender Strahlen dienen. 191

(b) Baurecht. Zu den anlagebezogenen Vorschriften zählen auch die Vorschriften des **Baugesetzbuches**[247] und der **Landesbauordnungen**. Die baurechtlichen Vorschriften legen fest, welche Bauvorhaben genehmigungspflichtig sind und unter welchen Voraussetzungen eine Genehmigung erteilt werden kann. Damit sind die bauordnungsrechtlichen Vorschriften maßgeblich für die Errichtung einer gentechnischen Anlage. Sie werden in der Regel wegen der Konzentrationswirkung (§ 22 GenTG) im Verfahren um die Erteilung einer Genehmigung nach dem Gentechnikgesetz mitgeprüft (vgl. § 22 Abs. 1 u. 2 GenTG).[248] 192

(c) Wasserhaushaltsgesetz und Abwasserverordnung. Bei der Entsorgung von Wasser aus dem ist zu beachten, dass § 13 GenTSV für Abwasser- und Abfallbehandlung eine spezielle Regelung vorsieht. Danach sind Abwasser sowie flüssiger und fester Abfall aus Anlagen, in denen gentechnische Arbeiten durchgeführt werden, im Hinblick auf die von gentechnisch veränderten Organismen ausgehenden Gefahren nach dem Stand der Wissenschaft und Technik unschädlich zu entsorgen. 193

Dusche- und Handwaschwasser sowie vergleichbare **Abwässer** aus Anlagen, in denen gentechnische Arbeiten der Sicherheitsstufe eins oder zwei 194

---

[245] Neunte Verordnung zur Durchführung des Bundes-Immissionsschutzgesetzes (Verordnung über das Genehmigungsverfahren – 9. BImSchV) i.d.F. d. Bek. v. 29.5. 1992 (BGBl. I S. 1001), zul. geänd. durch G v. 23.10. 2007 (BGBl. I S. 2470).
[246] Verordnung über den Schutz vor Schäden durch ionisierende Strahlen (Strahlenschutzverordnung – StrlSchV) v. 20.7. 2001 (BGBl. I S. 1714, (2002) S. 1459), zul. geänd. durch G v. 29.8. 2008 (BGBl. I S. 1793).
[247] Baugesetzbuch (BauGB) i.d.F. d. Bek, v. 23.9. 2004 (BGBl. I S. 2414), zul. geänd. durch G v. 24.12. 2008 (BGBl. I S. 3018).
[248] Vgl. dazu E. Rdnr. 333 ff.

durchgeführt werden, können ohne besondere Vorbehandlung entsorgt werden. Flüssiger und fester **Abfall** aus Anlagen dieser Sicherheitsstufen, der nicht in unmittelbarem Zusammenhang mit gentechnischen Arbeiten angefallen ist, kann ebenfalls ohne besondere Vorbehandlung entsorgt werden. Sonstiges Abwasser und Abfall aus Anlagen, in denen gentechnische Arbeiten der Sicherheitsstufe eins durchgeführt werden, kann ohne besondere Vorbehandlung entsorgt werden, wenn zur Herstellung der gentechnisch veränderten Organismen als Empfängerorganismen Mikroorganismen verwendet werden, die der Risikogruppe eins zugeordnet worden sind oder aber Tiere oder Pflanzen verwendet werden, von denen schädliche Einwirkungen auf die geschützten Rechtsgüter nicht zu erwarten sind oder das sonstige Abwasser oder der Abfall so gering kontaminiert ist, dass schädliche Einwirkungen auf die geschützten Rechtsgüter nicht zu erwarten sind (§ 13 Abs. 2 S. 3 GenTSV).

195 Für Mikroorganismen, die einer höheren Sicherheitsstufe zuzurechnen sind, sieht § 13 Abs. 4 GenTSV besondere Anforderungen vor. In der Regel muss das Abwasser und der Abfall bei einer Temperatur von 121°C für die Dauer von 20 Minuten autoklaviert werden (§ 13 Abs. 4 S. 1 GenTSV). Bei extrem thermostabilen Organismen oder Sporen soll die Temperatur auf 134°C erhöht werden. Ausreichend ist auch, dass ein thermisches Verfahren aus der Liste nach § 18 IfSG angewandt wird. Im Einzelfall kann auf Antrag bei der Behörde auch ein anderes physikalisches oder chemisches Verfahren zugelassen werden. Letzteres allerdings nur, wenn sichergestellt ist, dass die chemische Inaktivierung umweltverträglich ist und die Anforderungen für die Inaktivierung eingehalten werden. Ausgeschlossen sein müssen schädliche Auswirkungen auf eine nachgeschaltete Abwasserbehandlungsanlage, auf Gewässer oder die nachfolgende Entsorgung als Abfall.

196 Abfälle aus Anlagen, in denen gentechnische Arbeiten der Sicherheitsstufe drei und vier durchgeführt werden bedürfen einer besonderen Abwasser- und Abfallbehandlung nach § 13 Abs. 5 GenTSV. Danach ist flüssiger und fester Abfall und erforderlichenfalls Abwasser in der Anlage durch Autoklavieren bei einer Temperatur von 121°C für die Dauer von 20 Minuten zu sterilisieren. Bei extrem thermostabilen Organismen oder Sporen soll auch hier eine Erhöhung der Temperatur auf 134° erfolgen. Die Einhaltung der Temperatur und Dauer der Sterilisierung ist durch selbstschreibende Geräte zu protokollieren. Die Geräte müssen so eingestellt sein, dass eine Freisetzung von Organismen ausgeschlossen ist und eine homogene Temperaturverteilung sichergestellt ist. Der Sterilisationserfolg ist durch geeignete Verfahren vom Betreiber zu überprüfen. Auch für diese Sicherheitsstufe kann auf Antrag von der Genehmigungsbehörde ein anderes thermisches Verfahren zur Sterilisierung zugelassen werden.

197 Kühlsysteme sind so auszubilden, dass eine Kühlwasserbelastung mit gentechnisch veränderten Organismen ausgeschlossen ist (§ 13 Abs. 5 S. 9 GenTSV).

II. Rechtliche Regelungen der Umwelt-Gentechnik

Geräte, Teile von Geräten oder Abfall aus Anlagen, in denen gentechnische Arbeiten der Sicherheitsstufe drei oder vier durchgeführt werden, sind zur Sterilisierung in sicheren, dicht verschlossenen, entsprechend gekennzeichneten und außen desinfizierten Behältern in eine andere gentechnische Anlage zu überführen, wenn sie wegen ihrer Art und Größe nicht in der Anlage sterilisiert werden können (§ 13 Abs. 6 S. 1 GenTSV). **198**

Das **Wasserhaushaltsgesetz**[249] und die **Abwasserverordnung**[250] regeln im Wesentlichen, welche Anlagen für die Abwasserbeseitigung bereitzuhalten sind und wie die Abwasserbehandlung zu erfolgen hat. Sollten bei der Errichtung einer gentechnischen Anlage bzw. Bei der Durchführung von Arbeiten mit gentechnisch veränderten Organismen, bei der Freisetzung oder dem Inverkehrbringen von gentechnisch veränderten Organismen spezielle wasserrechtliche Gestattungen erforderlich sein, so richten sich diese nach §§ 7, 8 WHG. Denn nach anderen Vorschriften zu stellende Anforderungen an die Abwasserentsorgung bleiben von den Anforderungen des § 13 GenTSV unberührt (§ 13 Abs. 1 GenTSV). **199**

(3) Entsorgungsbezogene Regelungen. Neben der spezialgesetzlichen Regelung des § 13 GenTSV, der auch die Entsorgung von flüssigen und festen Abfällen umfasst, finden auch für die Abfallentsorgung die allgemeinen abfallrechtlichen Regelungen Anwendung (§ 13 Abs. 1 GenTSV). Hierzu zählen das Tierische Nebenprodukte-Beseitigungsgesetz[251] und das Kreislaufwirtschafts- und Abfallgesetz[252]. **200**

(a) tierische Nebenprodukte-Beseitigungsgesetz. Das Tierische Nebenprodukte-Beseitigungsgesetz[253] sieht eine Meldepflicht für das Anfallen toter Tiere beziehungsweise Tierteile vor, soweit das Material nicht regelmäßig anfällt (§ 7 TierNebG). Es wird durch die nach Landesrecht zuständigen Behörden abgeholt und einer speziellen Entsorgung zugeführt (§ 8 TierNebG). Für den Betreiber einer Anlage steht die Pflicht, das angefallene Material getrennt von anderen Abfällen aufzubewahren (§ 10 TierNebG) und dem beseitigungspflichtigen Betrieb zu überlassen (§ 9 TierNebG). **201**

---

[249] Gesetzes zur Ordnung des Wasserhaushalt (Wasserhaushaltsgesetz – WHG) i.d.F. d. Bek. v. 19.8. 2002 (BGBl. I S. 3245), zul. geänd. durch G v. 22.12. 2008 (BGBl. I S. 2986).
[250] Verordnung über Anforderungen an das Einleiten von Abwasser in Gewässer (Abwasserverordnung – AbwV) i.d.F. d. Bek. v. 17.6. 2004 (BGBl. I S. 1108, 2625), zul. geänd. durch G v. 19.10. 2007 (BGBl. I S. 2461).
[251] Tierische Nebenprodukte-Beseitigungsgesetz (TierNebG) v. 25.1. 2004 (BGBl. I S. 82), zul. geänd. durch G v. 13.4. 2006 (BGBl. I S. 855).
[252] Gesetz zur Förderung der Kreislaufwirtschaft und Sicherung der umweltverträglichen Beseitigung von Abfällen (Kreislaufwirtschaft- und Abfallgesetz – Krw-/AbfG) i.d.F. d. Bek. v. 27.9. 1994 (BGBl. I S. 2705), zul. geänd. durch G v. 19.7. 2007 (BGBl. I S. 1462).
[253] Tierische Nebenprodukte-Beseitigungsgesetz (TierNebG) v. 25.1. 2004 (BGBl. I S. 82), zul. geänd. durch G v. 13.4. 2006 (BGBl. I S. 855).

D. *Systematischer Überblick über die Rechtsvorschriften im Gentechnikrecht*

202 *(b) Kreislaufwirtschafts- und Abfallgesetz.* Das Kreislaufwirtschaft- und Abfallgesetz[254] soll sicherstellen, dass Abfälle vornehmlich vermieden werden. Ist dies nicht möglich, so sollen sie zur Schonung der natürlichen Ressourcen in der Kreislaufwirtschaft verbleiben. Nur dann, wenn sie als Wirtschaftsgut nicht mehr verwendbar sind, sollen sie umweltverträglich beseitigt werden.

203 Auch wenn es sich bei den in einer gentechnischen Anlage anfallenden Abfällen nicht um Abfälle aus privaten Haushaltungen handelt, sind diese von den öffentlich-rechtlichen Entsorgungsträgern zu entsorgen, wenn die Abfälle nicht in eigenen Anlagen beseitigt werden können oder das überwiegende öffentlche Interesse eine Überlassung erfordert (§ 15 Krw-/AbfG).[255] Dementsprechend dürfen Abfälle aus gentechnischen Anlagen den normalen örtlichen Entsorgungsstrukturen für gewerblichen Abfall – nach der Befolgung der Anforderungen des § 13 GenTSV – zugeführt werden.

204 Etwas anderes gilt dann, wenn es sich um so genannte überwachungsbedürftige oder besonders überwachungsbedürftige Abfälle mit einem besonderen Gefährdungspotenzial (§§ 3 Abs. 8, 41 Krw.-/AbfG i.V.m. der AVV[256] und der BestüV-AbfG[257]) handelt. In diesem Fall müssen die Abfälle durch besondere Entsorgungsfirmen entsorgt werden.

205 *(4) Artenschutzbezogene Regelungen.* Zu den artenschutzbezogenen Regelungen, die auch im Gentechnikrechts zu berücksichtigen sind, zählt das Bundesnaturschutzgesetz[258] und das Tierschutzgesetz[259].

206 *(a) Tierschutzgesetz.* Das Tierschutzgesetz[260] legt fest, dass niemand einem Tier ohne vernünftigen Grund Schmerzen, Leiden oder Schäden zufügen darf (§ 1 Abs. 1 TierSchG). Entsprechend diesem Grundsatz sieht das Tierschutzgesetz zahlreiche Gebote und Verbote, Genehmigungs-, An-

---

[254] Gesetz zur Förderung der Kreislaufwirtschaft und Sicherung der umweltverträglichen Beseitigung von Abfällen (Kreislaufwirtschaft- und Abfallgesetz – Krw-/AbfG) i.d.F. d. Bek. v. 27.9. 1994 (BGBl. I S. 2705), zul. geänd. durch G v. 22.12. 2008 (BGBl. I S. 2986).
[255] Vgl. dazu *Kloepfer*, Umweltschutzrecht, § 15 Rdnr. 46.
[256] Verordnung über das Europäische Abfallverzeichnis (Abfallverzeichnis-Verordnung – AVV) v. 10.12. 2001 (BGBl. I S. 3379), zul. geänd. durch G v. 15.7. 2006 (BGBl. I S. 1619).
[257] Verordnung zur Bestimmung von überwachungsbedürftigen Abfällen zur Verwertung (Bestimmungsverordnung überwachungsbedürftige Abfälle zur Verwertung – BestüV-AbfG v. 10.9. 1996 (BGBl. I S. 1377), zul. geänd. durch VO v. 10.12. 2001 (BGBl. I S. 3379).
[258] Gesetz über Naturschutz und Landschaftspflege (Bundesnaturschutzgesetz – BNatSchG) v. 25.3. 2002 (BGBl. I S. 1193), zul. geänd. durch G v. 22.12. 2008 (BGBl. I S. 2986).
[259] Tierschutzgesetz i.d.F. d. Bek. v. 18.5. 2006 (BGBl. I S. 1206, 1313), zul. geänd. durch G v. 18.5. 2006 (BGBl. I S. 1206, 1313).
[260] Tierschutzgesetz i.d.F. d. Bek. v. 18.5. 2006 (BGBl. I S. 1206, 1313), zul. geänd. durch G v. 18.5. 2006 (BGBl. I S. 1206, 1313).

II. Rechtliche Regelungen der Umwelt-Gentechnik

zeige- und Aufzeichnungspflichten vor, die beim Umgang mit Tieren zu beachten sind.

Für die Tierhaltung gelten die Vorgaben der §§ 2 ff. TierSchG, für das Töten von Tieren die Vorgaben der §§ 4 ff. TierSchG. Eingriffe an Tieren sind in §§ 5 ff. TierSchG und Tierversuche in §§ 7 ff. TierSchG geregelt. Dabei dürfen Versuche an Wirbeltieren nach § 7 Abs. 3 S. 1 TierSchG nur noch durchgeführt werden, wenn die zu erwartenden Schmerzen, Leiden oder Schäden der Versuchstiere im Hinblick auf den Versuchszweck ethisch vertretbar sind. Notwendig ist insoweit einer Abwägung zwischen den Schmerzen, Leiden oder Schäden der Versuchstiere und dem Versuchszweck. **207**

Wer Versuche an Wirbeltieren durchführen will, bedarf gem. § 8 Abs. 1 TierSchG einer Genehmigung. Genehmigungsfreie Versuche an Wirbeltieren sind ausnahmsweise gem. § 8a Abs. 1 S. 1 TierSchG anzuzeigen. **208**

(b) Bundesnaturschutzgesetz. Auch die Vorgaben des Bundesnaturschutzgesetzes[261] sind bei der Errichtung und dem Betrieb gentechnische Anlagen, der Durchführung von Arbeiten mit gentechnisch veränderten Organismen, der Freisetzung und dem Inverkehrbringen von gentechnisch veränderten Organismen zu berücksichtigen. Dies ergibt sich bereits aus § 22 Abs. 3 GenTG, wonach die Vorschriften des § 34 BNatSchG sowie auf dieser Vorschrift beruhende Vorschriften der Länder unberührt bleiben.[262] **209**

Aus dem Naturschutzrecht können für die Errichtung gentechnische Anlagen, die Freisetzung oder das Inverkehrbringen Vorgaben aus den Gebietsschutz (§ 22 ff. BNatSchG), der Landschaftsplanung (§§ 12 ff. BNatSchG oder dem Artenschutz (§ 39 ff. BNatSchG) erwachsen. Entspricht das Vorhaben diesen Vorgaben nicht, muss im Einzelfall eine naturschutzrechtliche Befreiung erteilt werden. **210**

Besondere Berücksichtigung finden die Vorgaben der Europäischen Gemeinschaft. Hier gilt insbesondere die Regelung dessen § 34a BNatschG. § 34a BNatSchG regelt, dass in den von der Europäischen Gemeinschaft besonders geschützten Gebieten des Netzwerks Natura 2000 der Einsatz von gentechnisch veränderten Organismen nur unter besonderen Voraussetzungen möglich sein soll.[263] Nach dem ausdrücklichen Wortlaut gilt diese Sperrwirkung für andere Schutzgebiete nicht. Damit stehen Freisetzung, Anbau und Umgang mit gentechnisch veränderten Organismen in diesen Gebieten unter dem Vorbehalt einer naturschutzrechtlichen Projektprüfung. Dies allerdings nur dann, wenn der Einsatz von gentechnisch ver- **211**

---

[261] Gesetz über Naturschutz und Landschaftspflege (Bundesnaturschutzgesetz – BNatSchG) v. 25.3.2002 (BGBl. I S. 1193), zul. geänd. durch G v. 22.12.2008 (BGBl. I S. 2986).
[262] Vgl. dazu E. Rdnr. 333 ff.
[263] Unrechtmäßigkeit und einer Untersagung des Anbaus von BT-Mais im Naturschutz- und FFH-Gebiet *VG Frankfurt (Oder)*, Beschl. v. 13.7.2007 – 7 L 170/07 –, ZUR 2007, 493 ff.

D. Systematischer Überblick über die Rechtsvorschriften im Gentechnikrecht

änderten Organismen geeignet ist, die entsprechenden Gebiete erheblich zu beeinträchtigen. Ein unzulässiges Vorhaben ist bei negativer Projektprüfung zu versagen. Die Ausnahmevorschrift des § 34 Abs. 3 BNatSchG, wonach auch in diesem Fall Projekte aus zwingenden Gründen dennoch zugelassen werden können, gilt für gentechnisch veränderte Organismen nicht.

212 § 22 Abs. 3 GenTG stellt zudem klar, dass die Inverkehrbringensgenehmigung nun die Befugnisse der für die Projektprüfung zuständigen Behörde unberührt lässt. Eine Untersagung des Einsatzes von gentechnisch veränderten Organismen in Natura-2000-Gebieten kann also nicht etwa unter Verweis auf die Konzentrationswirkung der Inverkehrbringensgenehmigung angegriffen werden.[264]

213 *(5) Arbeitsbezogene Regelungen.* Zu den arbeitsbezogenen Regelungen zählen unter anderem das Arbeitsschutzgesetz[265], die Biostoffverordnung[266], aber auch das Sozialgesetzbuch[267], mit seinen Unfallverhütungsvorschriften. Daneben sind wichtige Vorgaben im Anhang VI der Gentechnik-Sicherheitsverordnung[268] enthalten.

214 *(a) Arbeitsschutzgesetz.* Das **Arbeitsschutzgesetz**[269] gilt für alle Beschäftigten. Es regelt die Pflicht des Arbeitgebers, die erforderlichen Maßnahmen des Arbeitsschutzes unter Berücksichtigung der Umstände zu treffen, die die Sicherheit und den Gesundheitsschutz bei der Arbeit beeinträchtigen. Dabei werden eine Reihe von Einzelmaßnahmen (§ 4 ArbSchG) festgelegt, wodurch die Gefahren bereits an der Quelle bekämpft werden sollen. Diese Maßnahmen hat der Arbeitgeber pro Arbeitsplatz zu dokumentieren (§ 9 ArbSchG). Die Arbeitgeber hat dabei die Arbeitsstelle gemäß der **Arbeitsstättenverordnung**[270], die auf der Grundlage des § 18

---

[264] So *Palme*, ZUR 2005, 119 (124).
[265] Gesetz über die Durchführung von Maßnahmen des Arbeitsschutzes zur Verbesserung der Sicherheit und des Gesundheitsschutzes der Beschäftigten bei der Arbeit (Arbeitsschutzgesetz – ArbSchG) v. 7.8. 1996 (BGBl. I S. 1246), zul. geänd. durch G v. 17.6. 2008 (BGBl. I S. 1010).
[266] Verordnung über Sicherheit und Gesundheitsschutz bei Tätigkeiten mit biologischen Arbeitsstoffen (Biostoffverordnung – BioStoffV) v. 27.1. 1999 (BGBl. I S. 50), zul. geänd. durch VO v. 6.3. 2007 (BGBl. I S. 261).
[267] Siebtes Buch Sozialgesetzbuch – Gesetzliche Unfallversicherung (SGB VII) v. 7.8. 1996 (BGBl. I S. 1254), zul. geänd. durch G v. 17.6. 2008 (BGBl. I S. 1010).
[268] Verordnung über die Sicherheitsstufen und Sicherheitsmaßnahmen bei gentechnischen Arbeiten in gentechnischen Anlagen (Gentechnik-Sicherheitsverordnung – GenTSV) i.d.F. d. Bek. v. 14.3. 1995 (BGBl. I S. 297), zul. geänd. durch G v. 16.8. 2002 (BGBl. I S. 3220); siehe dazu unten E. Rdnr. 86 ff.
[269] Gesetz über die Durchführung von Maßnahmen des Arbeitsschutzes zur Verbesserung der Sicherheit und des Gesundheitsschutzes der Beschäftigten bei der Arbeit (Arbeitsschutzgesetz – ArbSchG) v. 7.8. 1996 (BGBl. I S. 1246), zul. geänd. durch G v. 17.6. 2008 (BGBl. I S. 1010).
[270] Verordnung über Arbeitsstätten (Arbeitsstättenverordnung – ArbStättV) v. 12.8. 2004 (BGB. I S. 2179), zul. geänd. durch G v. 20.7. 2007 (BGBl. I S. 1595).

II. Rechtliche Regelungen der Umwelt-Gentechnik

ArbSchG erlassen worden ist, einzurichten. Die Einzelheiten, wie eine Arbeitsstätte auszustatten ist, ergeben sich aus der Arbeitsstättenverordnung.

(b) Biostoffverordnung. Darüber hinaus ist auch die Biostoffverordnung[271] von großer Wichtigkeit für das Gentechnikrecht. Die **Biostoffverordnung** ist ebenfalls auf der Grundlage des § 18 ArbSchG erlassen worden. 215

Unter biologischen Arbeitsstoffen (§ BioStoffV) werden Organismen, einschließlich gentechnisch veränderter Organismen, Zellkulturen und humanpathogenen Endoparasiten, die beim Menschen Infektionen, sensibilisierende oder toxische Wirkungen hervorrufen können, sowie bestimmte Stoffe, die beim Menschen eine Infektion oder eine übertragbare Krankheit verursachen können, verstanden. Mikroorganismen sind alle zellulären oder nichtzellulären mikrobiologischen Einheiten, die zur Vermehrung oder zur Weitergabe von gentechnischem Material fähig sind. Im Rahmen der Verordnung sind gezielte und nicht gezielte Tätigkeiten zu unterscheiden. 216

Zu den Tätigkeiten im Sinne der Biostoffverordnung zählen der berufliche Umgang mit Menschen, Tieren, Pflanzen, biologischen Produkten, Gegenständen und Materialien, wenn bei diesen Tätigkeiten biologischer Arbeitsstoffe freigesetzt werden können und dabei Beschäftigte mit dem biologischen Arbeitsstoffen direkt in Kontakt kommen können. Erforderlich ist, dass immer ein deutlicher Bezug zur beruflichen Tätigkeit besteht. 217

Im Rahmen der Biostoffverordnung obliegt es dem Arbeitgeber, die von diesen Tätigkeiten ausgehenden Gefährdungen zu beurteilen (§§ 5 bis 8 BiostoffVO). Entsprechend den europarechtlichen Vorgaben[272] werden bei den biologischen Arbeitsstoffen vier Risikogruppen unterschieden. Für diese Risikogruppen legt die Biostoffverordnung bestimmt Hygienemaßnahmen fest. Bei allen Tätigkeiten mit biologischen Arbeitsstoffen sind immer die Hygienemaßnahmen der Schutzstufe eins einzuhalten. Die weiteren Maßnahmen sind auf der Basis der Gefährdungsbeurteilungen aus den Anhängen II und III (Sicherheitsmaßnahmen), dem Anhang IV (arbeitsmedizinische Vorsorge) sowie den **Technischen Regeln für Biologischer Arbeitsstoffe** (TRBA) bei nicht gezielten Tätigkeiten auszuwählen und bei gezielten Tätigkeiten zwingend umzusetzen. Dabei beschreibt die TRBA 500 die Mindestanforderungen an die allgemeinen Hygienemaßnahmen, die auf betrieblicher Ebene im Hygieneplan dargestellt werden müssen. 218

(c) Unfallverhütungsvorschriften. Auch die Unfallverhütungsvorschriften in § 15 SGB VII sind weitere rechtliche Regelungen, die beim Umgang mit gentechnisch veränderten Organismen zu berücksichtigen sind. Ihre Einhaltung wird durch technische Aufsichtsbehörden überprüft. 219

---

[271] Verordnung über Sicherheit und Gesundheitsschutz bei Tätigkeiten mit biologischen Arbeitsstoffen (Biostoffverordnung – BioStoffV) v. 27.1.1999 (BGBl. I S. 50), zul. geänd. durch VO v. 6.3.2007 (BGBl. I S. 261).
[272] Vgl. dazu bereits oben D. Rdnr. 61.

220 *(d) Anhang VI der Gentechnik-Sicherheitsverordnung.* Ferner sieht der Anhang VI zur Gentechnik-Sicherheitsverordnung[273] bestimmte Regelungen, die dem Arbeitsschutz dienen, vor. Danach sind als arbeitsmedizinische Vorsorgeuntersuchungen erst Untersuchungen vor der Aufnahme der Beschäftigung, Nachuntersuchungen während und bei Beendigung dieser Beschäftigung, Untersuchungen aus besonderem Anlass sowie nachgehende Untersuchungen nach Beendigung der Beschäftigung vorgesehen. Die arbeitsmedizinischen Vorsorgeuntersuchungen sind durch Ärzte, die die erforderlichen Fachkenntnisse besitzen und von der zuständigen Behörde ermächtigt worden sind, durchzuführen. Der Arzt hatte den Untersuchungsbefund schriftlich festzuhalten (Ziff. B. Abs. 1 des Anhangs VI GenTSV). Bei bestimmten Arbeiten ist den Beschäftigungen eine Impfung anzubieten (Ziff. C. Abs. 1 des Anhangs VI GenTSV).

---

[273] Verordnung über die Sicherheitsstufen und Sicherheitsmaßnahmen bei gentechnischen Arbeiten in gentechnischen Anlagen (Gentechnik-Sicherheitsverordnung – GenTSV) i.d.F. d. Bek. v. 14.3. 1995 (BGBl. I S. 297), zul. geänd. durch G v. 16.8. 2002 (BGBl. I S. 3220); siehe dazu unten E. Rdnr. 86 ff.

E. Das Gentechnikgesetz und seine Rechtsverordnungen

Das Gentechnikgesetz besteht aus insgesamt 42 Vorschriften, von denen allerdings einige zum Teil mehrfach unterteilt sind.[1] Es zählt damit aber immer noch zu den kürzeren umweltrechtlichen Gesetzen. Ergänzt wird es durch insgesamt acht Rechtsverordnungen,[2] die nachfolgend jeweils im Zusammenhang mit den maßgeblichen gesetzlichen Vorschriften erörtert werden.

Das Gentechnikgesetz ist in sieben Teile gegliedert:

– Erster Teil: Allgemeine Vorschriften
– Zweiter Teil: Gentechnische Arbeiten in gentechnischen Anlagen
– Dritter Teil: Freisetzung und Inverkehrbringen
– Vierter Teil: Gemeinsame Vorschriften
– Fünfter Teil: Haftungsvorschriften
– Sechster Teil: Straf- und Bußgeldvorschriften
– Siebter Teil: Übergangs- und Schlussvorschriften

I. Allgemeine Vorschriften

Der erste Teil des Gentechnikgesetzes enthält die allgemeinen Vorschriften. Dazu zählen der Zweck des Gesetzes, der Anwendungsbereich und die wesentlichen Begriffsbestimmungen. Ferner sind die Kommission für die Biologische Sicherheit in ihrer Zusammensetzung und mit ihren Aufgaben sowie allgemeine Sorgfalts-, Aufzeichnungs- und Gefahrenvorsorgepflichten geregelt.

1. Gesetzeszweck

Der Zweck des Gentechnikgesetzes ergibt sich aus § 1 GenTG.

a) Inhalt der Zweckbestimmung. Diese Zweckbestimmung ist 2005 durch das Gesetz zur Neuordnung des Gentechnikrechts[3] vollständig neu gefasst worden. Zuvor hatte das Gentechnikgesetz einen Schutz- und einen Förderzweck. Mit der Änderung ist der Vorsorgegrundsatz eingefügt worden und die Koexistenzregelung hinzugekommen.[4]

---

[1] Vgl. §§ 16a – e GenTG.
[2] Vgl. dazu bereits oben D. Rdnr. 143.
[3] Gesetz zur Neuordnung des Gentechnikrechts v. 21.12. 2004 (BGBl. (2005) I S. 186).
[4] Erste Gesetz zur Neuordnung des Gentechnikrechts vom 21.12. 2004 (BGBl. I S. 2930); vgl. dazu bereits oben D. Rdnr. 145.

6 aa) Schutzzweck. Zweck des Gesetzes ist nunmehr nach § 1 Nr. 1 GenTG, unter Berücksichtigung ethischer Werte,[5] Leben und Gesundheit von Menschen, die Umwelt in ihrem Wirkungsgefüge, Tiere, Pflanzen[6] und Sachgüter vor schädlichen Auswirkungen gentechnischer Verfahren und Produkte zu schützen und Vorsorge gegen das Entstehen solcher Gefahren zu treffen. Mit diesem **Schutzzweck** dient das Gentechnikgesetz primär dem Umwelt-, aber auch dem Gesundheitsschutz.[7] Zusätzlich ist der Vorsorgegrundsatz zur Vermeidung wesentlicher Beeinträchtigungen durch gentechnisch veränderte Organismen aufgenommen worden.[8]

7 Der Tierschutz ist erst durch die Änderung des Gentechnikgesetzes im Jahre 2005 in das Gentechnikgesetz aufgenommen worden. Dies ging einher mit der Aufnahme ethischer Werte, durch die Experimente, wie die gentechnische Verlängerung von Schweinen zu Effektivierung der Fleischproduktion, verhindert werden sollten.

8 Der Rechtsgüterschutz[9] in § 1 Nr. 1 GenTG ist abschließend.[10] Anders als in § 823 BGB werden sonstige Rechte, wie Freiheit, allgemeines Persönlichkeitsrecht, das Recht am eingerichteten und ausgeübten Gewerbebetrieb oder reine Vermögensschäden, nicht geschützt.[11]

9 Der Sachgüterschutz des Gentechnikgesetzes ist nicht absolut. Nicht jede Beeinträchtigung des Eigentums[12] stellt eine schädliche Einwirkung auf Sachen im Sinne des § 1 Nr. 1 GenTG dar. Voraussetzung ist stets, dass die Verletzung durch eine spezifisch sachbezogene Einwirkung verursacht wird. Keine Eigentumsverletzung ist daher die Wertminderung durch Einwirken auf Bewertungsfaktoren, die nicht in der Sache selbst liegen. Dies stellt lediglich eine Vermögensschädigung dar.[13] Aus dem Erfordernis der Sachbezogenheit des Eingriffs ist ferner zu folgern, dass befürchtete Umsatzrückgänge für die Frage, ob eine Eigentumsverletzung gegeben ist, grundsätzlich ohne Bedeutung sind. Die Rechtsprechung begründet dies damit, dass derartige Umsatzrückgänge allenfalls Folge eines sachbezoge-

---

[5] Vgl. Erwägungsgrund (9) der Richtlinie 2001/18/EG.

[6] Vgl. zum Naturschutz vor gentechnisch verändertem Saatgut *Winter*, ZUR 2006, 456 ff.

[7] *Kloepfer/Delbrück*, DÖV 1990, 897 (899); *Hoppe/Beckmann/Kauch*, Umweltrecht, § 35 Rdnr. 15.

[8] Dies sieht Art. 1 Abs. 1, Art. 4 Abs. 1 und Erwägungsgrund (8) FreisRL so vor.

[9] Zum Auskunftsanspruch nach § 59 Abs. 1 SaatGutVG, wenn die Gefahr einer Verletzung der Rechtsgüter des § 1 Abs. 1 GenTG zu besorgen ist, vgl. *OVG Saarland*, Urt. v. 29.1. 2008 – 1 A 165/07 –, AS RP-SL 35, 409 ff.

[10] Vgl. *Hirsch/Schmidt/Didczuhn*, GenTG, § 32 Rdnr. 22; *Kloepfer*, Umweltrecht, § 18 Rdnr. 27; *VG Berlin*, Beschl. v. 18.7. 1994 – 14 A 181.94 – ZUR 1996, 41 (43); *dass.*, Beschl. v. 12.9. 1995 – 14 A 255.95 – ZUR 1996, 147 (149).

[11] *Hirsch/Schmidt/Didczuhn*, GenTG, § 32 Rdnr. 22; *Wahl*, in: Landmann/Rohmer, Umweltrecht, Bd. IV, Kap. 10.1 GenTG, § 1 Rdnr. 26a; *VG Berlin*, Beschl. v. 18.7. 1994 – 14 A 181.94 – ZUR 1996, 41 (43).

[12] Zur Eigentumsverletzung durch die Bezeichnung als Gen-Milch vgl. *BGH*, Urt. v. 11.3. 2008 – VI ZR 7/07 –, NJW 2008, 2110 ff.; dazu auch *Strasser*, NuR 2008, 444 ff.

[13] *VG Berlin*, Beschl. v. 12.9. 1995 – 14 A 255.95 – ZUR 1996, 147 (149).

I. Allgemeine Vorschriften

nen Eingriffs sind, die Sachbezogenheit jedoch umgekehrt nicht begründen.[14] Auch die bloße Anwesenheit fremder Gene, d. h. das bloße Vorhandensein gentechnisch veränderten Materials in Erzeugnissen, stellt keine Eigentumsverletzung dar.[15] Gleiches gilt für mögliche Beeinträchtigung des Aneignungsrechts des Jägers am Wild.[16] Die Frage, ob eine tatsächliche Einwirkung auf eines der vorgenannten Rechtsgüter einen Schaden darstellt beziehungsweise darstellen würde, ist eine Rechtsfrage und unterliegt der vollen gerichtlichen Überprüfung.[17]

10

bb) Koexistenzregelung. Zweck des Gesetzes ist nach § 1 Nr. 2 GenTG ferner, die Möglichkeit zu gewährleisten, dass Produkte, insbesondere Lebens- und Futtermittel, konventionell, ökologisch oder unter Einsatz gentechnisch veränderter Organismen erzeugt und in den Verkehr gebracht werden können.[18] Diese so genannte **Koexistenzregel** soll Entwicklungen Rechnung tragen, die mit der Einführung der Gentechnik im landwirtschaftlichen Produktionsbereich verbunden sind. So kann der großflächige Anbau gentechnisch veränderten Kulturpflanzen ebenso wie bei Freisetzungen in kleinerem Maßstab zu Auskreuzungen auf benachbarten Grundstücken führen, wenn dort eine nicht gentechnisch veränderte Variante der Kulturpflanzen angebaut wird. Damit werden Produzenten betroffen, die ihre Produkte konventionell erzeugen wollen[19] oder, wie im Ökolandbau durch die Verordnung über den ökologischen Landbau und die entsprechende Kennzeichnung der landwirtschaftlichen Erzeugnisse und Lebensmittel[20] vorgeschrieben, ohne Verwendung von gentechnisch veränderten Organismen oder deren Derivate erzeugen müssen. Insoweit soll die Koexistenzregel zum Schutz der gentechnikfreien Produktion in der Landwirtschaft beitragen.[21] Koexistenz bedeutet hiernach, dass gentechnikfreies Produzieren, Vermarkten und Konsumieren trotz grundsätzlicher Zulassung der Gentechnik weiter bestehen können soll.[22]

11

---

[14] *VG Berlin*, Beschl. v. 12.9. 1995 – 14 A 255.95 – ZUR 1996, 147 (149).
[15] *VG Berlin*, Beschl. v. 12.9. 1995 – 14 A 255.95 – ZUR 1996, 147 (150); vgl. auch *Stökl*, ZUR 2003, 274.
[16] *VG Braunschweig*, Urt. v. 23.7. 2008 – 2 A 227/07 –, juris.
[17] *VG Berlin*, Beschl. v. 12.9. 1995 – 14 A 255.95 – ZUR 1996, 147 (148).
[18] Art. 26a FreisRL ermöglicht den Mitgliedstaaten den Erlass einer Koexistenzregelung; zur Koexistenz Regelung vgl. auch *Rehbinder*, NuR 2007, 115 ff.
[19] Zum zufälligen Auskreuzen von Genrapspollen aus einem Freilandversuch auf ein Nachbarfeld, *OVG Münster*, Beschl. v. 31.8. 2000 – 21 B 1125/00 –, NVwZ 2001, 110 ff.; a. A. zuvor *VG Gelsenkirchen*, Urt. v. 14.12. 2002 – 8 K 6854/00 –, juris; sowie *VG Schleswig*, Beschl. v. 3.7. 2001 – 1 B 35/01 –, ZUR 2001, 409 ff.
[20] Verordnung (EWG) Nr. 834/2007 des Rates v. 28.6. 2007 über die ökologische/biologische Produktion und die Kennzeichnung von ökologischen/biologischen Erzeugnissen und zur Aufhebung der Verordnung (EWG) Nr. 2092/91 (ABl. EG Nr. L 189, S. 1).
[21] Vgl. dazu *Winter*, ZUR 2006, 456.
[22] So *Winter*, ZUR 2006, 456.

12   Eine entscheidende rechtliche Rahmenbedingung für die Koexistenz ist dabei die zivilrechtliche Haftung.[23] Diese bestimmt, ob und inwieweit ein Landwirt, der auf den Anbau gentechnisch veränderter Pflanzen verzichtet, bei möglichen Beeinträchtigungen durch den Anbau gentechnisch veränderter Pflanzen in der Nachbarschaft Abwehr- bzw. Schadensersatzansprüchen hat.

13   Fraglich ist zudem, ob die Koexistenzregelung auch auf das Fortbestehen gentechnikfreier Naturräume und Arten zu erstrecken ist. Dies wird zum Teil mit der Begründung bejaht, die Verbraucherpräferenz erstrecke sich auch auf das Sammeln und den Kauf von wilden Beeren oder Pilzen, die durch Transgene kontaminiert werden können.[24]

14   **cc) Förderzweck.** Letztlich soll das Gentechnikgesetz nach § 1 Nr. 3 GenTG den rechtlichen Rahmen für die Erforschung, Entwicklung, Nutzung und Förderung der wissenschaftlichen, technischen und wirtschaftlichen Möglichkeiten der Gentechnik schaffen; dieser **Förderzweck** ist nicht umfassend auf die Förderung der Gentechnik selbst, sondern lediglich auf die Schaffung eines gesetzlichen Rahmens für die Förderung gerichtet.[25] Die Bestimmung enthält – im Gegensatz zum Atomgesetz[26] – keinen Förderauftrag, sondern lediglich eine Förderungsermächtigung.[27] Dem Förderzweck werden die zuständigen Behörden u. a. nur gerecht, wenn sie neben ihrer Kontrollfunktion bei der Prüfung eingereichter Anträge, Anmeldungen und Anzeigen und bei der Überwachung der Anlagen auch beratend auf die Erfüllung der Genehmigungsvoraussetzungen bei der Antragstellung und im weiteren Betrieb hinwirken.[28]

15   **b) Bedeutung der Zweckbestimmung.** Aus der Zweckbestimmungsvorschrift des § 1 GenTG lassen sich weder Rechte und Pflichten der Bürger ableiten noch können Maßnahmen der Behörden darauf gestützt werden.[29] § 1 GenTG enthält lediglich eine Zielvorgabe für die Auslegung der übrigen Vorschriften des Gesetzes durch die Verwaltung und die Gerichte und eine Vorgabe für Beurteilungsspielräume, Ermessensentscheidungen, die den Behörden bei einzelnen Entscheidungen zukommen, und im Rahmen der Verhältnismäßigkeitsprüfung.[30]

---

[23] Vgl. dazu *Stökl*, ZUR 2003, 274 ff.
[24] So *Winter*, ZUR 2006, 456.
[25] Umfassend *Graf Vitzthum/Gedder-Steinbach*, Gentechnikrecht, S. 16 f.; *Kloepfer/Delbrück*, DÖV 1990, 897 (899).
[26] Vgl. § 1 Nr. 2 AtG.
[27] *Drescher*, HdUR, Bd. 1, Sp. 861 (866); *Tünnesen-Harmes*, HdbUR, B.5, Rdnr. 30.
[28] Vgl. dazu unten E. Rdnr. 163.
[29] *Hirsch/Schmidt-Didczuhn*, GenTG, § 1 Rdnr. 2; vgl. auch *Hoppe/Beckmann/Kauch*, Umweltrecht, § 35 Rdnr. 18.
[30] *Hirsch/Schmidt-Didczuhn*, GenTG, § 1 Rdnr. 2; *Bender/Sparwasser/Engels*, Umweltrecht, Kap. 8 Rdnr. 49.

I. Allgemeine Vorschriften

§ 1 GenTG hat zudem keine drittschützende Wirkung, sodass allein darauf ein Klagebegehren eines Betroffenen nicht gestützt werden kann.[31] **16**

c) Verhältnis von Schutzzweck, Koexistenzregelung und Förderzweck. Das Verhältnis von Schutzzweck, Koexistenzregel und Förderzweck ist im Gesetz nicht eindeutig geregelt. Auch in seiner veränderten Fassung enthält § 1 GenTG nach wie vor keine ausdrückliche Bestimmung für das Verhältnis von Schutzzweck, Koexistenzregelung und Förderzweck. Ein Indiz ist, dass der Gesetzgeber den Schutzzweck unter Nr. 1, die Koexistenzregelung unter Nr. 2 und den Förderzweck als Nr. 3 normiert hat. Diese Auffassung wird zumindest für das Verhältnis von Schutz- und Förderzweck durch das EG-Recht bestätigt, denn in Art. 1 SystemRL ist festgelegt, dass primär Zweck der Schutz der menschlichen Gesundheit und der Umwelt ist. § 1 GenTG wird deshalb auch in seiner neuen Fassung EG-rechtskonform[32] dahin gehend auszulegen sein[33], dass der Schutzzweck Vorrang vor dem Förderzweck hat[34]. Für das Verhältnis von Förderzweck und Koexistenzregelung dürfte geltend, dass beide gleichberechtigt nebeneinander stehen.[35] **17**

2. Anwendungsbereich des Gentechnikgesetzes

Der Anwendungsbereich des Gentechnikgesetzes ist in § 2 GenTG bestimmt. **18**

a) Umfassendes Anlagen- und Tätigkeitskonzept. Nach § 2 Abs. 1 GenTG gilt das Gentechnikgesetz für gentechnische Anlagen (Nr. 1)[36], gentechnische Arbeiten (Nr. 2)[37], Freisetzungen von gentechnisch veränderte Organismen (Nr. 3)[38] und das Inverkehrbringen von Produkten, die gentechnisch veränderte Organismen enthalten oder aus solchen bestehen (Nr. 4)[39]. Damit erschließt sich der Anwendungsbereich des Gentechnikgesetzes letztlich erst durch die Bestimmung der Begriffe der gentechni- **19**

---

[31] *Wahl*, in: Landmann/Rohmer, Umweltrecht, Bd. IV Kap. 10.1 GenTG, § 1 Rdnr. 39.
[32] Vgl. zur EG-konformen Auslegung bereits oben D. Rdnr. 75.
[33] Vgl. dazu auch *Wolf*, Umweltrecht, § 10 Rdnr. 561, der dies aus der grundrechtlichen staatlichen Schutzpflicht nach Art. 2 Abs. 2 GG herleitet; ferner zum Vorrang des Schutzwecks vgl. *Ebersbach/Lange/Ronellenfitsch*, GenTG, E 2 Rdnr. 7; *Koch/Igelgaufs*, GenTG, § 1 Rdnr. 26.
[34] Im Ergebnis auch *Wahl*, in: Landmann/Rohmer, Umweltrecht, Bd. IV, Kap. 10.1 GenTG, § 1 Rdnr. 37.
[35] So auch *Palme*, ZUR 2005, 119 (120).
[36] Vgl. dazu unten E. Rdnr. 49 ff.
[37] Vgl. dazu unten E. Rdnr. 36 ff.
[38] Vgl. dazu unten E. Rdnr. 52.
[39] Vgl. dazu unten E. Rdnr. 53; die früher in § 2 Abs. 4 GenTG für das Inverkehrbringen gentechnisch veränderter Organismen enthaltene Konkurrenzklausel ist heute in § 14 Abs. 2 GenTG geregelt, vgl. dazu unten E. Rdnr. 205 ff.

E. *Das Gentechnikgesetz und seine Rechtsverordnungen*

schen Anlage, der gentechnischen Arbeit sowie der Freisetzung und des Inverkehrbringens, die jeweils in § 3 GenTG näher definiert werden.

20 Das Gentechnikgesetz verwirklicht in § 2 Abs. 1 S. 1 GenTG ein kombiniertes **Anlagen- und Tätigkeitskonzept**.[40] Nach dem Willen des Gesetzgebers sollte lückenlos jeglicher Umgang mit gentechnisch veränderten Organismen erfasst werden, und zwar von deren Erzeugung bis zu den abschließenden Tätigkeiten der Entsorgung, der Freisetzung oder des Inverkehrbringens.[41]

21 Gem. § 2 Abs. 1 Nr. 4 2. HS GenTG gelten **Tiere** als Produkte im Sinne des Gesetzes. Durch die ausdrückliche Aufnahme von Tieren als Produkte soll sichergestellt werden, dass gentechnisch veränderte Organismen über tierische Produkte nicht ungenehmigt in die Nahrungskette gelangen können.[42]

22 Die früher in § 2 Abs. 1 Nr. 4 letzter HS GenTG für das Inverkehrbringen gentechnisch veränderter Organismen enthaltene Konkurrenzklausel ist heute in § 14 Abs. 2 GenTG geregelt.[43]

23 **b) Ausnahme gentechnisch veränderter Organismen durch Rechtsverordnung.** § 2 Abs. 2 GenTG enthält auf der Grundlage der Systemrichtlinie die Verordnungsermächtigung zugunsten der Bundesregierung, gentechnische Arbeiten mit Typen von gentechnisch veränderten Mikroorganismen ganz oder teilweise von den Regelungen des Gentechnikgesetzes auszunehmen. In diesem Fall sollen nur die haftungsrechtlichen Regelungen der §§ 32 bis 37 GenTG gelten (§ 2 Abs. 2 S. 2 GenTG). Dementsprechend können seit 2006 durch Rechtsverordnung für als sicher eingestufte gentechnisch veränderte Mikroorganismen, die in gentechnischen Anlagen verwendet werden, Ausnahmen von den Regelungen des Gentechnikgesetzes bestimmt werden. Der zunächst vorgesehene Zwang, in der Rechtsverordnung besondere gentechnikrechtliche Aufzeichnungspflichten vorzuschreiben, ist seit 2007 entfallen. Im Einzelfall kann es nach Auffassung des Gesetzgebers angemessen sein, auf besondere Aufzeichnungspflichten zu verzichten, insbesondere wenn Fachgesetze bereits Aufzeichnungspflichten vorsehen. Allerdings ist vorgesehen in der Rechtsverordnung eine Meldepflicht an die zuständige Behörde zu regeln, die darauf beschränkt ist, den verwendeten Typ des gentechnisch veränderten Mikroorganismus, den Ort, an dem mit ihm gearbeitet wird, und die verantwortliche Person zu bezeichnen (§ 2 Abs. 2 S. 3 GenTG). Die zu-

---

[40] Vgl. *Kloepfer*, Umweltrecht, § 18 Rdnr. 16; zum anlagen- und produktbezogenen Konzept im EG-Recht *Rehbinder*, ZUR 1999, 6 ff.
[41] Vgl. *Breuer*, in: Schmidt-Aßmann, BesVwR, 5. Abschn. Rdnr. 45; *Hoppe/Beckmann/Kauch*, Umweltrecht, § 35 Rdnr. 19.
[42] Das Gentechnikgesetz umfasste bisher unter Produkt auch transgene Tiere; vor dem Hintergrund der Aufnahme des Tierschutzes in das Grundgesetz verbietet sich nunmehr die Auslegung, ein lebendes Tier als Produkt im Sinne des Gentechnikgesetzes und damit als Sache anzusehen; vgl. dazu BT-Drs. 15/3088 S. 1.
[43] Vgl. dazu unten E. Rdnr. 255.

I. Allgemeine Vorschriften

ständige Behörde soll über diese Meldung ein Register führen. Dieses ist in regelmäßigen Abständen auszuwerten (§ 2 Abs. 2 S. 4 GenTG). Durch die Ausschlussregelung des § 2 Abs. 2 GenTG werden damit bestimmte Typen von gentechnisch veränderten Mikroorganismen dem Zulassungsrecht und den Überwachungsvorschriften des Gentechnikgesetzes nicht mehr unterstellt.

Erweitert worden ist die Verordnungsermächtigung durch § 2 Abs. 2a GenTG, wonach auch gentechnische Arbeiten mit Typen von gentechnisch veränderten Organismen, die keine Mikroorganismen sind und in entsprechender Anwendung der in Anhang II Teile B. der Systemrichtlinie genannten Kriterien für die menschliche Gesundheit und die Umwelt sicher sind, in Anlagen, in denen Einschließungsmaßnahmen angewandt werden, die geeignet sind, den Kontakt der verwendeten Organismen mit Menschen und der Umwelt zu begrenzen, ganz oder teilweise von den Zulassungsregelungen auszunehmen. Damit wird die Ausnahmeregelung auf höhere gentechnisch veränderte Organismen, die dieselben Sicherheitsanforderungen erfüllen und im geschlossenen System verwendet werden, ausgedehnt. Durch den Verweis auf § 2 Abs. 2 S. 3 und S. 4 GenTG in § 2 Abs. 2a S. 2 GenTG gelten die spezifischen Meldepflichten und Haftungsvorschriften des Gentechnikgesetzes gleichwohl. Die Ausdehnung der Ausnahmeregelung auf höhere gentechnisch veränderte Organismen ist vom Bundesrat als überflüssig kritisiert worden, da bereits die Ausnahmeregelung des § 2 Abs. 2 GenTG bis 2007 in keinem Fall genutzt worden sei. Zudem gehe die Bezugnahme auf die Systemrichtlinie ins Leere, da ein Großteil der dort aufgeführten Kriterien für höhere Organismen gar nicht anwendbar sei. Auch sei die neue Regelung eher kontraproduktiv. Die überwiegende Mehrzahl von gentechnischen Arbeiten in der Sicherheitsstufe eins würden als „weitere Arbeiten" ohne jegliches Anmelde- oder Anzeigeverfahren durchgeführt. Mithin würde quasi im Wege der Rechtsverordnung eine Mitteilungspflicht für Arbeiten der Sicherheitsstufe eins eingeführt, die eigentlich als besonders sicher gelten und die für die Gesamtheit der Sicherheitsstufe eins Arbeiten bisher nicht für erforderlich gehalten worden sei. Auch fehle es an einer europarechtlichen Grundlage, Ausnahmen vom Regelungsgehalt des Gentechnikgesetzes über den Bereich der Mikroorganismen hinaus vorzusehen. Diese Kritik dürfte zumindest bezogen auf die Ausnahmeregelung des § 2 Abs. 2 GenTG nach wie vor zutreffen.[44]

Bislang existiert weder für § 2 Abs. 2 GenTG noch für § 2 Abs. 2a GenTG eine entsprechende Rechtsverordnung.

c) Ausnahme der Humangenetik. Negativ legt § 2 Abs. 3 GenTG fest, dass der Bereich der Humangenetik aus dem Anwendungsbereich des Gentechnikgesetzes ausgeklammert ist.[45] Wenn es mithin um die Anwen-

---

[44] Vgl. dazu auch *Kloepfer*, Umweltschutzrecht, § 17 Rdnr. 22.
[45] Vgl. BT-Drs. 11/6778, S. 36 f.; BT-Drs. 11/5622, S. 2211.

E. Das Gentechnikgesetz und seine Rechtsverordnungen

dung von gentechnisch veränderten Organismen am Menschen geht, gilt das Gentechnikgesetz nicht. § 2 Abs. 3 GenTG ist mit der Gesetzesnovellierung von 1993[46] neu eingefügt worden.

27 Die Ausgrenzung der Humangenetik entspricht der systematischen Unterscheidung in stoffliches Umwelt-Gentechnik einerseits und den Bereich der Humangenetik andererseits. Das Gentechnikgesetz selbst legt damit also den engen Begriff des Gentechnikrechts zu Grunde.[47]

28 Soweit der Anwendung gentechnisch veränderte Organismen am Menschen abgrenzbare Teilabschnitte vorausgehen oder folgen, werden diese von der Ausschlussbestimmung des § 2 Abs. 3 GenTG nicht erfasst. Das Gentechnikgesetz bleibt auf diese abgrenzbaren Teilabschnitte anwendbar.[48] Wenn also im Labor gentechnische Arbeiten durchgeführt werden, die u. a. in der Krebsbekämpfung der Vorbereitung der somatischen Gentherapie am Menschen dienen, unterfallen diese unabhängig von ihrer Ausrichtung dem Gentechnikgesetz. Dies gilt etwa für Laborarbeiten mit menschlichen Körperzellen im Bereich der zellbiologischen Grundlagenforschung.[49] Nur die Anwendung der dabei gewonnenen gentechnisch veränderten Organismen am Menschen wird vom Gentechnikgesetz nicht erfasst, also auch keiner Genehmigungspflicht unterworfen. Das heißt, die Injektion gentechnisch veränderter Medikamente bleibt genehmigungsfrei.

29 Problematisch ist die Abgrenzung der Räumlichkeiten, insbesondere der Bestimmung der Reichweite des Laborbereichs.[50] Behandlungsräume in einer Klinik, in denen somatische Gentherapien durchgeführt werden, sollen dabei nicht dem Laborbereich, also dem Bereich gentechnische Anlagen zuzuordnen sein.[51] Fraglich ist die Einordnung der Lagerung gentechnisch veränderter Medikamente für die Behandlung am Menschen, weil dieser Fall nach § 3 Nr. 2b GenTG an sich unter die gentechnischen Arbeiten fällt. Allgemein gilt, dass durch § 2 Abs. 2 GenTG der gesamte Bereich der Humangenetik als außerhalb des Umweltrechts liegender Bereich der Anwendung des Gentechnikgesetzes entzogen ist.

30 **d) Weitergehende Anforderungen nach anderen Gesetzen.** Nach § 2 Abs. 4 GenTG lässt das Gentechnikgesetz weitergehende Anforderungen an das Inverkehrbringen von Produkten nach anderen Rechtsvorschriften unberührt. Dies bedeutet, dass Vorschriften nach anderen Gesetzen neben dem Gentechnikgesetz anwendbar bleiben.[52]

---

[46] Gesetz zur Änderung des Gentechnikgesetzes vom 16.12.1994 (BGBl. I S. 2059).
[47] Vgl. dazu oben C. Rdnr. 4.
[48] Vgl. amtl. Begründung BT-Drs. 12/5145, S. 11; zur Anwendbarkeit des GenTG auf menschliche Zellen und für Diagnose beziehungsweise Therapie *Tünnesen-Harmes*, HbdUR, B.5 Rdnr. 32.
[49] Vgl. *Wahl*, in: Landmann/Rohmer, Umweltrecht, Bd. IV Kapt. 10.1 GenTG, § 2 Rdnr. 27.
[50] Vgl. dazu *Wolf*, Umweltrecht, § 10 Rdnr. 563.
[51] So *Wolf*, Umweltrecht, § 10 Rdnr. 563.
[52] Vgl. dazu unten E. Rdnr. 255.

I. Allgemeine Vorschriften

3. Begriffsbestimmungen

Die wesentlichen Begriffsbestimmungen für das Gentechnikgesetz sind in § 3 GenTG enthalten. Das Gesetz legt im Einzelnen folgende Begriffe fest: **31**
- Organismus (Nr. 1)
- Mikroorganismen (Nr. 1a)
- gentechnische Arbeiten (Nr. 2)
- gentechnisch veränderter Organismus (Nr. 3)
- Verfahren der Veränderung gentechnischen Materials (3a–c)
- gentechnische Anlage (Nr. 4)
- Freisetzung (Nr. 5)
- Inverkehrbringen (Nr. 6)
- Umgang mit gentechnisch veränderten Organismen (Nr. 6a)
- Risikomanagement (Nr. 6b)
- Betreiber (Nr. 7)
- Projektleiter (Nr. 8)
- Beauftragter für die Biologische Sicherheit (Nr. 9)
- Sicherheitsstufen (Nr. 10)
- Laborsicherheitsmaßnahmen oder Produktionssicherheitsmaßnahme (Nr. 11)
- biologische Sicherheitsmaßnahmen (Nr. 12)
- Vektor (Nr. 13)
- Bewirtschafter (Nr. 13a)
- Beschäftigte (Nr. 14).

Von besonderer Bedeutung sind dabei die Begriffe der gentechnischen **32** Arbeiten, der gentechnischen Anlagen, der Freisetzung und des Inverkehrbringens, da dadurch zugleich der Anwendungsbereich des Gentechnikgesetzes bestimmt wird.[53] Auf die übrigen Begriffe soll deshalb nur kurz eingegangen werden.

a) Organismus. Ein Organismus im Sinne des Gentechnikgesetzes ist **33** jede biologische Einheit, die fähig ist, sich zu vermehren oder gentechnisches Material zu übertragen einschließlich Mikroorganismen (§ 3 Nr. 1 GenTG). Vom Begriff umfasst sind neben Pflanzen und Tiere auch Mikroorganismen wie Bakterien, Pilze und Algen, ferner Viren und Viroide sowie tierische und menschliche Zellen.[54] Keine Organismen sind dagegen Zellkerne, Chromosomen, Transposons sowie chromosomale, reine natürliche oder rekombinante DNA.[55] Der Organismusbegriff ist als ein offener

---

[53] Vgl. dazu oben E. Rdnr. 19.
[54] Vgl. dazu BT-Drs. 11/5522, S. 6; zur Frage, ob auch der Mensch Organismus ist, *Wahl*, in: Landmann/Rohmer, Umweltrecht, Bd. IV Kap. 10.1 GenTG, § 1 Rdnr. 13 m.w.N.
[55] *Wahl*, in: Landmann/Rohmer, Umweltrecht, Bd. IV Kap. 10.1 GenTG, § 1 Rdnr. 4; vgl. zu Plasmiden *VG Frankfurt*, Beschl. v. 19.11.1992 – IV 3 H2630/92 –, ZUR 1993, 79.

anzusehen, da seine Auslegung wesentlich an Stand und Fortschritt biowissenschaftlicher Erkenntnisse anknüpft und deshalb mit dieser Erkenntnis weiter entwickelt werden muss.[56]

34 Die Fähigkeit zur Vermehrung erfasst jede Potenz, d.h. Möglichkeit, zur Vermehrung des zellulären Erbmaterials. Unter Fähigkeit zur Übertragung gentechnischen Materials ist die Eigenschaft des Organismus zu verstehen, seine genetischen Informationen oder Eigenschaften durch die Übertragung von genetischem Material weiterzugeben, das heißt durch Fortpflanzung oder andere Arten des natürlichen Genaustausches zu übermitteln.[57]

35 **b) Mikroorganismen.** Mikroorganismen sind Viren, Viroide, Bakterien, Pilze, mikroskopisch kleine ein- oder mehrzellige Algen, Flechten, andere eukaryontische Einzeller oder mikroskopisch kleine tierische Mehrzeller sowie tierische und pflanzliche Zellkulturen (§ 3 Nr. 1a GenTG). Der Begriff des Organismus stellt den Oberbegriff dar, der auch Mikroorganismen umfasst.

36 **c) Gentechnische Arbeiten.** Der Rechtsbegriff gentechnische Arbeiten umfasst gem. § 3 Nr. 2 GenTG die Erzeugung gentechnisch veränderter Organismen (a), die Vermehrung, Lagerung, Zerstörung[58] oder Entsorgung sowie den innerbetrieblichen Transport[59] gentechnisch veränderter Organismen sowie deren Verwendung in anderer Weise, soweit noch keine Genehmigung für die Freisetzung oder das Inverkehrbringen zum Zwecke des späteren Ausbringens in die Umwelt erteilt wurde (b).

37 Der letzte Halbsatz verdeutlicht, dass nach dem Willen des Gesetzgebers jeweils die weitergehende Genehmigung die weniger weit reichende Erlaubnis im Sinne eines Schachtelprinzips einschließen soll. Ist also bereits eine Genehmigung für eine Freisetzung oder für das Inverkehrbringen erfolgt, so liegt bereits aus diesem Grunde der Begriff einer gentechnischen Arbeit nicht vor. Der normative Gehalt erfasst jedoch nur den Umgang mit gentechnisch veränderten Organismen innerhalb einer gentechnischen Anlage.[60]

38 Gentechnische Arbeiten sind etwa das Herstellen komplementärer DNA aus Booten-RNA, das Synthetisieren völlig neuer Insulinvarianten mit einem verkürzten Peptid, die Ligation von fremder DNA mit Vektor-DNA. Keine gentechnischen Arbeiten im Sinne des Gentechnikgesetzes sind verschiedene Formen der DNA-Sequenzanalyse, soweit sie nur Organismuseigenschaften untersucht, diese aber nicht verändert.[61]

---

[56] *Luttermann*, JZ 1998, 174 (176).
[57] *Wahl*, in: Landmann/Rohmer, Umweltrecht, Bd. IV Kap. 10.1 GenTG, § 1 Rdnr. 11.
[58] *VG Frankfurt*, ZUR 1993, 79 f.
[59] *Wahl*, in: Landmann/Rohmer, Umweltrecht, Bd. IV Kap. 10.1 GenTG, § 1 Rdnr. 20.
[60] *Wahl*, in: Landmann/Rohmer, Umweltrecht, Bd. IV Kap. 10.1 GenTG, § 1 Rdnr. 20.
[61] Vgl. *Koch*, DB 1991, 1815 (1819).

I. Allgemeine Vorschriften

Problematisch ist hinsichtlich des Begriffs der gentechnischen Arbeit, dass es an einer konkreten Abgrenzung von gentechnischen Arbeiten zu lediglich **einzelnen Experimentierschritten** innerhalb einer gentechnischen Arbeit fehlt.[62] Diese Abgrenzung ist aber von erheblicher Bedeutung für die Frage, ob eine Arbeit als selbstständige gentechnische Arbeit unter den Begriff der „weiteren gentechnischen Arbeit" fällt, die einer Zulassung nach § 9 GenTG bedarf. Es kommt also ganz wesentlich darauf an, ob etwas als selbstständige Arbeit gilt und damit einer eigenen Zulassung unterstellt wird oder ob etwas als Teil einer einheitlichen gentechnischen Arbeit aufzufassen ist. Nach Auffassung des Länderausschusses Gentechnik umfasst eine gentechnische Arbeit alle Arbeitsschritte, die zur Erreichung eines im Einzelfall näher bestimmten Ziels (Projekts) erforderlich sind. Die Genehmigungs- bzw. Anmeldepflicht eines Vorhabens als weitere gentechnische Arbeit hängt damit wesentlich von der vorausgehenden Genehmigung, Anmeldung oder Anzeige ab. Hier ist der Umfang der im Weiteren ohne besonderes Verfahren zulässigen Tätigkeit festgelegt.

39

d) Gentechnisch veränderter Organismus. Ein gentechnisch veränderter Organismus ist ein Organismus, mit Ausnahme des Menschen,[63] dessen genetisches Material in einer Weise verändert worden ist, wie sie unter natürlichen Bedingungen durch Kreuzen oder natürliche Rekombination nicht vorkommt; ein gentechnisch veränderter Organismus ist auch ein Organismus, der durch Kreuzung oder natürliche Rekombination zwischen gentechnisch veränderten Organismen oder mit einem oder mehreren gentechnisch veränderten Organismen oder durch andere Arten der Vermehrung eines gentechnisch veränderten Organismus entstanden ist, sofern das gentechnische Material des Organismus Eigenschaften aufweist, die auf gentechnische Arbeiten zurückzuführen sind (§ 3 Nr. 3 GenTG).

40

Fraglich ist, ob ein gentechnisch veränderter Organismus auch dann vorliegt, wenn durch ein zufälliges Auskreuzen auf ein Nachbarfeld bei einem Freilandversuch gentechnisch veränderte Rapspollen übertragen werden. Dies wird zum Teil in der Literatur bejaht, sodass ein Bauer wider Willen Gen-Raps-Bauer werden kann und mangels einer Inverkehrbringensgenehmigung mit einer Untersagungsverfügung rechnen muss.[64] Demgegenüber geht ein anderer Teil der Rechtsprechung davon aus, dass in einem solchen Fall ein gentechnisch veränderter Organismus nicht vorliegt.[65]

41

---

[62] *Knoche*, DVBl. 1992, 1079 ff.
[63] So auch Art. 2 Nr. 2 FreisRL.
[64] Zu dem zufälligen Auskreuzen von Genrapspollen aus einem Freilandversuch auf ein Nachbarfeld, *OVG Münster*, Beschl. v. 31.8. 2000 – 21 B 1125/00 –, DVBl. 2000, 1874; dazu *Müller-Terpitz*, NVwZ 2001, 46 ff.
[65] *VG Gelsenkirchen*, Urt. v. 14.12. 2002 – 8 K 6854/00 –, LRE 45, 377; sowie *VG Schleswig* Beschl. v. 3.7. 2001 – 1 B 35/01 –, ZUR 2001, 401 ff.

E. Das Gentechnikgesetz und seine Rechtsverordnungen

42 e) Verfahren der Veränderung gentechnischen Materials. Verfahren der Veränderung gentechnischen Materials in diesem Sinne sind insbesondere Nukleinsäure-Rekombinationstechniken, bei denen durch die Einbringung von Nukleinsäuremolekülen, die außerhalb eines Organismus erzeugt wurden, in Viren, Viroide, bakterielle Plasmide oder andere Vektorsysteme neue Kombinationen von gentechnischem Material gebildet werden und diese in einen Wirtsorganismus eingebracht werden, in dem sie unter natürlichen Bedingungen nicht vorkommen (§ 3 Nr. 3a).

43 Ferner sind es Verfahren, bei denen in einem Organismus direkt Erbgut eingebracht wird, welches außerhalb des Organismus hergestellt wurde und natürlicherweise nicht darin vorkommt, einschließlich Mikroinjektion, Makroinjektion und Mikroverkapselung (§ 3 Nr. 3b).

44 Letztlich sind es Zellfusionen oder Hybridisierungsverfahren, bei denen lebende Zellen mit neuen Kombinationen von gentechnischem Material, das unter natürlichen Bedingungen nicht darin vorkommt, durch die Verschmelzung zweier oder mehrerer Zellen mithilfe von Methoden gebildet werden, die unter natürlichen Bedingungen nicht vorkommen (§ 3 Nr. 3a GenTG).

45 Nicht als Verfahren der Veränderung gentechnischen Materials gelten gem. § 3 Nr. 3b S. 1 GenTG

– in-vitro-Befruchtung,
– natürliche Prozesse wie Konjugation, Transduktion, Transformation,
– Polyploidie-Induktion,

es sei denn, sie werden gentechnisch veränderte Organismen verwendet oder rekombinante Nukleinsäuremoleküle, die im Sinne von den Nr. 3 und 3a hergestellt wurden, eingesetzt.

46 Weiterhin gelten nicht als Verfahren der Veränderung gentechnischen Materials gem. § 3 Nr. 3b S. 2 GenTG

– Mutagenese und
– Zellfusion (einschließlich Protoplastenfusion) von Pflanzenzellen von Organismen, die mittels herkömmlicher Züchtungstechnikern genetisches Material austauschen können,

es sei denn, es werden gentechnisch veränderte Organismen als Spender oder Empfänger verwendet.

47 Sofern es sich nicht um ein Vorhaben der Freisetzung oder des Inverkehrbringens handelt und sofern keine gentechnisch veränderten Organismen als Spender oder Empfänger verwendet werden, gelten darüber hinaus nicht als Verfahren der Veränderung gentechnischen Materials gem. § 3 Nr. 3c GenTG

– Zellfusion (einschließlich Protoplastenfusion) prokaryotischer Arten, die gentechnisches Material über bekannte physiologische Prozesse austauschen,
– Zellfusion (einschließlich Protoplastenfusion) von Zellen eukaryontischer Arten, einschließlich der Erzeugung von Hybridomen und der Fusion von Pflanzenzellen,

I. Allgemeine Vorschriften

– Selbstklonierung nicht pathogener, natürlich vorkommender Organismen, bestehend aus der Entnahme von Nukleinsäuresequenzen aus Zellen eines Organismus, der Wiedereinführung der gesamten oder eines Teils der Nukleinsäuresequenz (oder eines synthetischen Äquivalents), in Zellen derselben Art oder in Zellen phylogenetisch eng verwandter Arten, die genetisches Material durch natürliche physiologische Prozesse austauschen können, und einer eventuell vorausgehenden enzymatischen oder mechanischen Behandlung.

Zur Selbstklonierung kann auch die Anwendung von rekombinanten Vektoren zählen, wenn sie über lange Zeit sicher in diesem Organismus angewandt wurden. **48**

f) Gentechnische Anlagen. Der Begriff der gentechnischen Anlage ist in § 3 Nr. 4 GenTG legal definiert.[66] Danach ist eine gentechnische Anlage eine Einrichtung, in der gentechnische Arbeiten im geschlossenen System durchgeführt werden und bei der spezifische Einschließungsmaßnahmen angewendet werden, um den Kontakt der verwendeten Organismen mit Menschen und der Umwelt zu begrenzen und ein dem Gefährdungspotenzial angemessenes Sicherheitsniveau zu gewährleisten. **49**

Der Begriff der Einrichtung ist im Gentechnikgesetz nicht näher definiert. Er lässt sich unter Heranziehung des § 3 Abs. 5 BImSchG[67] erschließen. Danach sind ortsfeste Einrichtungen meist bauliche Anlagen und ortsveränderliche Einrichtungen technische Vorkehrungen.[68] Eine Anlage im Sinne des Gentechnikgesetzes kann sich mithin auf einzelne Werkbänke, Laboratorien, Kühlschränke zur Lagerung gentechnisch veränderter Organismen, aber auch auf Gewächshäuser, Behausungen, Teiche, Bruträume, Geräteräume, Autoklavenräume, Klimakammern oder umzäunte Weiden beziehen.[69] Erfasst werden mithin Haupt- und Nebeneinrichtungen. **50**

Die weite Fassung des Anlagenbegriffes ist nicht unproblematisch und hat in der juristischen Literatur zu zahlreichen Auslegungsversuchen geführt.[70] Versteht man den Begriff der gentechnischen Anlage enger, so ist das „geschlossene System" mit der gentechnischen Anlage identisch.[71] Die Fassung des Anlagenbegriffs hat insbesondere Bedeutung für die Konzentrationswirkung, die der Anlagengenehmigung zukommt.[72] Beschränkt **51**

---

[66] Zum Anlagenbegriff in Gentechnikrecht *Krekeler*, DVBl. 1995, 765 ff.
[67] Gesetz zum Schutz vor schädlichen Umwelteinwirkungen durch Luftverunreinigungen, Geräusche, Erschütterungen und ähnliche Vorgänge (Bundes-Immissionsschutzgesetz -BImSchG) i.d.F. d. Bek. v. 26.9. 2002 (BGBl. I S. 3830), zul. geänd. durch G v. 23.10. 2007 (BGBl. I S. 2470); vgl. zum BImSchG bereits oben D. Rdnr. 188.
[68] Zu Unterschieden zum Anlagenbegriff des BImSchG *Fluck*, UPR 1993, 81 (83).
[69] *Simon*, IUR 1992, 193; *Hirsch/Schmidt-Didzcuhn*, GenTG, § 3 Rdnr. 234 f.
[70] Vgl. dazu *Drescher*, ZUR 1994, 289 (294 ff. m.w.N.).
[71] Vgl. Länderausschusses Gentechnik *Fluck*, UPR 1993, 81 ff.; *Turck*, NVwZ 1992, 650 ff.
[72] Vgl. zu Konzentrationswirkung unten E. Rdnr. 333 ff.

E. Das Gentechnikgesetz und seine Rechtsverordnungen

man den Anlagenbegriff auf den Bereich des eigentlichen gentechnischen Arbeitens, so hat dies weitgehend eine Entwertung der der Anlagengenehmigung nach § 22 Abs. 1 GenTG zukommenden Konzentrationswirkung, die sich nur auf die genehmigte gentechnische Anlage bezieht, zur Folge.[73]

52 g) **Freisetzung.** Freisetzung bedeutet nach § 3 Nr. 5 GenTG das gezielte Ausbringen von gentechnisch veränderten Organismen in die Umwelt, soweit noch keine Genehmigung für das Inverkehrbringen zum Zweck des späteren Ausbringens in die Umwelt erteilt wurde. Es handelt sich dabei um eine gezielte, d.h. bewusst durchgeführte und gewollte Aktion.[74] Dabei muss sich die positive Kenntnis nur auf das Ausbringen, nicht auf die gentechnische Veränderung beziehen.[75] Das unbeabsichtigte Entweichen – zum Beispiel im Rahmen eines Störfalles – fällt nicht unter den Begriff der Freisetzung.[76]

53 h) **Inverkehrbringen.** Unter Inverkehrbringen versteht man nach § 3 Nr. 6 GenTG die Abgabe von Produkten an Dritte, einschließlich der Bereitstellung für Dritte, und das Verbringen in den Geltungsbereich des Gesetzes, soweit die Produkte nicht zu gentechnischen Arbeiten in gentechnischen Anlagen oder für genehmigte Freisetzungen bestimmt sind. Inverkehrbringen ist also die Abgabe im freien Warenverkehr an einen unbestimmten Personenkreis. Auch für das Inverkehrbringen ist es unerheblich, ob das Produkt bewusst oder zufällig entstanden ist.[77]

54 § 3 Nr. 6 GenTG ist bereits mit der Ersten Änderung des Gentechnikgesetzes[78] neu geregelt worden, weil zuvor der Transitverkehr (Forschungsversand) und das Verbringen von gentechnisch veränderten Organismen in den Geltungsbereich des Gesetzes zur klinischen Prüfung umstritten waren. Nach heutiger Fassung fällt der unter zollamtlicher Überwachung durchgeführte Transitverkehr § 6a GenTG ebenso wenig wie die Bereitstellung für Dritte und die Abgabe sowie das Verbringen in den Geltungsbereich des Gesetzes zum Zwecke einer genehmigten klinischen Prüfung (§ 6b GenTG) unter den Begriff des Inverkehrbringens. Damit wird insbesondere der nationale und internationale Austausch von gentechnisch veränderten Organismen zwischen Forschungseinrichtungen erleichtert.

55 i) **Umgang mit gentechnisch veränderten Organismen.** Unter Umgang mit gentechnisch veränderten Organismen versteht man Anwendung,

---

[73] Kritisch insoweit *Drescher*, ZUR 1994, 289 (294 ff. m.w.N.), der für industrielle Vorhaben neben der gentechnikrechtlichen Genehmigung zusätzlich ein immissionsschutzrechtliches Genehmigungsverfahren für erforderlich hält.
[74] *Hoppe/Beckmann/Kauch*, Umweltrecht, § 35 Rdnr. 29.
[75] *VG Schleswig*, Beschl. v. 7.11. 2007 – 1 B 33/07 –; *OVG Lüneburg*, Beschl. v. 7.3. 2008 – 13 ME 11/08 –, NVwZ 2008, 804 ff.
[76] *Wahl*, in: Landmann/Rohmer, Umweltrecht, Bd. IV Kap. 10.1 GenTG, § 3 Rdnr. 48.
[77] Vgl. dazu *Kloepfer*, Umweltschutzrecht, E 17 Rdnr. 20.
[78] Vgl. dazu bereits oben D. Rdnr. 145.

I. Allgemeine Vorschriften

Vermehrung, Anbau, Lagerung, Beförderung und Beseitigung sowie Verbrauch und sonstige Verwendung und Handhabung von zum Inverkehrbringen zugelassenen Produkten, die gentechnisch veränderte Organismen enthalten oder daraus bestehen (§ 3 Nr. 6a GenTG).

j) Risikomanagement. Der Begriff des Risikomanagements umfasst den von der Risikobewertung unterschiedenen Prozess der Abwägung von Alternativen bei der Vermeidung oder Beherrschung von Risiken (§ 3 Nr. 6b GenTG). 56

k) Betreiber. Der Betreiber ist eine juristische oder natürliche Person oder eine nichtrechtsfähige Personenvereinigung, die unter ihrem Namen eine gentechnische Anlage errichtet oder betreibt, gentechnische Arbeiten oder Freisetzungen durchführt oder Produkte, die gentechnisch veränderte Organismen enthalten oder aus solchen bestehen, erstmalig in Verkehr bringt. Der Betreiber muss einen bestimmenden Einfluss auf die Errichtung oder den Betrieb einer gentechnischen Anlage haben bzw. maßgebliche Gestaltungsmöglichkeiten wahrnehmen können.[79] Maßgebend sind dabei weniger die Eigentumsverhältnisse, als vielmehr die Frage, wer als Verantwortlicher nach außen auftritt.[80] 57

Universitäten können Betreiber sein oder aber die Institutsleiter der einzelnen Institute. Dies ist im Einzelfall an den vorgenannten Kriterien zu ermitteln. 58

Wenn eine Genehmigung nach § 16 Abs. 2 GenTG erteilt worden ist, die nach § 14 Abs. 1 S. 2 GenTG das Inverkehrbringen auch der Nachkommen oder des Vermehrungsmaterials gestattet, ist insoweit nur der Genehmigungsinhaber Betreiber (§ 3 Nr. 7 GenTG).[81] 59

l) Projektleiter. Projektleiter ist eine Person, die im Rahmen ihrer beruflichen Obliegenheiten die unmittelbare Planung, Leitung oder Beaufsichtigung einer gentechnischen Arbeit oder einer Freisetzung durchführt (§ 3 Nr. 8 GenTG).[82] Unmittelbare Wahrnehmung dieser Aufgabenbereiche bedeutet, dass der Projektleiter einerseits einen direkten und konkreten Bezug zum jeweiligen Projekt mit der Möglichkeit der Einflussnahme haben, ihn andererseits die vorgegebene Verantwortlichkeit treffen muss.[83] 60

---

[79] *Wahl*, in: Landmann/Rohmer, Umweltrecht, Bd. IV Kap. 10.1 GenTG, § 3 Rdnr. 62.
[80] *Wahl*, in: Landmann/Rohmer, Umweltrecht, Bd. IV Kap. 10.1 GenTG, § 3 Rdnr. 62.
[81] Geänd. durch das Gesetz zur Änderung des Gentechnikgesetzes v. 1.4. 2008 (BGBl. I, 12, S. 499); die bisherige Regelung konnte dazu führen, dass für mögliche Risiken, die von Nachkommen oder Vermehrungsmaterial des gentechnisch veränderten Organismus ausgehen, z.B. die Mitteilungspflichten nach § 21 GenTG nicht mehr bestehen.
[82] Zu den Aufgaben des Projektleiters vgl. unten E. Rdnr. 114 ff.
[83] *Wahl*, in: Landmann/Rohmer, Umweltrecht, Bd. IV Kap. 10.1 GenTG, § 3 Rdnr. 71.

Zur Erfüllung der ihm obliegenden Aufgaben kann sich der Projektleiter auch der Einschaltung von Hilfspersonen bedienen.[84]

61 **m) Beauftragter für die Biologische Sicherheit.** Beauftragter für die Biologische Sicherheit ist eine Person oder eine Mehrheit von Personen (Ausschuss für Biologische Sicherheit), die die Erfüllung der Aufgaben des Projektleiters überprüft und den Betreiber berät (§ 3 Nr. 9 GenTG).[85] Eine Personenidentität von Beauftragten für die Biologische Sicherheit und Projektleiter ist nach dem Wortlaut und Zweck des § 3 Nr. 11 GenTG ausgeschlossen, da es zu den originären Pflichten des Beauftragten für die Biologische Sicherheit gehört, die Aufgabenerfüllung des Projektleiters zu überprüfen.[86] Ausgeschlossen ist auch eine Personenidentität von Beauftragten für die Biologische Sicherheit und Betreiber.[87]

62 **n) Sicherheitsstufen.** Sicherheitsstufen sind Gruppen gentechnischer Arbeiten nach ihrem Gefährdungspotenzial (§ 3 Nr. 10 GenTG). Die nähere Abgrenzung der Sicherheitsstufen erfolgt in § 7 GenTG.[88]

63 **o) Laborsicherheitsmaßnahmen oder Produktionssicherheitsmaßnahmen.** Laborsicherheitsmaßnahmen oder Produktionssicherheitsmaßnahmen sind festgelegte Arbeitstechniken und eine festgelegte Ausstattung von gentechnischen Anlagen (§ 3 Nr. 11 GenTG).

64 **p) Biologische Sicherheitsmaßnahme.** Eine biologische Sicherheitsmaßnahme ist die Verwendung von Empfängerorganismen und Vektoren mit bestimmten Gefahr mindernden Eigenschaften (§ 3 Nr. 12 GenTG).

65 **q) Vektor.** Ein Vektor ist ein biologischer Träger, der Nukleinsäure-Segmente in eine neue Zelle eingeführt (§ 3 Nr. 13 GenTG).

66 **r) Bewirtschafter.** Als Bewirtschafter gilt eine juristische oder natürliche Person oder eine nichtrechtsfähige Personenvereinigung, die die Verfügungsgewalt und tatsächliche Sachherrschaft über eine Fläche zum Anbau von gentechnisch veränderten Organismen besitzt. Die Aufnahme des Begriffs des Bewirtschafters geht letztlich auf Vollzugserfahrungen zurück, wonach nämlich ein im Standortregister genannter Bewirtschafter nicht die tatsächliche Verfügungsgewalt und Sachherrschaft über Pflanzen und Flächen hatte. Dies ist aber erforderlich, da der Bewirtschafter als Verantwortlicher für die Einhaltung der guten fachlichen Praxis Ansprechpartner für die Vollzugsbehörden ist und gegebenenfalls in der Lage sein muss, Maßnahmen vor Ort umzusetzen. So ist der Bewirtschafter bei-

---

[84] Vgl. BR-Drs. 387/1, S. 51.
[85] Zu den Aufgaben des Beauftragten für die Biologische Sicherheit vgl. unten E. Rdnr. 122 ff.
[86] *Wahl*, in: Landmann/Rohmer, Umweltrecht, Bd. IV Kap. 10.1 GenTG, § 3 Rdnr. 77.
[87] Vgl. *Wahl*, in: Landmann/Rohmer, Umweltrecht, Bd. IV Kap. 10.1 GenTG, § 3 Rdnr. 78.
[88] Vgl. dazu näher unten E. Rdnr. 134 ff.

I. Allgemeine Vorschriften

spielsweise nach § 25 GenTG verantwortlich und Adressat erforderlicher Anordnungen.[89]

s) Beschäftigte. Den Beschäftigten gem. § 2 Abs. 2 ArbSchG[90] stehen Schüler, Studenten und sonstige Personen, die gentechnische Arbeiten durchführen, gleich (§ 3 Nr. 14 GenTG). Sonstige Personen können etwa Praktikanten oder Doktoranden sein. **67**

4. Kommission für die Biologische Sicherheit

Der Begriff der Kommission für die Biologische Sicherheit sowie ihre Zusammensetzung und ihre Aufgaben sind in §§ 4 und 5 GenTG normiert.[91] Diese Bestimmungen werden durch die Vorschriften der Verordnung über die Zentrale Kommission für die Biologische Sicherheit (ZKBS-Verordnung)[92] ergänzt. Die ZKBS-Verordnung regelt auf der Grundlage des § 4 Abs. 5 GenTG als Ermächtigungsnorm die Berufung der Mitglieder der Kommission, das von der Kommission einzuhaltende Verfahren, die Hinzuziehung externer Sachverständiger und die Zusammenarbeit mit den für den Vollzug des Gentechnikgesetzes zuständigen Behörden.[93] **68**

a) Zusammensetzung der Kommission. Nachdem zunächst 2004 die seit Beginn des Gentechnikgesetzes bestehende Zentrale Kommission für die Biologische Sicherheit in zwei zentrale Ausschüsse, nämlich in den Ausschuss für gentechnische Arbeiten in gentechnischen Anlagen und in den Ausschuss für Freisetzungen und Inverkehrbringen, aufgeteilt worden war, ist dieses durch das Gesetz zur Änderung des Gentechnikgesetzes vom 1. April 2008[94] rückgängig gemacht worden. Grund dafür war zum einen, dass sich die Zahl der Mitglieder nahezu verdoppelt hatte und auch Schwierigkeiten bei der praktischen Arbeit aufgetreten sind.[95] Seither wird unter der Bezeichnung „Zentrale Kommission für die Biologische Sicherheit" (Kommission) bei der zuständigen Bundesoberbehörde eine Sachverständigenkommission eingerichtet. **69**

Die Kommission setzt sich aus 12 Sachverständigen zusammen, die über besondere und möglichst auch internationale Erfahrungen in den Bereichen der Mikrobiologie, Zellbiologie, Virologie, Gentechnik, Pflanzenzucht, Hygiene, Ökologie, Toxikologie und Sicherheitstechnik verfügen **70**

---

[89] Vgl. Stellungnahme des Bundesrates BT-Drs. 16/6814 Anlage 3 Ziff. 3.
[90] Vgl. dazu bereits oben D. Rdnr. 214.
[91] Vgl. dazu ausführl. *Karthaus*, ZUR 2001, 61 ff.
[92] Verordnung über die Zentrale Kommission für Biologische Sicherheit (ZKBS-Verordnung – ZKBSV) v. 5.8.1996 (BGB. I S. 1232), geänd. durch VO v. 31.10.2006 (BGBl. I S. 2407).
[93] Vgl. zur Begründung des Regierungsentwurfs zur ZKBSV BR-Drs. 227/90.
[94] Vgl. dazu oben D. Rdnr. 150.
[95] Vgl. BT-Drs. 16/6814.

E. Das Gentechnikgesetz und seine Rechtsverordnungen

müssen. Von den 12 Mitgliedern müssen mindestens sieben auf dem Gebiet der Neukombination von Nukleinsäuren arbeiten. Ferner muss jeder der genannten Bereiche durch mindestens einen Sachverständigen, der Bereich der Ökologie durch mindestens zwei Sachverständige vertreten sein (§ 4 Abs. 1 Nr. 1 GenTG). Hinzu kommt je eine sachkundige Person aus den Bereichen der Gewerkschaften, des Arbeitsschutzes, der Wirtschaft, der Landwirtschaft, des Umweltschutzes, des Naturschutzes, des Verbraucherschutzes und der forschungsfördernden Organisationen (§ 4 Abs. 1 Nr. 2 GenTG). Dabei ist für jedes Mitglied der Kommission aus demselben Bereich ein stellvertretendes Mitglied zu bestellen. Soweit es zur sachgerechten Erledigung der Aufgaben erforderlich ist, können nach Anhörung der Kommission in einzelnen Bereichen bis zu zwei Sachverständige als zusätzliche stellvertretende Mitglieder berufen werden (§ 6 Abs. 1 S. 3 GenTG). Die Mitglieder der Kommission werden nach § 2 Abs. 1 ZKBSV durch das Bundesministerium für Ernährungs-, Landwirtschaft- und Verbraucherschutz berufen. Sie üben ihre Tätigkeit in der Kommission ehrenamtlich aus (§ 3 Abs. 1 ZKBSV). Die Geschäftsstelle der Kommission ist beim Robert-Koch-Institut in Berlin (§ 8 Abs. 1 ZKBSV).

71 **b) Aufgaben der Kommission.** Die Kommission prüft und bewertet sicherheitsrelevante Fragen nach den Vorschriften des Gentechnikgesetzes, gibt hierzu **Empfehlungen** und berät die Bundesregierung und die Länder in sicherheitsrelevanten Fragen zur Gentechnik (§ 5 S. 1 GenTG i. V. m. § 1 Abs. 1 u. 2 ZKBSV). Bei ihren Empfehlungen soll die Kommission auch den Stand der internationalen Entwicklung auf dem Gebiet der gentechnischen Sicherheit angemessen berücksichtigen (§ 5 S. 2 GenTG).

72 Fraglich ist in diesem Zusammenhang, ob den Empfehlungen der ZKBS bindende Wirkung auch in den Zulassungsverfahren zukommt. In der Literatur wird zum Teil vertreten, die Genehmigungsbehörde sei nur in Ausnahmefällen befugt, von den Empfehlungen der ZKBS abzuweichen.[96] Für die Voten der Kommission spreche eine Richtigkeitsvermutung.[97] Dem haben sich zum Teil die Gerichte angeschlossen.[98] Dies wird in der Literatur allerdings zum Teil heftig kritisiert, da staatliche Genehmigungsbehörden letztlich ihrer Entscheidungsbefugnis nicht auf private Träger übertragen dürften.[99] Dementsprechend kann die Zulassungsbehörde von der Stellungnahme abzuweichen.[100] In sachlich begründeten Fällen können sie zudem weitere wissenschaftliche Stellungnahmen einholen.[101]

---

[96] *Eberbach/Lange/Ronellenfitsch*, Gentechnikrecht, § 5 Rdnr. 164.
[97] Vgl. *Kapteina*, Die Freisetzung von gentechnisch veränderten Organismen, S. 100 f.
[98] *VG Karlsruhe*, Beschl. v. 19.9. 1997 – 7 K 873/97 –, juris; *VG Berlin*, Beschl. v. 20.1. 1995 – 14 A 379/93 –; *VG Freiburg*, Beschl. v. 23.6. 1999 – 1 K 1599/98 –, ZUR 2000, 216 (219).
[99] *Karthaus*, ZUR 2001, 61 ff.
[100] Siehe dazu auch *Kroh*, DVBl. 2000, 102 (105).
[101] *VG Freiburg*, Beschl. v. 23.6. 1999 – 1 K 1599/98 –, ZUR 2000, 216 (217).

I. Allgemeine Vorschriften

Vorgesehen ist ferner, dass die Kommission **allgemeine Stellungnahmen** 73
zu häufig durchgeführten gentechnischen Arbeiten mit den jeweils zu
Grunde liegenden Kriterien der Vergleichbarkeit im Bundesanzeiger veröffentlicht (§ 5 S. 4 GenTG i.V.m. § 1 Abs. 2 S. 2 ZKBSV). Soweit die
allgemeinen Stellungnahmen Fragen des Arbeitsschutzes zum Gegenstand
haben, ist zuvor der Ausschuss für biologische Arbeitsstoffe nach § 17 BiostoffV[102], anzuhören (§ 5 S. 5 GenTG). Die Anhörung erfolgt vor der
Veröffentlichung der Stellungnahme zu einem von der Zentralen Kommission für Biologische Sicherheit zu bestimmenden Zeitpunkt. Es soll sichergestellt werden, dass die Aussagen zum Arbeitsschutz für Arbeiten
mit gentechnisch veränderten Mikroorganismen einerseits und für Tätigkeiten mit natürlichen biologischen Arbeitsstoffen (Mikroorganismen) andererseits soweit möglich kompatibel sind.

5. Grundpflichten

Das rechtliche Instrumentarium des Gentechnikgesetzes richtet sich danach, ob es um gentechnische Arbeiten in geschlossenen Systemen 74
(§§ 7 ff. GenTG) oder um die Freisetzung und das Inverkehrbringen gentechnisch veränderter Organismen (§§ 14 ff. GenTG) geht. Für alle Instrumentarien gleichsam gelten die in § 6 GenTG normierten Grundpflichten
(allgemeine Sorgfalts- und Aufzeichnungspflichten, Gefahrenvorsorge).
Es handelt sich dabei um dynamische Pflichten, die sich dem Entwicklungs- und Erkenntnisstand jeweils anpassen (sog. „updating"). Die Auferlegung strenger Grundpflichten ist im Zusammenhang mit einem hohen
Haftungsrisiko der Betreiber gentechnische Anlagen zu sehen. Sie sind
auch Ausdruck dafür, dass die Verletzung von Grundpflichten eine Ordnungswidrigkeit darstellt und im Ernstfall sogar strafbewehrt sein kann.[103]

Die Ausgestaltung der Grundpflichten § 6 GenTG entspricht einer all- 75
gemeinen Tendenz des neueren Umweltrechts zur Stärkung und kontinuierlichen Einforderung der Eigenverantwortung der Betreiber umweltrelevante Anlagen und Vorhaben.[104] Die Grundpflichten sind von Bedeutung
vor allem im Rahmen des Genehmigungsverfahrens sowie bei nachträglichen Anordnungen und im Haftungsrecht.[105] Zur Durchsetzung der
Grundpflicht bedarf es insofern stets eines neuen Verwaltungshandelns,

---

[102] Verordnung über Sicherheit und Gesundheitsschutz bei Tätigkeiten mit biologischen Arbeitsstoffen (Biostoffverordnung – BioStoffV) v. 27.1. 1999 (BGBl. I S. 50),
zul. geänd. durch VO v. 18.12. 2008 (BGBl. I S. 2768).
[103] Vgl. *Kauch*, in: Luz (Hrsg.), Aktuelles Agrarrecht für die Praxis, Teil 11.7 S. 4;
zur Haftung eines Projektleiters, *BayObLG*, Beschl. v. 11.10. 1996 – 3 ObOWi 126/96
-, NJW 1997, 1020 f.
[104] *Wahl*, in: Landmann/Rohmer, Umweltrecht, Bd. IV Kap. 10.1 GenTG, § 6
Rdnr. 5.
[105] *Wahl*, in: Landmann/Rohmer, Umweltrecht, Bd. IV Kap. 10.1 GenTG, § 6
Rdnr. 6.

das die sich fortentwickelnde Pflicht konkretisiert. Die unmittelbare Wirkung der Grundpflicht hat zur Folge, dass der Betreiber materiell keinen dauerhaften Schutz gegen veränderte Bedingung und Anforderungen erlangen kann.[106]

76 Das Gesetz kennt als Grundpflichten die Pflicht zur Risikobewertung, die Pflicht zur Gefahrenabwehr und -vorsorge[107], die Pflicht zur Führung von Aufzeichnungen[108] und die Pflicht zur Bestellung sachverständigen Personals[109].

77 a) **Pflicht zur Risikobewertung.** Gem. § 6 Abs. 1 GenTG hat derjenige, der gentechnische Anlagen errichtet oder betreibt, gentechnische Arbeiten durchführt, gentechnisch veränderte Organismen freisetzt oder Produkte, die gentechnisch veränderte Organismen enthalten oder aus solchen bestehen, als Betreiber in Verkehr bringt, die damit verbundenen Risiken für die in § 1 Nr. 1 GenTG genannten Rechtsgüter[110] vorher umfassend zu bewerten (Risikobewertung) und diese Risikobewertung und die Sicherheitsmaßnahmen in regelmäßigen Abständen zu prüfen. Nur dann, wenn die Behörde – insbesondere aus vorangegangenen Verfahren – bereits ausreichende Kenntnis hat, bedarf es keiner erneuten Risikobewertung durch den Betreiber. Dieser kann gegebenenfalls auf Unterlagen Bezug nehmen, die er in einem vorangegangenen Verfahren vorgelegt hat (§ 17 Abs. 1 S. 1 GenTG). Auch eine Bezugnahme auf Unterlagen Dritter ist möglich (§ 17 Abs. 1 S. 2 GenTG).

78 Die Pflicht zur Risikobewertung besteht folglich für den Betreiber sowie denjenigen, der die gentechnische Anlage errichtet. Sie bezieht sich lediglich auf die in § 1 Nr. 1 GenTG aufgeführten Rechtsgüter – Leben und Gesundheit von Menschen, Sachgüter sowie ökologische Rechtsgüter – Aspekte des durch § 1 Nr. 2 GenTG eingeführten Koexistenzgrundsatzes[111] sind hier ohne Bedeutung.

79 Die Risikobewertung ist vom Betreiber jedenfalls dann zu überarbeiten, wenn es nach dem Prüfbericht erforderlich ist. Dies unverzüglich, wenn die angewandten Sicherheitsmaßnahmen nicht mehr angemessen sind oder die der gentechnischen Arbeit zugewiesene Sicherheitsstufe nicht mehr zutreffend ist (Nr. 1) oder die begründete Annahme besteht, dass die Risikobewertung nicht mehr dem neuesten wissenschaftlichen und technischen Kenntnisstand entspricht (Nr. 2).[112] Dies bedeutet, dass eine in ihrer

---

[106] *Wahl*, in: Landmann/Rohmer, Umweltrecht, Bd. IV Kap. 10.1 GenTG, § 6 Rdnr. 9.
[107] Vgl. dazu unten E. Rdnr. 91 ff.
[108] Vgl. dazu unten E. Rdnr. 97 ff.
[109] Vgl. dazu unten E. Rdnr. 113 ff.
[110] Vgl. zum Naturschutz bei der Freisetzung gentechnisch veränderten Saatguts, *Winter*, ZUR 2006, 456 ff. *ders.*, NuR 2007, 571 ff. und 635 ff.
[111] Vgl. dazu unten E. Rdnr. 11.
[112] Neu aufgenommen durch das Erste Gesetz zur Änderung des Gentechnikgesetzes vom 16.12.1993 (BGBl. I S. 2059); vgl. dazu bereits oben D. Rdnr. 145.

I. Allgemeine Vorschriften

Häufigkeit von der Geschwindigkeit der wissenschaftlichen Entwicklung abhängige Überprüfung und Aktualisierung der Risikobewertung durch den Betreiber erforderlich ist. Der Betreiber ist der erforderlichen Risikobewertung also nicht nur vor Beginn der Durchführung seines Vorhabens nachzukommen, sondern er hat diese „dem neuesten wissenschaftlichen und technischen Kenntnisstand" anzupassen. Die Pflicht zur Risikobewertung ist folglich dynamisiert und setzt sich als Pflicht beim Betrieb der Anlage fort.

2005 neu aufgenommen wurde, dass bei der Risikobewertung durch die zuständige Bundesoberbehörde eine Verwendung von Antibiotikaresistenzmarkern in gentechnisch veränderten Organismen, die Resistenz gegen in der ärztlichen oder tierärztlichen Behandlung verwendete Antibiotika vermitteln, im Hinblick auf die Identifizierung und die schrittweise Einstellung der Verwendung von Antibiotikaresistenzmarker in gentechnisch veränderten Organismen, die schädliche Auswirkungen auf die menschliche Gesundheit oder die Umwelt haben können, für das Inverkehrbringen bis zum 31.12. 2004 und für die Freisetzung bis zum 31.12. 2008, besonders zu berücksichtigen sind. 80

aa) Begriff der Risikobewertung. Der Begriff der Risikobewertung ist im Gentechnikgesetz nicht näher bestimmt. Die Konkretisierung des Inhalts der Pflicht zur Risikobewertung bleibt der Gentechnik-Sicherheitsverordnung[113] überlassen. 81

In welchem Umfang die Risikobewertung zu erfolgen hat, ist von der Konkretisierung des Risikobegriffs abhängig. Dabei ist zum einen zu beachten, dass das Risiko auf reine Sicherheitsaspekte begrenzt ist, d.h. es muss gegenwärtig ein Risiko bestehen. Andererseits ist zu berücksichtigen, dass diese Grenze in zeitlicher Hinsicht – und zwar im Hinblick auf Langzeiteffekte – fließend ist. Eine **Technologiefolgenabschätzung**,[114] d.h. eine Bewertung der langfristigen Folgen, kann nicht verlangt werden. 82

Der Bereich des **Risikos** kennzeichnet eine Lage, in der bei ungehindertem Ablauf eines Geschehens ein Zustand oder ein Verhalten möglicherweise zu einem Schaden führt.[115] Nach herkömmlichem Verständnis liegt der Bereich des Risikos damit unterhalb der Gefahrenschwelle.[116] Er bezeichnet eine Lage, in der einer der für die Gefahrenprognose notwendigen Faktoren ausfällt oder die vorausgesetzte Gefahrenschwelle mangels Gewichts nicht überschritten wird.[117] Ein **Restrisiko** ist hinzunehmen. Mit 83

---

[113] Verordnung über die Sicherheitsstufen und Sicherheitsmaßnahmen bei gentechnischen Arbeiten in gentechnischen Anlagen (Gentechnik-Sicherheitsverordnung – GenTSV) i.d.F. d. Bek. v. 14.3. 1995 (BGBl. I S. 297), zul. geänd. durch G v. 16.8. 2002 (BGBl. I S. 3220); vgl. dazu bereits oben D. Rdnr. 143.
[114] Zur Folgenabschätzung in der Umweltpolitik *Hofmann*, ZUR 2006, 574 ff.
[115] *Breuer*, NVwZ 1990, 211 (213).
[116] Vgl. *Breuer*, in: Schmidt-Aßmann, BesVwR, 5. Abschn. Rdnr. 184.
[117] *Wahl*, in: Landmann/Rohmer, Umweltrecht, Bd. IV Kap. 10.1 GenTG, § 6 Rdnr. 15.

E. Das Gentechnikgesetz und seine Rechtsverordnungen

dem Restrisiko sollen nach allgemeiner Einschätzung die unterhalb des rechtlich gebotenen Sicherheitsstandards liegenden und daher als rechtlich erlaubt bewerteten Risiken bezeichnet sein.[118]

84 Gedanklich erfolgt die Risikobewertung in zwei Schritten. Der Betreiber hat sich über die im Zusammenhang mit der Durchführung des Vorhabens möglichen Risiken und Gefährdungen zu informieren und diese zu bewerten. Der Begriff des Bewertens erfasste dabei die Ermittlung und Beschreibung der Grundlagen, auf denen die Risikobewertung beruht (Tatsachenbasis), den Bewertungsvorgang (mit Offenlegung der Bewertungsmethoden) sowie die Feststellung des Bewertungsergebnisses.[119] Auf dieser Grundlage hat er die nach dem Stand von Wissenschaft und Technik erforderlichen Schutz- und Vorsorgemaßnahmen vorzusehen beziehungsweise zu treffen, um die Risiken weit gehend zu neutralisieren.[120]

85 Wie die Risikobewertung im Hinblick auf die einzelnen gentechnisch veränderten Organismen zu erfolgen hat, richtet sich nach der Gentechnik-Sicherheitsverordnung.

86 **bb) Risikobewertung nach der Gentechnik-Sicherheitsverordnung.** Einzelheiten hinsichtlich der bei der Risikobewertung zu berücksichtigenden Kriterien ergeben sich aus dem Anhang I Teil A, auf den § 5 Abs. 1 GenTSV verweist, und aus dem Anhang I Teil B, den § 5 Abs. 2 GenTSV Bezug nimmt.

87 Bis zur Neufassung der Gentechnik-Sicherheitsverordnung im Jahre 1995 erhielt der Anhang I Teil B der Gentechnik-Sicherheitsverordnung Beispielskataloge mit bereits den Risikogruppen zugeordneten Organismen. Soweit die vom Betreiber verwendeten Standard- und Empfängerorganismen in den Aufzählungen des Anhanges I Teil B I und II zur Gentechnik-Sicherheitsverordnung genannt waren, reduzierte sich die Pflicht des Betreibers zur Risikobewertung im Regelfall auf die Angabe der betreffenden Organismen. Eine Risikobewertung im eigentlichen Sinne hatte er danach nicht durchzuführen. Nur bei Vorliegen neuer sicherheitsrelevanter Erkenntnisse, die von der Voreinstufung durch den Verordnungsgeber abwichen, bestanden weitergehende Mitteilungspflichten. Eigene Überprüfungen der im Anhang Teil B I und II vorgegebenen Einstufungen in eine der vier Risikogruppen oblag dem Betreiber indes nicht. Er konnte insoweit auf die mit normativer Wirkung vorgenommene Risikobewertung vertrauen.

88 Die **Organismenliste** ist heute aus der Gentechnik-Sicherheitsverordnung herausgelöst. Die betreffenden Listen werden auf untergesetzlicher Ebene durch das Bundesministerium für Gesundheit im Bundesgesund-

---

[118] *Wahl*, in: Landmann/Rohmer, Umweltrecht, Bd. IV Kap. 10.1 GenTG, § 6 Rdnr. 16.

[119] *Wahl*, in: Landmann/Rohmer, Umweltrecht, Bd. IV Kap. 10.1 GenTG, § 6 Rdnr. 45.

[120] *Wahl*, in: Landmann/Rohmer, Umweltrecht, Bd. IV Kap. 10.1 GenTG, § 6 Rdnr. 32.

heitsblatt veröffentlicht (§ 5 Abs. 6 GenTSV). Es handelt sich dabei um normkonkretisierende Verwaltungsvorschriften[121]. Soweit die vom Betreiber verwendeten Spender- und Empfängerorganismen sowie die eingesetzten Vektoren in diesen Listen enthalten sind, reduziert sich auch hier die Pflicht des Betreibers zur Risikobewertung im Regelfall auf die Angabe der betreffenden Organismen bzw. Vektoren. Nur bei Vorliegen neuer sicherheitsrelevanter Erkenntnisse, die von der Voreinstufung durch den Verordnungsgeber abweichen, bestehen weitergehende Ermittlungspflichten.

Weiter reicht die Pflicht des Betreibers zu Risikobewertung hingegen 89 dann, wenn er mit Organismen arbeiten will, die nicht in den Organismenlisten aufgeführt sind. In diesem Fall muss er seine eigene Bewertung nach den Kriterien des Anhangs I Teil A GenTSV vornehmen. Es sind die gleichen Umstände zu ermitteln und es gelten die gleichen Maßstäbe und Kriterien, die auch von der Genehmigungs- oder Anmeldebehörde für die Zuordnung zu einer bestimmten Sicherheitsstufe heranzuziehen sind (§ 7 Abs. 1 S. 3 i.V.m. der GenTSV). Dies sind die Eigenschaften der Spender- und Empfängerorganismen sowie der gentechnisch veränderten Organismen, ferner die Auswirkungen der Organismen auf die menschliche Gesundheit und die Umwelt.

cc) **Wirkungen der Risikovorsorge.** Dem Grundsatz der Risikovor- 90 sorge kommt drittschützender Charakter zu, sodass gegen die Erteilung einer Genehmigung durch Dritte – Geschädigte oder Konkurrenten – wegen einer fehlerhaften Risikobewertung die Verwaltungsgerichte angerufen werden können.[122]

b) **Gefahrenabwehr und Vorsorge.** Ferner hat der Betreiber gem. § 6 91 Abs. 2 GenTG die nach dem Stand von Wissenschaft und Technik notwendigen Vorkehrungen zu treffen und unverzüglich anzupassen, um die in § 1 Nr. 1 GenTG genannten Rechtsgüter vor möglichen Gefahren zu schützen und dem Entstehen solcher Gefahren vorzubeugen.[123] Die Pflicht zur Gefahrenabwehr und zur Vorsorge ist ebenfalls als dynamische Pflicht ausgestaltet, d.h. als Pflicht, die über den Zeitpunkt der behördlichen Kontrolle hinaus fortwirkt und den Betreiber zu einer Anpassung an den fortentwickelten Erkenntnisstand zwingt.

Die Pflicht wirkt nach § 6 Abs. 2 S. 2 GenTG selbst über den Zeitpunkt 92 der Betriebseinstellung hinaus. Danach hat der Betreiber sicherzustellen, dass auch nach einer Betriebseinstellung von der Anlage keine Gefahren für die Rechtsgüter ausgehen können.

---

[121] Zur Umsetzung EG-rechtlicher Vorgaben durch normkonkretisierende Verwaltungsvorschriften vgl. *Wahl*, in: Landmann/Rohmer, Umweltrecht, Bd. IV Kap. 10.1 GenTG, § 6 Rdnr. 40; *EuGH*, Rs. C 361/88 u. Rs. C 59/89 –, NVwZ 1991, 866 ff.
[122] Vgl. *OVG Hamburg*, Beschl. v. 27.1. 1995 – BS III 236/94 –, ZUR 1995. 93 f.; zum Fehlen eines Verbandsklagerechts für Naturschutzverbände vgl. *VG Berlin*, Urt. v. 6.5. 2004 – 14 A. 17.04 –.
[123] Zum Eigentumsschutz vgl. *VG Berlin*, Beschl. v. 12.9. 1995 – 14 A 255.95 –, ZUR 1996, 147 ff.

93 aa) Umfang der Gefahrenabwehr- und Vorsorgepflicht. Die Gefahrenabwehr- und Vorsorgepflichten werden im Einzelnen in §§ 8 bis 13 GenTSV und in den Anhängen III bis V GenTSV konkretisiert, wonach insbesondere Labor- und Produktionssicherheitsmaßnahmen, die Gewährleistung des Arbeitsschutzes sowie bestimmte Entsorgungsgrundsätze zu beachten sind.

94 Trotz der detaillierten Vorgaben der Gentechnik-Sicherheitsverordnung hinsichtlich der Sicherheitsmaßnahmen zu Risikovorsorge ist diese nicht abschließend. Nach anderen Vorschriften erforderliche Sicherheitsmaßnahmen bleiben von der Regelung der Gentechnik-Sicherheitsverordnung unberührt. Es müssen zudem allgemein anerkannte sicherheitstechnische, arbeitsmedizinische und hygienische Regeln sowie gesicherte arbeitswissenschaftliche Erkenntnisse und die Empfehlungen der ZKBS beachtet werden.[124]

95 bb) Wirkungen der Gefahrenabwehr- und Vorsorgepflicht. Auch die Schutz- und Vorsorgepflicht hat drittschützenden Charakter, sodass gegen die Erteilung einer Genehmigung unter Verstoß gegen § 6 Abs. 2 GenTG die Verwaltungsgerichte angerufen werden können.[125]

96 cc) Sanktionen. Verletzt ein Betreiber die ihm durch § 6 GenTG unmittelbar auferlegten Pflichten, hat die Behörde die Möglichkeit, die Einhaltung dieser Pflichten sowie der in der Gentechnik-Sicherheitsverordnung konkretisierten Sicherheitsanforderungen durch nachträgliche Anordnung von Auflagen (§ 19 S. 3 GenTG), Überwachungsmaßnahmen (§ 25 GenTG), weitere behördliche Anordnungen (§ 26 GenTG) oder nötigenfalls den Widerruf der Genehmigung zu erzwingen.[126]

97 c) Aufzeichnungspflicht. Die Grundpflichten zur Risikobewertung und zur Risikovorsorge werden ergänzt durch eine Aufzeichnungspflicht, die für die Durchführung gentechnischer Arbeiten und seit der Novelle von 1993 auch für die Freisetzung besteht (§ 6 Abs. 3 GenTG). Danach hat der Betreiber Aufzeichnungen zu führen und der zuständigen Behörde auf ihr Verlangen vorzulegen. Einzelheiten zu den Aufzeichnungspflichten regelt die Gentechnik-Aufzeichnungsverordnung[127].

98 aa) Zweck der Aufzeichnungspflicht. Zweck der Aufzeichnungspflicht ist es, die effektive Überwachung durch die zuständige Behörde zu ermöglichen und bei Schadensfällen die Ursachenforschung und die Haftungsfeststellung für den Geschädigten zu erleichtern. Von der ordnungsgemäßen Führung der Aufzeichnungen kann in diesem Zusammenhang

---

[124] Vgl. dazu oben E. Rdnr. 71 f.
[125] Vgl. *OVG Hamburg*, Beschl. v. 27.1.1995 – BS III 236/94 –, ZUR 1995, 93 f.
[126] *Wahl*, in: Landmann/Rohmer, Umweltrecht, Bd. IV Kap. 10.1 GenTG, § 6 Rdnr. 85.
[127] Verordnung über Aufzeichnungen bei gentechnischen Arbeiten und bei Freisetzungen (Gentechnik-Aufzeichnungsverordnung – GenTAufzV) i.d.F. d. Bek. v. 4.11.1996 (BGBl. I S. 1645), zul. geänd. durch V v. 28.4.2008 (BGBl. I S. 766).

I. Allgemeine Vorschriften

abhängen, ob den Betreiber die volle Beweislast für die Nichtverursachung gefährlicher Eigenschaften gentechnisch veränderter Organismen trifft.[128]

bb) Bestehen einer Aufzeichnungspflicht. Die Aufzeichnungspflicht besteht für alle gentechnischen Arbeiten und Freisetzungen (§ 1 GenTAufzV). Mithin besteht sie auch für Arbeiten, die der Anzeige oder Anmeldung unterfallen sowie für weitere gentechnische Arbeiten der Sicherheitsstufe eins, die nach § 9 Abs. 1 GenTG zulassungsfrei sind.[129] Die Aufzeichnungspflicht soll eine effektive Überwachung durch die zuständige Behörde gewährleisten und gleichzeitig die Betreiber dazu anhalten, die notwendigen Maßnahmen zur eigenverantwortlichen Gefahrenabwehr und Risikovorsorge zu ergreifen.[130] Der Sinn und Zweck besteht darin, durch eine genaue Buchführung die für Gefahrenabwehr und Risikovorsorge notwendigen Informationen anzulegen. 99

cc) Inhalt der Aufzeichnungspflicht. § 2 GenTAufzV regelt den Inhalt der Aufzeichnungspflichten. Dabei enthält § 2 Abs. 1 GenTAufzV den Katalog der Angaben, die bei allem gentechnischen Arbeiten enthalten sein müssen, während in § 2 Abs. 2 bis 5 GenTAufzV die zusätzlichen Angaben bei gentechnischen Arbeiten im Laborbereich, im Produktionsbereich, bei Arbeiten der Sicherheitsstufe drei oder vier und bei Freisetzungen enthalten sind. 100

(1) Aufzeichnungsumfang für alle Arbeiten. Grundsätzlich müssen bei allem gentechnischen Arbeiten folgende Angaben aufgezeichnet werden (vgl. § 2 Abs. 1 S. 1 GenTAufzV): 101

– Name und Anschrift des Betreibers und Lage der gentechnischen Anlage
– Name des Projektleiters
– Name des oder der Beauftragten für die Biologische Sicherheit
– Zeitpunkt der Anzeige oder Anmeldung bei gentechnischen Arbeiten der Sicherheitsstufe eins oder zwei sowie der Aufnahme der Arbeit bei zulassungsfreien gentechnischen Arbeiten der Sicherheitsstufe eins
– Aktenzeichen und Datum von Anzeige, Anmeldung, Genehmigung oder Zustimmungsfiktion nach § 12 Abs. 5 S. 2 GenTG[131]
– Sicherheitsstufe
– Zeitpunkt des Beginn- und Abschlusszeitpunkt
– Art der Ausgangsorganismen und der Ausgangsstoffe (Spenderorganismus, Reinigungsgrad der Nukleinsäure, Vektor, Merkmale des Empfängerorganismus soweit relevant)
– bedeutsame Merkmale für die Sicherheitsstufe

---

[128] Zu den haftungsrechtlichen Konsequenzen s. unten E. Rdnr. 307.
[129] Vgl. dazu unten E. Rdnr. 153 f.
[130] Amtl. Begründung, BT-Drs. 230/90, S. 7 ff.
[131] Vgl. dazu unten E. Rdnr. 192.

E. Das Gentechnikgesetz und seine Rechtsverordnungen

- weitere Personen, die an der unmittelbaren Durchführung beteiligt sind, bei gentechnischen Arbeiten mit humanpathogenen Organismen der Sicherheitsstufe zwei, drei oder vier
- jedes gefährliche unerwartete Vorkommnis
- Informationen über die Abfall- und Abwasserentsorgung
- Angaben über die Risikobewertung (§ 2 Abs. 1 S. 2 GenTAufzV).

102 *(2) Zusätzliche Aufzeichnungen im Laborbereich.* Bei gentechnischen Arbeiten im Laborbereich sind zusätzlich folgende Angaben aufzuzeichnen (vgl. § 2 Abs. 2 GenTAufzV):

- Beschreibung der gentechnischen Arbeiten einschließlich ihrer Zielsetzung bei weiteren Arbeiten der Sicherheitsstufe eins
- Änderungen der Sicherheitsstufe unter Angabe von Begründung und Zeitpunkt.

103 *(3) Zusätzliche Aufzeichnungen im Produktionsbereich.* Bei gentechnischen Arbeiten im Produktionsbereich sind zusätzlich folgende Angaben aufzuzeichnen (vgl. § 2 Abs. 3 GenTAufzV:

- Darstellung des Prinzips der Herstellung und Aufarbeitung, soweit dies zum Rechtsgüterschutz erforderlich ist, einschließlich Beschreibung des durch die gentechnischen Arbeiten herzustellenden Erzeugnisses
- die bei der Herstellung verwendeten Geräte, die zur laufenden Kontrolle während der Herstellung zu verwendenden Verfahren und Geräte
- Anzahl der Ansätze, einschließlich ihrer Produktionsvolumina.

104 *(4) Zusätzliche Aufzeichnungen bei Sicherheitsstufe drei oder vier.* Bei gentechnischen Arbeiten der Sicherheitsstufe drei oder vier sind zusätzlich folgende Angaben aufzuzeichnen (vgl. § 2 Abs. 1 S. 1 GenTAufzV):

- einzelne Arbeitsschritte, die den Nachvollzug der gentechnischen Arbeiten ermöglichen, nach Zeitpunkt, Inhalt und unmittelbar beteiligten Personen
- voraussichtliche Anzahl der gentechnisch veränderten Organismen bei den einzelnen Ansätzen, zumindest nach Mindest- und Höchstmenge, bei gentechnischen Arbeiten im Laborbereich sowie das voraussichtliche Volumen des größten einzelnen Ansatzes bei Mikroorganismen oder Zellkulturen
- Anzahl der gentechnisch veränderten Organismen bei den einzelnen Ansätzen, zumindest nach Mindest- und Höchstmenge, bei gentechnischen Arbeiten im Produktionsbereich.

105 *(5) Zusätzliche Aufzeichnungen bei Freisetzungen.* Bei Freisetzungen sind zusätzlich folgende Angaben aufzuzeichnen (vgl. § 2 Abs. 5 GenTAufzV):

- Lage der Freisetzungsfläche und Parzellenbelegung
- Beschreibung der freigesetzten Organismen einschließlich der gentechnischen Veränderung

I. Allgemeine Vorschriften

- Anzahl oder Menge der ausgebrachten gentechnisch veränderten Organismen
- Verbleib der gentechnisch veränderten Organismen nach Beendigung der Freisetzung
- Anzahl der auf oder in der Umgebung der Freisetzungsfläche im Zusammenhang mit dem Freisetzungsvorhaben gelagerten gentechnisch veränderten Organismen
- Ort, Beginn und Ende der Lagerung
- Zeitpunkt und Ergebnis der Kontrollgänge
- wesentliche Maßnahmen zur Behandlung der Freisetzungsfläche
- jedes gefährliche unerwartete Vorkommnis.

dd) Form der Aufzeichnungen. Die Form der Aufzeichnungen ist in § 3 GenTAufzV geregelt. Danach dürfen die Aufzeichnungen weder durch Streichung noch auf andere Weise unleserlich gemacht werden. Es dürfen auch keine Veränderungen vorgenommen werden, die nicht erkennen lassen, ob sie bei der ursprünglichen Eintragung oder erst später vorgenommen worden sind. Für die Bezeichnung und für die Sicherheitsbewertung bedeutsame Merkmale einschließlich der Verwendung der gentechnisch veränderten Organismen wird der Regel das Formblatt Z verwendet, wenngleich die Gentechnik-Aufzeichnungsverordnung die Verwendung eines solchen Formblatts nicht vorschreibt. 106

Im Regelfall sind die Aufzeichnungen hand- oder maschinenschriftlich durchzuführen. Möglich ist nach § 3 Abs. 2 GenTAufzV auch eine computermäßige Erfassung und Fortführung, wenn bei der Aufzeichnung auf entsprechende Datenträger sichergestellt ist, dass die Daten während der Aufbewahrungsfrist verfügbar sind und in einer angemessenen Frist lesbar gemacht werden können. 107

ee) Zuständigkeit. Zuständig für die Erfüllung der Aufzeichnungspflichten ist der Betreiber (§ 4 Abs. 1 S. 1 GenTAufzV). Mit der Durchführung der Aufzeichnungen kann er den Projektleiter gem. § 4 Abs. 2 GenTAufzV beauftragen. Die Aufzeichnungen werden in der Praxis regelmäßig vom Projektleiter geführt. 108

Eine weitere Delegationsmöglichkeit für das Führen der Aufzeichnungen ist in § 4 GenTAufzV nicht vorgesehen. Soweit in der Praxis gleichwohl dritter Personen mit der Aufzeichnung betraut werden, kann die Zulässigkeit aus § 3 Abs. 3 GenTAufzV gefolgert werden. Danach sind Aufzeichnungen vom Betreiber, dem von ihm beauftragten Projektleiter oder einer von diesem bestimmten Person zu unterschreiben. Dies legt nahe, dass auch Dritte mit der Aufzeichnung betraut werden dürfen, wenn sichergestellt ist, dass der Projektleiter die Aufzeichnung überwacht und regelmäßig abzeichnet. 109

ff) Aufbewahrungspflicht. Die Pflicht zur Aufbewahrung der Aufzeichnungen richtet sich nach § 4 GenTAufzV. Die Zeiträume sind nach den Sicherheitsstufen gestaffelt. Bei Vorhaben der Sicherheitsstufe eins 110 sind die Aufzeichnungen 10 Jahre nach Abschluss der jeweiligen gentechnischen Arbeit vollständig aufzubewahren, bei Arbeiten der Sicherheitsstufen zwei bis vier 30 Jahre. Aufzubewahren sind grundsätzlich die Originale. Eine Ausnahme gilt nur für Aufzeichnungen auf Bild- und Datenträgern gem. § 3 Abs. 2 GenTAufzV.

111 Die Aufzeichnungen müssen auch noch nach einer Betriebseinstellung zugänglich sein. Im Falle der Betriebseinstellung sieht § 4 Abs. 3 GenTAufzV vor, dass der Betreiber die Aufzeichnungen unverzüglich der zuständigen Behörde aushändigen muss, sofern die Aufbewahrungsfristen noch nicht abgelaufen sind. Allerdings kann die Behörde im Einzelfall mit dem Betreiber auch vereinbaren, dass die Aufzeichnungen beispielsweise in Instituten verbleiben können, wenn der Betreiber ihren Verbleib kennt und jederzeit auf sie zugreifen kann.

112 **gg) Sanktionen.** Soweit Aufzeichnungen nicht erstellt werden oder unvollständig sind, die Aufbewahrungsfristen nicht eingehalten werden und die Aufzeichnungen bei Betriebsstilllegung der Behörde nicht ausgehändigt werden, stellt dies für den Betreiber eine Ordnungswidrigkeit dar, die nach § 38 Abs. 1 Nr. 12 GenTG bußgeldbewehrt ist (§ 5 GenTAufzV).[132]

113 **d) Bestellung von Fachleuten für Biologische Sicherheit.** Das Gentechnikgesetz sieht im Einzelnen die Bestellung eines Projektleiters sowie eines Beauftragten und/oder Ausschüsse für Biologische Sicherheit durch den Betreiber vor (§ 6 Abs. 4 GenTG). Mithin kommen als Verantwortliche im Sinne des Gentechnikgesetzes der Betreiber, der Projektleiter und der Beauftragte oder die Ausschüsse für Biologische Sicherheit in Betracht. Wie die Verantwortlichkeiten im Einzelnen verteilt werden, regelt die Gentechnik-Sicherheitsverordnung[133].

114 **aa) Projektleiter.** Der Projektleiter (§ 3 Nr. 8 GenTG) führt die unmittelbare Planung, Leitung und Beaufsichtigung der gentechnischen Arbeiten und seit 1993 die Freisetzung durch (§ 14 Abs. 1 S. 1 GenTSV).

115 *(1) Verantwortungsbereich.* Der Verantwortungsbereich des Projektleiters ist in § 14 Abs. 1 S. 2 GenTSV detailliert geregelt. So ist er für die Beachtung der Schutzvorschriften der §§ 8 bis 13 GenTSV sowie der seuchen-, tierseuchen-, tierschutz-, artenschutz- und pflanzenschutzrechtlichen Vorschriften verantwortlich (§ 14 Abs. 1 S. 2 Nr. 1 GenTSV). Ihm obliegt die Überwachung der Anzeige- und Anmeldefristen und die Überwachung der Vollziehbarkeit der Freisetzungsgenehmigung (§ 14 Abs. 1 S. 2 Nr. 2 und 3 GenTSV). Er ist zudem für die Einhaltung behördlicher Auflagen und Anordnungen sowie für das Ergreifen von Maßnahmen zur Gefahrenabwehr im Falle einer Gefahr verantwortlich (§ 14 Abs. 1 S. 2 Nr. 3 und 7 GenTG).

---

[132] Siehe dazu unten E. Rdnr. 459.
[133] Siehe dazu bereits oben E. Rdnr. 86.

I. Allgemeine Vorschriften

Im Verhältnis zu weiteren Beschäftigten hat er auf deren ausreichende Qualifikation und Einweisung zu achten und diese zu unterweisen (§ 14 Abs. 1 S. 2 Nr. 5 GenTSV). Im Verhältnis zum Beauftragten oder Ausschuss für Biologische Sicherheit hat er diese zu unterrichten (§ 14 Abs. 1 S. 2 Nr. 9 GenTSV). 116

Gegenüber dem Betreiber hat er unverzüglich jedes Vorkommnis anzuzeigen, dass nicht dem erwarteten Verlauf der gentechnischen Arbeit oder der Freisetzung entspricht und bei dem der Verdacht einer Gefährdung besteht (§ 14 Abs. 1 S. 2 Nr. 8 GenTSV). Im Rahmen von Freisetzungen hat er darauf zu achten, dass eine sachkundige Person regelmäßig anwesend und grundsätzlich verfügbar ist (§ 14 Abs. 1 S. 2 Nr. 9 GenTSV). 117

Ebenso kann ihm gem. § 4 Abs. 2 GenTAufzV die Führung der Aufzeichnungen übertragen werden.[134] 118

Wird eine gentechnische Arbeit oder eine Freisetzung mehreren Projektleitern gemeinsam zugeordnet, sind die Verantwortlichkeiten der einzelnen Projektleiter eindeutig festzulegen (§ 14 Abs. 2 GenTSV). 119

(2) Sachkundenachweis des Projektleiters. Der Projektleiter muss nachweisbare Kenntnisse insbesondere in klassischer und molekularer Genetik und praktische Erfahrung im Umgang mit Mikroorganismen, Pflanzen oder Tieren und die erforderlichen Kenntnisse über Sicherheitsmaßnahmen und Arbeitsschutz bei gentechnischen Arbeiten besitzen (§ 15 Abs. 1 S. 1 GenTSV). Die erforderliche Sachkunde besitzt der Projektleiter, wenn er ein naturwissenschaftliches, medizinisches oder tiermedizinisches Hochschulstudium abgeschlossen hat (§ 15 Abs. 1 S. 2 Nr. 1 GenTSV), eine mindestens dreijährige Tätigkeit auf dem Gebiet der Gentechnik, insbesondere der Mikrobiologie, der Zellbiologie, der Virologie oder der Molekularbiologie (§ 15 Abs. 1 S. 2 Nr. 2 GenTSV) und die Bescheinigung über den Besuch einer von der zuständigen Landesbehörde anerkannten Fortbildungsveranstaltung nachweisen kann (§ 15 Abs. 1 S. 2 Nr. 3 GenTSV). 120

Bei Arbeiten im Produktionsbereich werden statt des Abschlusses eines naturwissenschaftlichen, medizinischen oder tiermedizinischen Hochschulstudiums auch der Abschluss eines ingenieurwissenschaftlichen Hoch- oder Fachhochschulstudiums und eine mindestens dreijährige Tätigkeit auf dem Gebiet der Bioverfahrenstechnik anerkannt (§ 15 Abs. 2 S. 2 GenTSV). Im Bereich der Landwirtschaft kann die erforderliche Sachkunde durch den Abschluss eines biologischen oder landwirtschaftlichen Hochschulstudiums und einer mindestens dreijährigen Tätigkeit in einem Pflanzenzuchtbetrieb oder einer wissenschaftlichen Einrichtung im Pflanzenschutz, im Pflanzenbau oder in der Pflanzenzüchtung nachgewiesen werden (§ 15 Abs. 2 S. 3 GenTSV). Im Fall einer landwirtschaftlichen Tätigkeit kann die Behörde auf die Vorlage der Bescheinigung einer Fort- 121

---

[134] Vgl. dazu bereits oben E. Rdnr. 108.

bildungsveranstaltung verzichten, wenn der Projektleiter in dieser Eigenschaft mindestens drei Jahre in einem nach den Richtlinien zum Schutz vor Gefahren durch in-vitro neu kombinierten Nukleinsäuren registrierten Labor tätig war (§ 15 Abs. 2 S. 4 GenTSV).

122 **bb) Beauftragter für die Biologische Sicherheit.** Weiteres sachverständige Personal im Sinne der Grundpflicht des § 6 Abs. 4 GenTG ist der Beauftragte oder die Ausschüsse für Biologische Sicherheit.

123 *(1) Bestellung des Beauftragten für die Biologische Sicherheit.* Je nach Art und Umfang des geplanten Vorhabens hat der Betreiber nach Anhörung des Betriebs- und Personalrates einen oder mehrere Beauftragte für Biologische Sicherheit (BBS) schriftlich zu bestellen (§ 16 Abs. 1 GenTSV). Werden mehrere Beauftragte für Biologische Sicherheit bestellt, sind die dem einzelnen Beauftragten für Biologische Sicherheit obliegenden Aufgaben genau zu bezeichnen (§ 16 Abs. 1 S. 2 GenTSV).

124 *(2) Aufgaben des Beauftragten für die Biologische Sicherheit.* Gem. § 18 GenTSV nehmen die Beauftragten für die Biologische Sicherheit Überwachungsfunktionen gegenüber dem Projektleiter sowie beratende Aufgaben gegenüber dem Betreiber war. Der Betreiber ist verpflichtet, die Beauftragten für die Biologische Sicherheit bei der Erfüllung ihrer Aufgaben zu unterstützen (§ 19 Abs. 1 GenTSV) und jede Benachteiligung wegen dieser Tätigkeit zu unterlassen (§ 19 Abs. 1 GenTSV). Dies zeigt deutlich die ambivalente Stellung des Beauftragten für die Biologische Sicherheit, der einerseits in einem Arbeitsverhältnis zum Betreiber steht, diesen aber andererseits kontrollieren soll.

125 *(3) Sachkunde des Beauftragten für die Biologische Sicherheit.* Die Qualifikation, d.h. die Sachkunde der Beauftragten für die Biologische Sicherheit regelt ebenfalls die Gentechnik-Sicherheitsverordnung in § 17 GenTSV. Zum Beauftragten für die Biologische Sicherheit darf nur eine Person bestellt werden, die die erforderliche Sachkunde besitzt. Dabei richten sich die erforderliche Sachkunde des Beauftragten für die Biologische Sicherheit und ihr Nachweis nach der für den Projektleiter geltenden Vorschrift des § 15 GenTSV.[135]

126 *(4) Verhältnis zum Betreiber.* Die Pflichten des Betreibers selbst sind in § 19 GenTSV geregelt. Der Betreiber hat den Beauftragten für die Biologische Sicherheit bei der Erfüllung seiner Aufgaben zu unterstützen und ihm insbesondere, soweit dies zur Erfüllung seiner Aufgaben erforderlich ist, Hilfspersonal sowie Räume, Einrichtungen, Geräte und Arbeitsmittel zur Verfügung zu stellen. Er hat ihm die zur Erfüllung seiner Aufgaben erforderliche Fortbildung unter Berücksichtigung der betrieblichen Belange

---

[135] Vgl. dazu oben E. Rdnr. 120 f.

II. Organisation

auf seine Kosten zu ermöglichen. Dabei darf er den Beauftragten für die Biologische Sicherheit nicht wegen der Erfüllung der diesem obliegenden Aufgaben benachteiligen.

Will der Betreiber Einrichtungen und Betriebsmittel beschaffen, die für die Sicherheit gentechnischer Arbeiten in gentechnischen Anlagen bedeutsam sein können, so hat er vorher eine Stellungnahme des Beauftragten für die Biologische Sicherheit einzuholen. Diese Stellungnahme ist so rechtzeitig einzuholen, dass sie bei der Entscheidung über die Beschaffung angemessen berücksichtigt werden kann. Letztlich hat der Betreiber dafür zu sorgen, dass der Beauftragte für die Biologische Sicherheit seine Vorschläge oder Bedenken unmittelbar der entscheidenden Stelle vortragen kann, wenn er sich mit dem Projektleiter nicht einigen konnte und der Beauftragte für die Biologische Sicherheit wegen der besonderen Bedeutung der Sache eine Entscheidung dieser Stelle für erforderlich hält.   127

II. Organisation

Entsprechend der Unterscheidung im Gentechnikgesetz in Verfahren für die Zulassung von gentechnischen Anlagen und gentechnischen Arbeiten einerseits und Verfahren für das Freisetzen und das Inverkehrbringen gentechnisch veränderter Organismen andererseits ist auch die Zuständigkeit der Behörden unterschiedlich geregelt. Nach § 31 GenTG bestimmen die nach Landesrecht zuständigen Stellen die Zuständigkeit der für die Ausführung des Gesetzes zuständigen Behörden. Dies ist etwa in Nordrhein-Westfalen Bezirksregierung Düsseldorf, in Baden-Württemberg das Regierungspräsidium Tübingen[136] und in Hessen das Regierungspräsidium Gießen.[137]   128

Demgegenüber ist für die Genehmigung für das Freisetzen und das Inverkehrbringen gentechnisch veränderter Organismen als Bundesoberbehörde das Bundesamt für Verbraucherschutz und Lebensmittelsicherheit zuständig. In diesem Bereich bleibt den zuständigen Landesbehörden die Überwachungsbefugnis.[138]   129

Zudem besteht im Bereich des Inverkehrbringens bei der Gemeinschaftszulassung eine weiter gehende Befugnis der EG-Kommission.[139]   130

---

[136] GenTZuVO v. 2.07-1990 (GBl. 1990, S. 211).
[137] Übersicht in BT-Drs. 14/6763, S. 35.
[138] Zur Zuständigkeit oberster Landesbehörden im Saarland vgl. *OVG Saarland*, Urt. v. 29.1. 2008 – 1 A 165/07 –, AS RP-SL 35, 409 ff.
[139] Vgl. dazu bereits oben D. Rdnr. 100; siehe auch *Kloepfer/Delbrück*, DÖV 1990, 897 (905); *Führ*, IUR 1992, 197 (199).

III. Zulassung gentechnischer Anlagen und gentechnische Arbeiten

131 Die Zulassung von gentechnischen Arbeiten und gentechnischen Anlagen erfolgt in einem komplizierten Geflecht aus Genehmigungen, Anmeldungen, Anzeigen und Mitteilungen. Das rechtliche Instrumentarium des Gentechnikgesetzes richtet sich danach, ob es um gentechnische Arbeiten in geschlossenen Systemen, d.h. Anlagenzulassung, oder um die Freisetzung und das Inverkehrbringen gentechnisch veränderter Organismen geht. Die Anlagenzulassung ist in §§ 8 ff. GenTG geregelt, während die Zulassung der Freisetzung und des Inverkehrbringens in §§ 14 ff. GenTG normiert ist.

1. Gentechnische Arbeiten in gentechnischen Anlagen

132 Gentechnische Arbeiten dürfen gem. § 8 Abs. 1 S. 2 GenTG nur in gentechnischen Anlage durchgeführt werden.[140] Dabei unterwirft das Gentechnikgesetz die Errichtung und den Betrieb gentechnischer Anlagen sowie die Durchführung gentechnischer Arbeiten einer präventiven behördlichen Kontrolle in Form einer Genehmigung, Anmeldung, Anzeige oder Mitteilung.

133 Maßgeblich für die Frage, ob ein umfangreiches Genehmigungsverfahren durchzuführen ist oder aber eine Anmeldung, Anzeige oder bloße Mitteilung ausreicht, ist die Zuordnung einer Arbeit zu den in § 7 Abs. 1 GenTG genannten Sicherheitsstufen.

134 **a) Sicherheitsstufen und Sicherheitsmaßnahmen.** Für die verfahrensmäßigen Anforderungen ist sowohl bei der Genehmigung als auch bei der Anmeldung maßgeblich, welcher Sicherheitsstufe die betreffenden Arbeiten zuzuordnen sind.[141] Dabei ist die Prüfung der Sicherheit einer gentechnischen Anlage im Anlagengenehmigungsverfahren ausschließlich an den gentechnischen Arbeiten auszurichten, die nach den im Genehmigungsantrag enthaltenen Angaben des Antragstellers in der jeweiligen Anlage durchgeführt werden sollen.[142]

135 Nach § 7 GenTG sind vier Sicherheitsstufen zu unterscheiden. Für die Zuordnung zu einer bestimmten Sicherheitsstufe ist das Risiko entscheidend, von dem nach dem Stand der Wissenschaft für die menschliche Ge-

---

[140] Zur Zulassung von Vorhaben vgl. auch *Häußler*, JA 1997, 909 ff.; vgl. auch *BVerwG*, Urt. v. 15.4. 1999 – 7 B 278.98 –, ZUR 1999, 279 f.

[141] In der ersten Fassung des Gentechnikgesetzes war überdies noch maßgeblich, welchem Zweck die betreffenden Arbeiten oder Anlagen dienten. Arbeiten zu Forschungszwecken waren gegenüber Arbeiten zu gewerblichen Zwecken privilegiert.

[142] So *BVerwG*, Urt. v. 15.4. 1999 – 7 B 278.98 –, ZUR 1999, 279; vgl. auch *VG Sigmaringen*, Urt. v. 7.11. 1996 – 9 K 1129/95 –.

III. Zulassung gentechnischer Anlagen und gentechnische Arbeiten

sundheit und die Umwelt auszugehen ist. Dabei gelten gemessen am Stand der Wissenschaft folgende Abstufungen:

- Sicherheitsstufe 1: kein Risiko für die menschliche Gesundheit und die Umwelt (Nr. 1)
- Sicherheitsstufe 2: geringes Risiko für die menschliche Gesundheit und die Umwelt (Nr. 3)
- Sicherheitsstufe 3: mäßiges Risiko für die menschliche Gesundheit und die Umwelt (Nr. 3)
- Sicherheitsstufe 4: hohes Risiko oder begründeter Verdacht eines solchen Risikos für die menschliche Gesundheit und die Umwelt (Nr. 4).

Das Risikopotenzial der sicherheitseinzustufenden gentechnischen Arbeiten wird bestimmt durch die Eigenschaft der Spender- und Empfängerorganismen, der Vektoren sowie des gentechnisch veränderten Organismus. Dabei sind mögliche Auswirkungen auf die Beschäftigten, die Bevölkerung, Nutztiere, Kulturpflanzen und die sonstige Umwelt einschließlich der Verfügbarkeit geeigneter Gegenmaßnahmen zu berücksichtigen.[143] **136**

Jeder Sicherheitsstufe sind entsprechende **Sicherheitsmaßnahmen** zugeordnet, die bei der Durchführung gentechnischer Arbeiten zu beachten sind. Die Sicherheitsmaßnahmen sind in den §§ 8 bis 13 GenTSV in Verbindung mit deren Anhängen III bis V detailliert geregelt. Dabei werden die Anforderungen der niedrigeren Stufe jeweils von der höheren Stufe eingeschlossen. So ist für gentechnische Arbeiten der Sicherheitsstufe drei unter anderem eine Abschirmung des Labors, eine Schleuse sowie eine Unterdruckanlage mit Abluftfilterung erforderlich (Anhang III, Abschnitt A., Teil III Nr. 1 bis 12 GenTSV). Die sich nach der Sicherheitseinstufung ergebenden Sicherheitsanforderungen sind im Hinblick auf etwaige sicherheitsrelevante Besonderheiten der vorgesehenen Arbeiten sowohl nach unten als auch nach oben veränderbar (§ 2 Abs. 2 S. 3 GenTSV).[144] Die an die Anlage zu stellenden Sicherheitsanforderungen müssen nur an die vorgesehenen Arbeiten angepasst sein. Nicht erforderlich ist, dass die Anlage auch für alle anderen denkbaren Arbeiten derselben Sicherheitsstufe angepasst sein muss.[145] **137**

Die Grundlage und die Durchführung der Sicherheitseinstufung sowie die durchzuführenden Sicherheitsmaßnahmen sind detailliert in der Gen- **138**

---

[143] *Drescher*, HdUR, Bd. 1, Sp. 861 (870); ausführl. *Tünnesen-Harmes*, HdbUR, B.5 Rdnr. 59 ff.; zur Risikobewertung grundl. *Breuer*, NuR 1994, 157 ff.
[144] *BVerwG*, Urt. v. 15.4. 1999 – 7 B 278.98 –, ZUR 1999, 279 (280).
Drescher, HdUR, Bd. 1, Sp. 861 (870); ausführl. *Tünnesen-Harmes*, HdbUR, B.5 Rdnr. 59 ff.
[145] *BVerwG*, Urt. v. 15.4. 1999 – 7 B 278.98 –, ZUR 1999, 279 (280).
Drescher, HdUR, Bd. 1, Sp. 861 (870); ausführl. *Tünnesen-Harmes*, HdbUR, B.5 Rdnr. 59 ff.

technik-Sicherheitsverordnung (§ 4 GenTSV) geregelt. Die Einordnung in die Risikogruppen erfolgt nach der dargestellten Kombination aus Listen- und Definitionsprinzip.[146]

139 § 7 GenTG räumt der zuständigen Behörde einen eigenverantwortlichen Spielraum für die Bewertung wissenschaftlicher Streitfragen einschließlich der daraus folgenden Risikoabschätzung ein. Die Risikobeurteilung erfolgt auf zwei Stufen, nämlich der Risikoermittlung und der Risikobewertung.[147] Nach der Rechtsprechung folgt aus der mit der Risikoabschätzung verbundenen Einschätzungsprärogative eine lediglich eingeschränkte verwaltungsgerichtliche Kontrolle,[148] d.h. auch das Gericht nimmt keine eigene Einschätzung vor, sondern überprüft die Risikobewertung des Betreibers.[149]

140 b) Zulassungstatbestände. Das Gentechnikgesetz unterscheidet in Genehmigung, Anmeldung, Anzeige, Mitteilung und zulassungsfreie Tatbestände. Zu Beginn kannte das Gentechnikgesetz nur die Genehmigung. Erst nach und nach wurden Zulassungserleichterungen eingeführt, die sich in ihren Abweichungen auch heute noch am Prototyp der Genehmigung orientieren.

141 aa) Genehmigungspflicht. Die **Errichtung und der Betrieb gentechnischer Anlagen**, in denen gentechnische Arbeiten der **Sicherheitsstufe drei oder vier** durchgeführt werden sollen, bedürfen gem. § 8 Abs. 1 S. 2 GenTG der Genehmigung (Anlagengenehmigung). Die Durchführung erstmaliger gentechnische Arbeiten ist dabei aus Gründen der Verwaltungsvereinfachung von der Anlagengenehmigung umfasst (§ 8 Abs. 1 S. 2 GenTG),[150] d.h. der Betreiber bekommt eine Anlagengenehmigung, die zugleich die erstmalige Tätigkeit umfasst.

142 Ebenso ist eine Genehmigung erforderlich, für die **wesentliche Änderung** der Lage, der Beschaffenheit oder des Betriebes der gentechnischen Anlage, in der gentechnischer Arbeiten der Sicherheitsstufe drei oder vier durchgeführt werden (§ 8 Abs. 4 S. 1 GenTG). Eine wesentliche Änderung liegt in der Regel dann vor, wenn sich die sicherheitsrelevanten Fragen der Ausgangsgenehmigung neue Stellen.

143 Ferner ist eine neue Genehmigung für **weitere gentechnische Arbeiten, die einer höheren Sicherheitsstufe** zuzuordnen sind als die von der Genehmigung nach § 8 Abs. 1 S. 2 GenTG oder von der Anzeige oder der An-

---

[146] Vgl. dazu oben E. Rdnr. 86 ff.
[147] Vgl. dazu *VG Freiburg*, Urt. v. 23.6. 1999 – 1 K 1599/98 – ZUR 2000, 216 (217).
[148] Vgl. dazu *OVG Hamburg*, Urt. v. 27.1. 1995 -Bs III 236/94 –, ZUR 1995, 93; *OVG Berlin*, Beschl. v. 29.3. 1994, NVwZ 1995, 1023 (1024 f.); *VG Berlin*, Beschl. v. 7.5. 1993 – 14 A 167.93 –, NVwZ-RR 1994, 150 ff.; *VG Karlsruhe*, Beschl. v. 19.9. 1997 -7 K 873/97 –; *VG Freiburg*, Urt. v. 23.6. 1999 – 1 K 1599/98 – ZUR 2000, 216 (217); *VG Köln*, Urt. v. 19.4. 2007 – 13 K 4565/05 –, LRE 56, 17 ff.; vgl. dazu auch *Kroh*, DVBl. 2000, 102 ff.
[149] Dazu auch *VG Köln*, Urt. v. 19.4. 2007 – 13 K 4565/05 –, LRE 56, 17 ff.
[150] Vgl. BT-Drs. 11/6778 S. 39; dazu *Tünnesen-Harmes*, HdbUR, B.5 Rdnr. 67.

III. Zulassung gentechnischer Anlagen und gentechnische Arbeiten

meldung nach § 8 Abs. 2 S. 1 GenTG umfassten Arbeiten, erforderlich (§ 9 Abs. 4 S. 1 1. Alt. GenTG). Das Gentechnikgesetz unterscheidet mithin für die Genehmigung in anlagen- und tätigkeitsbezogene Genehmigungen.

Letztlich kann der Betreiber einer gentechnischen Anlage auch die Errichtung und den Betrieb einer gentechnischen Anlage, in der gentechnische Arbeiten der Sicherheitsstufe zwei durchgeführt werden sollen (§ 8 Abs. 2 S. 2 GenTG) und für weitere Arbeiten der Sicherheitsstufe zwei (§ 9 Abs. 2 GenTG) eine Genehmigung beantragen (sog. „Genehmigung auf Zuruf". Intention dieser Regelungen ist, dass der Betreiber der Anlage die mit einem förmlichen Genehmigungsverfahren verbundene Konzentrationswirkung auch für Arbeiten der Sicherheitsstufe zwei abschöpfen kann.[151] Es kann für ihn wegen der Verfahrens- und Entscheidungskonzentration und des Ausschlusses Rechte Dritter im Einzelfall günstiger sein, statt eine Anmeldung eine Genehmigung zu beantragen.[152] **144**

bb) Anmeldepflicht. Für die **Errichtung und den Betrieb gentechnische Anlagen**, in denen gentechnische Arbeiten der **Sicherheitsstufe eins oder zwei** durchgeführt werden sollen, und die vorgesehenen **erstmaligen gentechnischen Arbeiten** sind Falle **der Sicherheitsstufe zwei** vor ihrem Beginn gem. § 8 Abs. 2 S. 1 2. Alt. GenTG anzumelden. **145**

Gleiches gilt gem. § 8 Abs. 4 S. 2 GenTG für die **wesentliche Änderung** der Lage, wer Beschaffenheit oder des Betriebes der gentechnischen Anlage, in der gentechnische Arbeiten der Sicherheitsstufe zwei durchgeführt werden. **146**

Bereits mit der ersten Novelle des Gentechnikgesetzes ist für die Sicherheitsstufe eins das Genehmigungserfordernis weggefallen. Ziel dieser Änderung war eine Verfahrensvereinfachung für den Bereich der. Ob diese Verfahrensvereinfachung tatsächlich erreicht wird, wird bezweifelt.[153] Mit der Anlagengenehmigung entfällt nämlich zugleich die Konzentrationswirkung des § 22 Abs. 1 GenTG, d.h. der mit der Genehmigung verbundene Einschluss weiterer öffentlich-rechtlicher Erlaubnisse. Dies soll durch die Bestimmung in § 12 Abs. 7 S. 4 GenTG, wonach für die Anlage weiter erforderliche Genehmigungen von den dafür zuständigen Behörden innerhalb einer Frist von drei Monaten zu erteilen sind, kompensiert werden. Es bleibt allerdings dabei, dass der Anlagebetreiber sich selbst um die Erteilung der weiteren Genehmigungen kümmern muss. **147**

Aus dem vorbenannten Grund kann für Anlagen, in denen gentechnische Arbeiten der Sicherheitsstufe zwei durchgeführt werden sollen, auch eine Anlagengenehmigung beantragt werden (§ 8 Abs. 2 S. 2 GenTG). Die Regelung des § 8 Abs. 2 S. 2 GenTG, die dem § 19 Abs. 3 **148**

---

[151] Vgl. dazu unten E. Rdnr. 333 ff.
[152] Vgl. dazu auch unten E. Rdnr. 334.
[153] Vgl. *Drescher*, ZUR 1994, 289 (293).

E. Das Gentechnikgesetz und seine Rechtsverordnungen

BImSchG[154] nachgebildet ist, kann dem Betreiber einen erhöhten Bestandsschutz und zugleich die privatrechtsgestaltende Wirkung der Genehmigung (§ 23 GenTG) verschaffen. Es handelt sich dabei um eine so genannte „Genehmigung auf Zuruf".[155]

149 cc) **Anzeigepflicht.** Die **Errichtung und der Betrieb gentechnische Anlagen,** in denen gentechnische Arbeiten der **Sicherheitsstufe eins oder zwei** durchgeführt werden sollen, und die vorgesehenen **erstmaligen gentechnischen Arbeiten** sind im Falle der **Sicherheitsstufe eins** vor ihrem Beginn nach § 8 Abs. 2 S. 1 2. Alt. GenTG anzuzeigen.

150 Ebenso sind **weitere gentechnische Arbeiten der Sicherheitsstufe zwei** von dem Betreiber vor dem beabsichtigten Beginn der Arbeiten nach § 9 Abs. 2 S. 1 GenTG anzuzeigen.

151 dd) **Mitteilungspflicht.** Soll hingegen eine bereits angezeigte, angemeldete oder genehmigte gentechnische Arbeit der Sicherheitsstufe zwei und drei in einer anderen angemeldeten oder genehmigten gentechnischen Anlage desselben Betreibers, in der entsprechende gentechnische Arbeiten durchgeführt werden dürfen, durchgeführt werden, ist dies vor Aufnahme der Arbeit vom Betreiber mitzuteilen (§ 9 Abs. 4a GenTG).

152 Darüber hinaus ist eine Mitteilungspflicht in § 9 Abs. 5 GenTG vorgesehen. Danach sind weitere gentechnische Arbeiten der Sicherheitsstufe zwei, drei oder vier, die von einer internationalen Hinterlegungsstelle zum Zwecke der Erfüllung der Erfordernisse nach dem Budapester Vertrag vom 28.4. 1977 über die internationale Anerkennung der Hinterlegung von Mikroorganismen für die Zwecke von Patentverfahren[156] durchgeführt werden, sind der zuständigen Behörde von dem Betreiber unverzüglich nach Beginn der Arbeiten mitzuteilen.

153 ee) **Kontrollfreie Vorhaben.** Kontrollfrei bleibt damit die Durchführung **weiterer gentechnische Arbeiten der Sicherheitsstufe eins.** Diese unterliegen nur der Aufzeichnungspflicht nach § 6 Abs. 3 GenTG.[157]

154 Kontrollfrei sind ferner weitere gentechnische Arbeiten auf Veranlassung der zuständigen Behörde zur Entwicklung der für die Probeuntersuchung erforderlichen Nachweismethoden oder zur Untersuchung einer Probe im Rahmen der Überwachung nach § 25 GenTG. Diese können nach § 9 Abs. 6 GenTG abweichend von § 9 Abs. 2 GenTG durchgeführt werden.

155 c) **Genehmigungsvoraussetzungen, -verfahren und -entscheidung.** Die Voraussetzungen für die Erteilung einer Genehmigung, das Verfahren und die Entscheidung der Behörde sind in §§ 10 und 11 GenTG geregelt.

---

[154] Gesetz zum Schutz vor schädlichen Umwelteinwirkungen durch Luftverunreinigungen, Geräusche, Erschütterungen und ähnliche Vorgänge (Bundes-Immissionsschutzgesetz – BImSchG) i.d.F. d. Bek. v. 26.9. 2002 (BGBl. I S. 3830), zul. geänd. durch G v. 23.10. 2007 (BGBl. I S. 2470); vgl. dazu bereits oben D. Rdnr. 188.
[155] Vgl. dazu bereits oben E. Rdnr. 144.
[156] BGBl. 1980 II S. 1104, 1984 II S. 679.
[157] Vgl. dazu bereits oben E. Rdnr. 99.

III. Zulassung gentechnischer Anlagen und gentechnische Arbeiten

aa) Genehmigungsvoraussetzungen. Die Genehmigungsvoraussetzungen der anlagebezogenen Genehmigung sind in § 11 GenTG normiert. Danach ist die Genehmigung zur Errichtung und zum Betrieb einer gentechnischen Anlage zu erteilen, wenn

– keine Tatsachen vorliegen, aus denen sich Bedenken gegen die Zuverlässigkeit des Betreibers und die Errichtung sowie für die Leitung und die Beaufsichtigung des Betriebs der Anlage verantwortlichen Personen ergeben (Nr. 1),
– gewährleistet ist, dass der Projektleiter sowie der oder die Beauftragte für Biologische Sicherheit die für ihrer Aufgaben erforderliche Sachkunde besitzen und die ihnen obliegenden Verpflichtungen ständig erfüllen können (Nr. 2),
– sichergestellt ist, das vom Antragsteller die sich aus § 6 Abs. 1 und 2 und den Rechtsverordnungen nach § 30 Abs. 2 Nr. 2, 4, 5, 6 und 9 ergebenden Pflichten für die Durchführung der vorgesehenen gentechnischen Arbeiten erfüllt werden (Nr. 3),
– gewährleistete ist, dass für die erforderliche Sicherheitsstufe die nach dem Stand der Wissenschaft und Technik notwendigen Einrichtungen vorhanden und Vorkehrungen getroffen sind und deshalb schädliche Einwirkungen auf die in § 1 Nr. 1 GenTG bezeichneten Rechtsgüter nicht zu erwarten sind (Nr. 4),
– keine Tatsachen vorliegen, denen die Verbote des Art. 2 des Gesetzes über das Verbot bakteriologischer Waffen[158] und die Bestimmungen zum Verbot von biologischen und chemischen Waffen im Kriegswaffenkontrollgesetz[159] entgegenstehen (Nr. 5) und
– andere öffentlich-rechtliche Vorschriften und Belange des Arbeitsschutzes der Errichtung und dem Betrieb der gentechnischen Anlage nicht entgegenstehen (Nr. 6).

(1) Zuverlässigkeit. Sowohl der Betreiber der gentechnischen Anlage als auch sein Personal müssen zuverlässig sein. Es handelt sich dabei um eine personenbezogene Eigenschaft. Im Unterschied zu einer reinen Sachkonzession nach § 4 BImSchG, d.h. einer sachbezogenen Konzession, die im Falle des Betreiberwechsels bestehen bleibt, handelt es sich bei der Anlagengenehmigung nach dem Gentechnikgesetz um eine so genannte gemischte Genehmigung.[160] Sie ist nicht rein sachbezogen, sondern enthält auch eine personenbezogene Anknüpfung. Dies ergibt sich aus § 11

156

157

---

[158] Gesetzes zu dem Übereinkommen vom 10.4. 1972 über das Verbot der Entwicklung, Herstellung und Lagerung bakteriologischer (biologischer) Waffen und von Toxinwaffen sowie über die Vernichtung solcher Waffen (Gesetzes über das Verbot bakteriologischer Waffen) (BGBl. 1983 II S. 132).
[159] Ausführungsgesetz zu Art. 26 Abs. 2 GG (Gesetz über die Kontrolle von Kriegswaffen (KrWaffKontrG) i.d.F. d. Bek. v. 22.11. 1990 (BGBl. I S. 2506), zul. geänd. durch G v. 31.10. 2007 (BGBl. I S. 207).
[160] Vgl. zur Unterscheidung von Real- und Personalkonzessionen *Hoppe/Beckmann/Kauch*, Umweltrecht, § 8 Rdnr. 32.

Abs. 1 Nr. 1 GenTG, wonach die Zuverlässigkeit des Betreibers Genehmigungsvoraussetzung ist. Bei einem Betreiberwechsel bedarf es einer erneuten Anlagengenehmigung.

158 *(2) Präsenz.* Nach § 11 Nr. 2 GenTG müssen der Projektleiter sowie der oder die Beauftragten für Biologische Sicherheit die ihnen obliegenden Verpflichtungen ständig erfüllen können. Dies setzt voraus, dass sie unmittelbar Einfluss auf die ausgeübte Tätigkeit haben können. Unzulässig dürfte ist insofern sein, wenn ein Projektleiter für mehrere Projekte in unterschiedlichen Städten zuständig ist.

159 *(3) Einhaltung anderer öffentlich-rechtlicher Vorschriften und Belange des Arbeitsschutzes.* § 11 Abs. 1 Nr. 6 GenTG ist Ausdruck der in § 22 GenTG geregelte Konzentrationswirkung, die die Prüfung der Vereinbarkeit der Anlage mit anderen öffentlich-rechtlich Vorschriften, zum Beispiel denen des Baurechts, des Immissionsschutzrechts und – im Gegensatz zu § 13 BImSchG – auch denen des Wasserrechts, sicherstellen soll. Das bedeutet, dass im Genehmigungsverfahren zur Erteilung einer Genehmigung nach dem Gentechnikgesetz auch die baurechtliche, die wasserrechtliche und die immissionsschutzrechtliche Zulässigkeit der Anlage überprüft und abschließend beschieden wird. Es wird also in einem Verfahren über Ansicht mehrere Zulassungen entschieden, aber letztlich nur eine Genehmigung erteilt, die andere Zulassungen umfasst. Für den Antragsteller hat dies den Vorteil, dass er nur ein Verfahren bei einer Behörde mit einer Entscheidung durchlaufen muss. Dies nennt man Verfahrens- und Entscheidungskonzentration.

160 **bb) Genehmigungsverfahren.** Das Genehmigungsverfahren ist detailliert in § 10 GenTG geregelt. Es schließt mit der Erteilung einer Anlagengenehmigung einschließlich der arbeitsbezogenen Genehmigung der darin genannten gentechnischen Arbeiten ab.[161] Die Genehmigung hebt den Verbotsvorbehalt auf und berechtigt den Betreiber zur Errichtung und zum Betrieb der gentechnischen Anlage und/oder zur Durchführung der im Genehmigungsbescheid genannten gentechnischen Arbeit.

161 Die Einzelheiten der erforderlichen Antragsunterlagen ergeben sich aus der Gentechnik-Verfahrensverordnung.[162] Ergänzend sind die allgemeinen Verwaltungsverfahrensgesetze des Bundes und der Länder anzuwenden.

162 *(1) Antrag.* Das Genehmigungsverfahren beginnt mit einem schriftlichen Antrag des Betreibers.

163 § 2 GenTVfV sieht vor der Antragstellung vor, dass der Betreiber die zuständige Behörde über das geplante gentechnische Vorhaben unterrich-

---

[161] *Drescher*, HdUR, Bd. 1, Sp. 861 (872); siehe auch *Hoppe/Beckmann/Kauch*, Umweltrecht, § 35 Rdnr. 56.
[162] Verordnung über Antrags- und Anmeldeunterlagen und über Genehmigungs- und Anmeldeverfahren nach dem GenTG (Gentechnik-Verfahrenverordnung – GenTVfV) i.d.F. d. Bek. v. 4.11. 1996 (BGBl. I S. 1657), zul. geänd. durch V v. 28.4. 2008 (BGBl. I S. 766); vgl. dazu bereits oben D. Rdnr. 143.

III. Zulassung gentechnischer Anlagen und gentechnische Arbeiten

ten kann. In diesem Fall soll diese im Hinblick auf die Antragstellung oder auf eine notwendige Anzeige oder Anmeldung beraten. Dies entspricht dem Förderzweck des § 1 Nr. 3 GenTG.[163]

Hinsichtlich der Zusammenstellung der Antragsunterlagen, unterscheidet das Gesetz in Unterlagen, die bei der Genehmigung einer gentechnischen Anlage (§ 10 Abs. 2 GenTG) und die bei der Erteilung der Genehmigung zur Durchführung weiterer gentechnische Anlagen (§ 10 Abs. 3 GenTG) eingereicht werden müssen. Die Antragsvordrucke (§ 3 S. 2 GenTG) hält die Behörde vor. Sie sind allerdings in der Regel auch aus dem Internet zu bekommen.[164] **164**

(a) Unterlagen für die Anlagengenehmigung. Für einen Antrag auf Genehmigung einer gentechnischen Anlage müssen die Unterlagen insbesondere folgende Angaben enthalten: **165**

– die Lage der gentechnischen Anlage sowie den Namen und die Anschrift des Betreibers (Nr. 1)
– den Namen des Projektleiters und den Nachweis der erforderlichen Sachkunde (Nr. 2),
– den Namen des oder der Beauftragten für die Biologische Sicherheit und den Nachweis der erforderlichen Sachkunde (Nr. 3),
– eine Beschreibung der bestehenden oder geplanten gentechnischen Anlage und ihres Betriebs, insbesondere der für die Sicherheit und den Arbeitsschutz bedeutsamen Einrichtungen und Vorkehrungen (Nr. 4),
– die Risikobewertung nach § 6 Abs. 1 GenTG und eine Beschreibung der vorgesehenen gentechnischen Arbeiten, aus der sich die Eigenschaften der verwendeten Spender- und Empfängerorganismen oder der Ausgangsorganismen oder gegebenenfalls verwendeter Vektorsysteme sowie der Vektoren und des gentechnisch veränderten Organismus im Hinblick auf die erforderliche Sicherheitsstufe sowie ihrer möglichen sicherheitsrelevanten Auswirkungen auf die in § 1 Nr. 1 GenTG bezeichneten Rechtsgüter und die erforderlichen Einrichtungen und Vorkehrungen, insbesondere die Maßnahmen zum Schutz der Beschäftigen, ergeben (Nr. 5),
– eine Beschreibung der verfügbaren Techniken zur Erfassung, Identifizierung und Überwachung des gentechnisch veränderten Organismus (Nr. 6),
– Angaben über Zahl und Ausbildung des Personals, Notfallpläne[165] und Angaben über Maßnahmen zur Vermeidung von Unfällen und Betriebsstörungen (Nr. 7),
– Informationen über die Abfall- und Abwasserentsorgung (Nr. 8).

---

[163] Vgl. dazu bereits oben E. Rdnr. 14.
[164] Vgl. dazu www.lag-gentechnik.de, wo zum jeweiligen Bundesland die Anträge bereitgehalten werden.
[165] Vgl. zur Erstellung außerbetrieblicher Notfallpläne für Arbeiten der S 3 und 4 §§ 3 und 4 GenTNotfV.

E. Das Gentechnikgesetz und seine Rechtsverordnungen

166 Im Einzelnen werden die erforderlichen Unterlagen ausdifferenziert durch die Anlagen zu § 4 GenTVfV, der in Teil III die erforderlichen Unterlagen für Anlagen der Sicherheitsstufe zwei, drei oder vier bestimmt.

167 Die Unterlagen sind nach § 10 Abs. 2 S. 1 GenTG darauf zu erstrecken, dass auch die Voraussetzungen der nach § 22 Abs. 1 GenTG umfassten behördlichen Entscheidungen geprüft werden können. Dementsprechend sieht § 3 S. 1 GenTVfV vor, dass die Genehmigungsbehörde die Anzahl, der einzureichenden Ausfertigungen bestimmen kann. Die Anzahl hängt maßgeblich davon ab, welche und wie viele andere Behörden am Verfahren zu beteiligen sind.

168 *(b) Unterlagen für die Tätigkeitsgenehmigung.* Einem Antrag auf Erteilung der Genehmigung zur Durchführung weiterer gentechnischer Arbeit sind nach § 10 Abs. 3 S. 2 GenTG folgende Unterlagen beizufügen:

- eine Beschreibung der vorgesehenen gentechnischen Arbeiten nach Maßgabe des § 10 Abs. 2 S. 2 Nr. 5 GenTG (Nr. 1),
- eine Beschreibung der verfügbaren Techniken zur Erfassung, Identifizierung und Überwachung des gentechnisch veränderten Organismus (Nr. 1a),
- eine Erklärung des Projektleiters, ob und gegebenenfalls wie sich die Angaben nach § 10 Abs. 2 S. 2 Nr. 1 bis 3 GenTG geändert haben (Nr. 2),
- Datum und Aktenzeichen des Genehmigungsbescheides zu Errichtung und zum Betrieb der gentechnischen Anlage oder der Eingangsbestätigung der Anmeldung nach § 12 Abs. 3 GenTG (Nr. 4),
- eine Beschreibung erforderlicher Änderungen der sicherheitsrelevanten Einrichtungen und Vorkehrungen, insbesondere die Maßnahmen zum Schutz der Beschäftigten (Nr. 4),
- Informationen über die Abfall- und Abwasserentsorgung (Nr. 5).

169 Im Einzelnen werden die erforderlichen Unterlagen ausdifferenziert durch die Anlagen zu § 4 GenTVfV, der in Teil II die zusätzlich erforderlichen Unterlagen für Arbeiten der Sicherheitsstufe zwei und in Teil III die zusätzlich erforderlichen Unterlagen der Sicherheitsstufen drei oder vier bestimmt.

170 *(2) Eingangsbestätigung.* Damit das Genehmigungsverfahren zügig durchgeführt werden kann und der Beginn des Laufs des Genehmigungsverfahrens eindeutig fest steht, ist der Eingang des Antrags und der beigefügten Unterlagen von der Behörde dem Antragsteller unverzüglich schriftlich zu bestätigen (§ 10 Abs. 4 S. 1 GenTG). Sodann sind Antrag und Unterlagen auf Vollständigkeit zu prüfen, erforderlichenfalls Ergänzungen unter Fristsetzung nachzufordern (§ 10 Abs. 4 S. 2 GenTG).

171 *(3) Stellungnahme der Kommission und Behördenbeteiligung.* Vor der Entscheidung über die Genehmigung holt die zuständige Behörde gem. § 10 Abs. 7 S. 1 GenTG über die zuständige Bundesoberbehörde eine

III. Zulassung gentechnischer Anlagen und gentechnische Arbeiten

Stellungnahme der Kommission zur sicherheitstechnischen Einstufung der vorgesehenen gentechnischen Arbeiten und zu den erforderlichen sicherheitstechnischen Maßnahmen ein. Die Kommission gibt ihre Stellungnahme unverzüglich ab. Die Stellungnahme der Kommission ist bei der Entscheidung zu berücksichtigen. Weicht die zuständige Behörde bei ihrer Entscheidung von der Stellungnahme der Kommission ab, so hat sie die Gründe hierfür schriftlich darzulegen.[166]

Die zuständige Behörde holt außerdem gem. § 10 Abs. 7 S. 2 GenTG Stellungnahmen der Behörden ein, deren Aufgabenbereich durch das Vorhaben berührt wird. Diese Vorschrift ist Ausdruck der Konzentrationswirkung des § 22 Abs. 1 GenTG. Entscheidet nämlich die zuständige Behörde in einem Verfahren auch über die Zulässigkeit bauordnungs-, wasser- und naturschutzrechtlicher Belange, so hat sie die zuständigen Fachbehörden im Rahmen der Behördenbeteiligung naturgemäß zu beteiligen.

172

(4) Beteiligung der Öffentlichkeit. Nach der Beteiligung der betroffenen Behörden wird ein Verfahren zur Beteiligung der Öffentlichkeit durchgeführt. Nach § 18 Abs. 1 GenTG ist vor der Entscheidung über die Errichtung und den Betrieb einer gentechnischen Anlage, in der gentechnische Arbeiten der Sicherheitsstufe drei oder vier zu gewerblichen Zwecken durchgeführt werden sollen, ein Anhörungsverfahren durchzuführen.[167] Gleiches gilt für Anlagen, in denen gentechnische Arbeiten der Sicherheitsstufe zwei zu gewerblichen Zwecken durchgeführt werden sollen, wenn ein Genehmigungsverfahren nach dem Bundes-Immissionsschutzgesetz erforderlich wäre. Lediglich für die wesentliche Änderung der Lage, der Beschaffenheit und des Betriebs einer gentechnischen Anlage, wird von einem Anhörungsverfahren abgesehen, wenn nicht zu besorgen ist, dass durch die Änderung zusätzliche oder andere Gefahren für die geschützten Rechtsgüter zu erwarten sind.

173

Die näheren Einzelheiten des **Anhörungsverfahrens** regelt die Gentechnik-Anhörungsverordnung[168].

174

Zunächst hat die zuständige Bundesoberbehörde das Vorhaben in ihrem amtlichen Veröffentlichungsblatt und in örtlichen Tageszeitungen, die in den Gemeinden, in denen die beantragte Freisetzung erfolgen soll, verbreiten, **öffentlich bekanntzumachen** (§ 2 S. 1 GenTAnhV). Alsdann sind der Antrag und die Unterlagen nach Bekanntgabe einen Monat zur

175

---

[166] Vgl. zu Abweichungsmöglichkeiten von der Stellungnahme der ZKBS bereits oben D. Rdnr. 143.

[167] § 18 Abs. 2 GenTG hat durch die vierte Änderung des Gentechnikgesetzes eine Klarstellung erfahren; für die Basisgenehmigung, die das gesamte Arbeitsprogramm umfasst, ist jeweils eine Anhörung durchzuführen; lediglich für Nachmeldung entfällt die Anhörung.

[168] Verordnung über Anhörungsverfahren nach dem Gentechnikgesetz (Gentechnik-Anhörungsverordnung – GenTAnhV) i.d.F. d. Bek. v. 4.11. 1996 (BGBl. I S. 1649), zul. geänd. durch VO v. 28.4. 2008 (BGBl. I S. 766); vgl. dazu oben E. Rdnr. 97 ff.

Einsicht **auszulegen** (§ 3 Abs. 2 S. 1 GenTAnhV). Bis zu einem Monat nach Ablauf der Auslegungsfrist können **Einwendungen erhoben werden** (§ 5 Abs. 1 S. 1 GenTAnhV), die dann in die das Verfahren einbezogen werden. Die Formulierung der Einwendungen muss die Verletzung oder Gefährdung eigener Rechte erkennen lassen, d. h. hinreichend substantiiert sein.[169] So genannte Jedermann-Einwendungen in Form eines Formularschreibens reichen nicht aus.[170] Anders ist dies, wenn Einwendungen auf Sammellisten erhoben werden, wenn die Ausführungen auf der Sammelliste erkennen lassen, welche eigenen Rechtsgüter als betroffen betrachtet werden.[171] Eine Begründung, weshalb der Einwender die Gefährdung befürchtet, ist nicht erforderlich.[172]

176 Nicht rechtzeitig erhobene Einwendungen, die nicht auf besonderen privatrechtlichen Titeln beruht, werden mit Ablauf der Einwendungsfrist ausgeschlossen (§ 18 Abs. 3 GenTG). Der Einwendungsausschluss nach § 5 Abs. 1 S. 2 GenTAnhV hat nicht nur die Wirkung, dass der Betroffene im Einwendungsverfahren mit seinen Einwendungen ausgeschlossen ist **(formelle Präklusion)**, sondern darüber hinaus auch eine **materielle Präklusion** zur Folge.[173] Dies bedeutet, dass der Einwender grundsätzlich auch in einem späteren gerichtlichen Verfahren mit seinem Vorbringen ausgeschlossen ist, das er im Anhörungsverfahren als Einwendung hätte gelten machen können.[174]

177 Im Anschluss an die Einwendungsfrist findet – im Gegensatz zu Freisetzungen[175] – ein **Erörterungstermin** statt (§ 6 Abs. 1 GenTAnhV). Im Erörterungstermin werden die rechtzeitig erhobenen Einwendungen erörtern, soweit dies für die Prüfung der Genehmigungsvoraussetzungen von Bedeutung sein kann. Einwender erhalten hier Gelegenheit ihrer Einwendungen zu erläutern. Vorgesehen ist, dass der Erörterungstermin innerhalb eines Monats nach Ablauf der Einwendungsfrist stattfindet. Im Erörterungstermin sind Einwendungen, die auf besonderen privatrechtlichen Titeln beruhen, nicht zu behandeln.

178 Auf den Erörterungstermin kann in den Fällen des § 8 GenTAnhV verzichtet werden. Dies ist der Fall, wenn Einwendungen gegen das Vorhaben nicht oder nicht rechtzeitig erhoben worden sind (Nr. 1) oder rechtzeitig erhobene Einwendungen zurückgenommen worden sind (Nr. 2) oder ausschließlich Einwendungen erhoben worden sind, die auf besonderen privatrechtlichen Titeln beruhen (Nr. 3).

---

[169] So *VG Berlin*, Beschl. v. 29.3. 1994 – 1 S 45.93 –, ZUR 1994, 206 (208).
[170] Vgl. *OVG Berlin*, Beschl. v. 29.3. 1994 – 1 S 45.93 –, ZUR 1994, 206 (207).
[171] *VG Berlin*, Beschl. v. 18.7. 1995 – 14 A181, 94 – ZUR 1996, 41 ff.
[172] *VG Berlin*, Beschl. v. 29.3. 1994 – 1 S 45.93 –, ZUR 1994, 206 (208) unter Hinweis auf -BVerwGE, 60, 297 (311); 80, 287 (219)).
[173] *Hirsch/Schmidt-Didczuhn*, GenTG, § 18 Rdnr. 57 ff.; *Eberbach/Lange*, Gentechnikrecht, § 5 GenTAnhVO Rdnr. 20 ff.; *OVG Berlin*, Beschl. v. 29.3. 1994 – 1 S 45.93 –, ZUR 1994, 206 (207).
[174] *OVG Berlin*, Beschl. v. 29.3. 1994 – 1 S 45.93 –, ZUR 1994, 206 (207).
[175] Vgl. dazu unten E. Rdnr. 230.

III. Zulassung gentechnischer Anlagen und gentechnische Arbeiten

(5) Entscheidung der Behörde. Nach Bestätigung des Antragseingangs ist über den Genehmigungsantrag in einer jetzt verkürzten Frist von 90 Tagen schriftlich zu entscheiden (§ 10 Abs. 5 S. 1 GenTG). Bei Anträgen über die Genehmigung einer gentechnischen Anlage für gentechnische Arbeiten der Sicherheitsstufe zwei gelten mehrere Besonderheiten. Die Behörde muss die Entscheidung unverzüglich, spätestens nach 45 Tagen treffen, wenn die gentechnische Arbeit einer bereits von der Kommission eingestuften gentechnischen Arbeit vergleichbar ist (§ 10 Abs. 5 S. 2 GenTG). In diesem Fall ist eine Stellungnahme der Kommission nach § 10 Abs. 7 GenTG nicht erforderlich (§ 10 Abs. 5 S. 2 2. HS GenTG). Falls die Errichtung weiterer behördlicher Entscheidungen nach § 22 Abs. 1 GenTG bedarf, verlängert sich diese Frist auf 90 Tage. 179

Die Fristen ruhen, solange ein Anhörungsverfahren nach § 18 Abs. 1 GenTG durchgeführt wird oder die Behörde die Ergänzung des Antrags oder der Unterlagen abwartet oder bis die erforderliche Stellungnahme der Kommission zur sicherheitstechnischen Einstufung der vorgesehenen gentechnischen Arbeiten und zu den erforderlichen sicherheitstechnischen Maßnahmen vorliegt. 180

Bei einem Antrag auf Erteilung der Genehmigung zur Durchführung weiterer gentechnische Arbeiten (§ 9 Abs. 2 S. 2 oder Abs. 3 GenTG) ist innerhalb einer Frist von 45 Tagen schriftlich zu entscheiden. Auch hier hat die Behörde im Falle der Genehmigung weiterer gentechnischer Arbeiten der Sicherheitsstufe zwei über den Antrag unverzüglich, spätestens nach 45 Tagen zu entscheiden, wenn die gentechnische Arbeit einer bereits von der Kommission eingestuften gentechnischen Arbeit vergleichbar ist. 181

cc) Rechtscharakter der Genehmigungsentscheidung. Das Genehmigungsverfahren schließt mit der Erteilung einer Anlagengenehmigung einschließlich der arbeitsbezogen Genehmigung der darin genannten gentechnischen Arbeiten ab. Die Genehmigung berechtigt den Betreiber zur Errichtung und zum Betrieb der gentechnischen Anlage und/oder zur Durchführung der im Genehmigungsbescheid genannten gentechnischen Arbeiten. Die Entscheidung über den Genehmigungsantrag ist nach dem Wortlaut des § 11 Abs. 1 GenTG als gebundene Entscheidung ausgestaltet, d.h. bei Vorliegen der Genehmigungsvoraussetzungen besteht ein Rechtsanspruch auf Erteilung der Genehmigung. 182

Bei der Genehmigung beziehungsweise deren Ablehnung handelt es sich um einen Verwaltungsakt, der mit Rechtsmitteln angegriffen werden kann. Nach § 10 Abs. 8 GenTG findet vor der Erhebung einer verwaltungsgerichtlichen Klage bei einer Entscheidung über den Antrag auf Genehmigung der Errichtung und des Betriebs einer gentechnischen Anlage ein Vorverfahren nicht statt, sofern ein Anhörungsverfahren nach § 18 GenTG durchgeführt wurde. In diesem Fall muss der Betreiber, der eine Genehmigung beantragt hat und die abgelehnt worden ist, direkt Klage zum Verwaltungsgericht erheben. 183

E. *Das Gentechnikgesetz und seine Rechtsverordnungen*

184 Gem. § 22 GenTG entfaltet die Anlagengenehmigung Konzentrationswirkung. Sie umfasst also andere Zulassungen, etwa die Baugenehmigung und die wasserrechtliche Entscheidung mit. Dies gilt nicht für eine Zulassung nach dem Atomgesetz.

185 **d) Anmeldevoraussetzungen, -verfahren und -entscheidung.** Der wesentliche Unterschied zwischen der Genehmigung und der Anzeige bzw. Anmeldung ist, dass der Betreiber bei der Anmeldung und bei der Anzeige die Erteilung einer Genehmigung nicht abwarten muss, sondern vorzeitig mit der Errichtung und den Betrieb beziehungsweise den Arbeiten beginnen kann. Bestimmte Vorhaben werden mit dem Anmeldeverfahren einem vereinfachten Verfahren unterworfen, weil sie ein geringeres Gefährdungspotenzial aufweisen oder bereits ein anlagebezogenes Genehmigungsverfahren durchlaufen haben.

186 Ist nur ein Anmeldeverfahren durchzuführen, so darf der Betreiber nach Ablauf der Frist (30 Tage bei Arbeiten der Sicherheitsstufe eins und 45 Tage bei Arbeiten der Sicherheitsstufe zwei) mit den Arbeiten beginnen (§§ 8 Abs. 2, 9 Abs. 1, 10 Abs. 1 GenTG); der Fristablauf gilt insofern als Zustimmung zur Durchführung der Arbeiten. Die fingierte Zustimmung hat aber keine Konzentrationswirkung, sodass Rechte Dritter nicht ausgeschlossen sind.

187 Die Einzelheiten des Anmeldeverfahrens ergeben sich aus § 12 Abs. 2 S. 2, Abs. 2a GenTG.

188 **aa) Schriftform.** Auch die Anmeldung bedarf der Schriftform (§ 12 Abs. 1 GenTG). Eine telefonische Anmeldung ist unzulässig. Die entsprechenden Anmeldeformulare hält die Behörde bereit.

189 **bb) Eingangsbestätigung.** Nach § 12 Abs. 3 GenTG hat die zuständige Behörde dem Anmelder den Eingang der Anmeldung und der beigefügten Unterlagen unverzüglich schriftlich zu bestätigen und zu prüfen, ob die Anmeldung und die Unterlagen für die Beurteilung der Anmeldung ausreichen.

190 Sind die Anmeldung oder die Unterlagen nicht vollständig oder lassen sie eine Beurteilung nicht zu, so fordert die zuständige Behörde den Anmelder unverzüglich auf, die Anmeldung oder die Unterlagen innerhalb einer angemessenen Frist zu ergänzen (§ 12 Abs. 3 S. 2 GenTG).

191 **cc) Stellungnahme der Kommission und Behördenbeteiligung.** Wie beim Genehmigungsverfahren holt die zuständige Behörde im Falle der Sicherheitsstufe zwei eine Stellungnahme der Kommission ein, wenn die gentechnische Arbeit nicht mit einer bereits von der Kommission eingestuften gentechnischen Arbeit vergleichbar ist.

192 **dd) Zulassung durch Fristablauf.** Der Betreiber kann mit der Errichtung und dem Betrieb der gentechnischen Anlage und mit der Durchführung der vorgesehenen gentechnischen Arbeiten im Falle der Sicherheitsstufe zwei 30 Tage nach Eingang der Anmeldungen bei der zuständigen

III. Zulassung gentechnischer Anlagen und gentechnische Arbeiten

Behörde oder mit deren Zustimmung auch früher beginnen (§ 12 Abs. 5 S. 1 GenTG). Der Ablauf der Frist gilt als Zustimmung zur Errichtung und zum Betrieb der gentechnischen Anlage und zur Durchführung der gentechnischen Arbeit (§ 12 Abs. 5 S. 2 GenTG).

Die Fristen ruhen, solange die Behörde die Ergänzung der Unterlagen abwartet oder bis die erforderliche Stellungnahme der Kommission zur sicherheitstechnischen Einstufung der vorgesehenen gentechnischen Arbeit oder zu den erforderlichen sicherheitstechnischen Maßnahmen vorliegt. 193

ee) Bedingungen, Befristungen und Auflagen. Die zuständige Behörde kann die Durchführung der angezeigten oder angemeldeten gentechnischen Arbeiten von Bedingungen abhängig machen, zeitlich befristeten oder dafür Auflagen vorsehen, soweit dies erforderlich ist, um die in § 1 Nr. 1 GenTG bezeichneten Zwecke sicherzustellen (§ 12 Abs. 5 S. 1 GenTG). Auch die nachträgliche Anordnung von Auflagen ist zulässig (§ 12 Abs. 2 2. HS GenTG i.V.m. § 19 S. 3 GenTG). 194

ff) Untersagung. Letztlich kann die zuständige Behörde die Durchführung der angemeldeten gentechnischen Arbeiten untersagen, wenn die in § 11 Abs. 1 Nr. 1 bis 5 GenTG genannten Anforderungen nicht oder nicht mehr eingehalten werden oder Belange des Arbeitsschutzes entgegenstehen (§ 12 Abs. 7 GenTG). Die Vorschriften über die Anmeldepflicht bezweckten gerade nicht eine Freistellung von inhaltlichen Anforderungen, sondern gewähren lediglich eine Verfahrenserleichterung.[176] 195

e) Anzeigevoraussetzungen, -verfahren, -folgen. Auch die bloße Anzeige bedarf der Schriftform (§ 12 Abs. 1 GenTG). 196

aa) Antragsunterlagen. Nach § 12 Abs. 1 S. 1 GenTG sind bei der Anzeige einer Anlage, in der gentechnische Arbeiten der Sicherheitsstufe eins durchgeführt werden sollen, die Unterlagen nach § 10 Abs. 2 S. 2 Nr. 1 bis 6 und 8 GenTG vorzulegen. Es gelten insoweit für die beizufügen Unterlagen die gleichen Vorschriften sowie für die Genehmigung (§§ 12 Abs. 1 und 2 GenTG, 11 Abs. 2 Nr. 1–5, 3 S. 2 GenTVfV). 197

Demgegenüber müssen bei einer Anzeige von weiteren gentechnischen Arbeiten der Sicherheitsstufe zwei nach § 9 Abs. 2 GenTG folgende Unterlagen vorgelegt werden: 198

– eine Zusammenfassung der Risikobewertung nach § 6 Abs. 1 GenTG sowie eine Beschreibung der vorgesehenen gentechnischen Arbeiten nach Maßgabe des § 10 Abs. 2 S. 2 Nr. 5 GenTG (Nr. 1),
– eine Erklärung des Projektleiters, ob und wie sich die Angaben nach § 10 Abs. 2 S. 2 Nr. 1 bis 3 und 6 GenTG geändert haben (Nr. 2),
– Aktenzeichen und Datum des Genehmigungsbescheides zur Errichtung und zum Betrieb der gentechnischen Anlage oder der Eingangsbestätigung der Anmeldung nach § 12 Abs. 3 GenTG (Nr. 3),

---

[176] So auch *Kloepfer*, Umweltschutzrecht, § 17 Rdnr. 49.

E. Das Gentechnikgesetz und seine Rechtsverordnungen

– eine Beschreibung der erforderlichen Änderungen der sicherheitsrelevanten Einrichtungen und Vorkehrungen (Nr. 4),
– Information über Abfallentsorgung (Nr. 5).

199 **bb) Eingangsbestätigung.** Auch bei der Anzeige hat die zuständige Behörde dem Anzeiger den Eingang der Anmeldung und der beigefügten Unterlage unverzüglich schriftlich zu bestätigen und zu prüfen, ob die Anzeige und die Unterlagen für die Beurteilung der Anzeige ausreichen (§ 12 Abs. 3 S. 3 i. V. m. S. 2 GenTG). Sind die Anzeige oder die Unterlagen nicht vollständig oder lassen sie eine Beurteilung nicht zu, so forderte die zuständige Behörde den Anzeiger unverzüglich auf, die Anzeige oder die Unterlagen innerhalb einer angemessenen Frist zu ergänzen (§ 12 Abs. 3 S. 3 i. V. m. S. 1 GenTG).

200 **cc) Wirkung der Anzeige.** Der Betreiber kann mit der Errichtung und dem Betrieb der gentechnischen Anlage und mit der Durchführung der erstmaligen gentechnischen Arbeiten im Falle der Sicherheitsstufe eins sowie mit der Durchführung von weiteren gentechnischen Arbeiten im Falle der Sicherheitsstufe zwei sofort nach Eingang der Anzeige bei der zuständigen Behörde beginnen.

201 **dd) Vorläufige Untersagung.** Die zuständige Behörde kann die Durchführung oder Fortführung der gentechnischen Arbeiten vorläufig bis zum Ablauf von 21 Tagen nach Eingang der nach § 12 Abs. 3 GenTG angeforderten ergänzenden Unterlagen oder der nach § 12 Abs. 4 GenTG einzuholenden Stellungnahme der Kommission untersagen, soweit dies erforderlich ist, um die in § 1 Nr. 1 GenTG bezeichneten Zwecke sicherzustellen (§ 12 Abs. 5a S. 2 GenTG). Mithin ist der Betreiber einer Anlage im Falle einer Anzeige gut beraten, jedenfalls den Eingang der Empfangsbestätigung abzuwarten, will er nicht das Risiko einer Untersagungsverfügung in Kauf nehmen. In der Praxis wird durchaus bezweifelt, ob – jedenfalls bei gewerblichen Unternehmen – das Anzeigeverfahren insgesamt zu einer Beschleunigung führen kann. Dies muss deshalb bezweifelt werden, weil der Anzeigende nicht nur Gefahr läuft, dass ihm diese Behörde die Arbeiten vorläufig untersagt. Sein Risiko wird auch noch durch die neue Regelung des § 12 Abs. 7 GenTG erhöht.

202 **ee) Unbefristete Untersagung.** Nach § 12 Abs. 7 GenTG kann die zuständige Behörde die Durchführung der angezeigten oder angemeldeten gentechnischen Arbeiten untersagen, wenn die in § 11 Abs. 1 Nr. 1 bis 5 GenTG genannten Anforderungen nicht oder nicht mehr eingehalten werden oder Belange des Arbeitsschutzes entgegenstehen. Auch diese Vorschrift ist mit der Änderung des Gentechnikgesetzes von 2008 eingeführt worden. § 12 Abs. 7 GenTG ermöglicht der Behörde über die 21 Tage des § 12 Abs. 5a GenTG hinaus eine endgültige Untersagungsverfügung, wenn die Genehmigungsvoraussetzungen nicht vorliegen und Belange des Arbeitsschutzes nicht berücksichtigt werden. Die Untersagungsermächtigung gilt sowohl für die Anmeldung als auch für die Anzeige. Aufgrund der neuen

endgültigen Untersagungsmöglichkeit ist ebenfalls zweifelhaft, ob sie in der Praxis tatsächlich eine Verfahrensbeschleunigung ergeben wird. Im Forschungsbereich der Hochschulen mag dies noch der Fall sein. Nicht verkannt werden darf allerdings, dass im gewerblichen Bereich das Risiko eines zu frühen Beginns vom Gewerbetreibenden zu tragen ist. Dieser muss gegebenenfalls mit einer Untersagungsverfügung und der Anordnung der Vernichtung seiner Arbeiten rechnen, wenn sich im Nachhinein herausstellt, dass der Antrag bzw. die Anzeige fehlerhaft oder unvollständig gewesen ist.

IV. Freisetzung und Inverkehrbringen

Auch die Freisetzung von gentechnisch veränderten Organismen sowie das Inverkehrbringen, d.h. die Abgabe von Produkten, die gentechnisch veränderte Organismen enthalten oder aus solchen bestehen, an Dritte, unterliegen einem Genehmigungsvorbehalt.[177] Die Zulassungsverfahren für die Freisetzung und das Inverkehrbringen gentechnisch veränderter Organismen sind im Dritten Teil in den §§ 14 ff. GenTG geregelt. Die Voraussetzungen und die Verfahren für die Zulassungen sind nicht identisch. Dies findet seine Begründung darin, dass die Freisetzung lokale Auswirkungen hat, während dem Inverkehrbringen auf Grund der Freiheit des Warenverkehrs in Europa europaweite Bedeutung zukommt. 203

1. Freisetzung

Der Begriff der Freisetzung ist erfüllt beim gezielten Ausbringen von gentechnisch veränderten Organismen in die Umwelt, soweit noch keine Genehmigung für das Inverkehrbringen zum Zweck des späteren Ausbringens in die Umwelt erteilt wurde (§ 3 Nr. 5 GenTG).[178] Das Freisetzen von gentechnisch veränderten Organismen soll Forschungszwecken dienen. Die Freisetzung erfolgt in dosierten Schritten nach dem step-by-step-Konzept vom Labor ins Gewächshaus und dann ins Freiland. Bei jedem Schritt werden alle Sicherheitsfragen erneut geprüft.[179] 204

a) **Genehmigungspflicht.** Wer gentechnisch veränderte Organismen freisetzt, bedarf einer Genehmigung (§ 14 Abs. 1 S. 1 Nr. 1 GenTG). Dies 205

---

[177] Zur Freisetzung und zum Inverkehrbringen vgl. auch *SRU*, Umweltgutachten 1998, BT-Drs. 13/10195, Tz. 745 ff.; zur Einwendungsbefugnis Dritter bei der Genehmigung der Freisetzung *VG Berlin*, Beschl. v. 7.5. 1993 – 14 A 167/93 –, ZUR 1993, 227 ff.; zur Kommunalklage gegen eine gentechnikrechtliche Freisetzungsgenehmigung *OVG Berlin*, Beschl. v. 18.8. 1998 – 2 S 8.97 –, UPR 1999, 37 ff.; auch *Ladeur*, NVwZ 1992, 948 ff.
[178] Vgl. dazu bereits oben E. Rdnr. 52; zu den rechtlichen Problemen bei Freisetzungen *Jörgensen/Winter*, ZUR 1996, 293 ff.
[179] *Meyer*, Gen Food, Novel Food, S. 48.

E. Das Gentechnikgesetz und seine Rechtsverordnungen

gilt nicht, für die Änderung einer Freisetzung, wenn die Behörde feststellt, dass die Änderung keine wesentlichen Auswirkungen auf die Beurteilung der Voraussetzungen nach § 16 Abs. 1 GenTG hat (§ 14 Abs. 1 S. 4 GenTG).[180]

206 Soweit mit der Freisetzung von Organismen genügend Erfahrungen gesammelt worden sind, enthält § 14 Abs. 4a GenTG eine Ermächtigungsgrundlage für die Bundesregierung, durch Rechtsverordnung zu bestimmen, dass für die Genehmigung der Freisetzung ein vereinfachtes Verfahren gelten soll. Die rechtliche Zulässigkeit eines vereinfachten Verfahrens war umstritten. Zum Teil wurde angenommen, dass die Entscheidung 94/730/EG bereits unmittelbar in den Mitgliedstaaten geltendes Recht sei, wodurch ein vereinfachtes Verfahren für die absichtliche Freisetzung gentechnisch veränderter Pflanzen festgesetzt worden sei. Die Rechtsprechung hat die Praxis des Robert Koch-Instituts, gentechnische Freisetzungsversuche in der Weise zu genehmigen, dass die Genehmigung für einen bestimmten Standort erteilt wurde und zugleich die Nachmeldung weiterer Standorte für zulässig erklärt wurde, für rechtswidrig erachtet.[181] Für ein derartig vereinfachtes Verfahren bei dem hinsichtlich der Freilandversuche an den nachgemeldeten Standorten keine weitere Anhörung der Öffentlichkeit stattfindet, fehle es an der nach §§ 18 Abs. 2 S. 1, 14 Abs. 4 GenTG erforderlichen Rechtsgrundlage in Form einer Rechtsverordnung der Bundesregierung.[182]

207 Auf diesen Einwand hat der Gesetzgeber mittlerweile reagiert und in § 1 S. 2 GenTAnhV klargestellt, dass das vereinfachte Verfahren nicht auf die Entscheidung des Rates oder der Kommission der Europäischen Gemeinschaft gestützt wird. Danach wird eine Anhörung nicht durchgeführt, wenn nach § 11 Abs. 1 S. 2 GenTVfV eine Freisetzung nachgemeldet wird. § 11 Abs. 1 S. 1 GenTVfV sieht vor, dass in den in Nr. 2, 6 und Ziff. 6.1 der Entscheidung 94/730/EG der Kommission vom 4. 11. 1994 zur Festlegung von vereinfachten Verfahren für die absichtliche Freisetzung gentechnisch veränderter Pflanzen ein Betreiber für alle in einem Arbeitsprogramm beschriebenen Freisetzungen zusammen eine einheitliche Genehmigung beantragen kann. Der Genehmigung ist die Bedingung beizufügen, dass der Betreiber die auf die erste Freisetzung folgenden weiteren Freisetzungen der Genehmigungsbehörde nachzumelden hat und diese nur unter den dort genannten Voraussetzungen durchführen darf (§ 11 Abs. 2 GenTVfV). In diesem Fall können nachgemeldete Freisetzungen im vereinfachten Verfahren erfolgen.

208 Eine Genehmigung kann sich auf die Freisetzung eines gentechnisch veränderten Organismus oder einer Kombination gentechnisch veränderter Organismen am selben Standort oder an verschiedenen Standorten erstre-

---

[180] Kritisch dazu wegen des Fehlens standardisierter Sicherheitsvorkehrungen für Freisetzungen in der GenTSV *Drescher*, ZUR 1994, 289 (296 f.).
[181] So *OVG Berlin*, Beschl. v. 9.7. 1998 – 2 S 9.97 –, ZUR 1999, 37 ff.
[182] So *OVG Berlin*, Beschl. v. 9.7. 1998 – 2 S 9.97 –, ZUR 1999, 37 ff.

IV. Freisetzung und Inverkehrbringen

cken, soweit die Freisetzung zum selben Zweck und innerhalb eines in der Genehmigung bestimmt Zeitraums erfolgt (§ 14 Abs. 3 GenTG).

Dabei kann die Bundesrepublik für die absichtliche Freisetzung gentechnisch veränderter Organismen durch Rechtsverordnung mit Zustimmung des Bundesrates bestimmen, dass für die Freisetzung ein abweichendes vereinfachtes Verfahren gilt, soweit mit der Freisetzung von Organismen im Hinblick auf die in § 1 Nr. 1 GenTG genannten Schutzzwecke genügend Erfahrungen gesammelt sind (§ 14 Abs. 4 GenTG). **209**

b) Zuständigkeit. Für eine Freisetzung ist jeweils eine Genehmigung bei der zuständigen Bundesoberbehörde zu beantragen. Dies ist das Bundesamt für Verbraucherschutz und Lebensmittelsicherheit (§ 31 S. 2 GenTG). Die Freisetzung wird mithin bundesweit zentral zugelassen. Im Gegensatz zur Zulassung der Errichtung und des Betriebs gentechnische Anlagen hat sich der Bund hier die Zuständigkeit vorbehalten. Dies findet seine Begründung darin, dass eine Freisetzung überregionale Auswirkungen haben kann. **210**

c) Verfahren. Das Verfahren beginnt mit einem schriftlichen Antrag. Die Einzelheiten der erforderlichen Antragsunterlagen ergeben sich aus der Gentechnik-Verfahrensverordnung[183]. Ergänzend sind die allgemeinen Verwaltungsverfahrensgesetze des Bundes[184] und der Länder anzuwenden. **211**

§ 2 GenTVfV sieht vor der Antragstellung vor, dass der Betreiber die zuständige Behörde über das geplante gentechnische Vorhaben unterrichten kann. In diesem Fall soll diese im Hinblick auf die Antragstellung oder auf beraten. Dies entspricht dem Förderzweck des § 1 Nr. 3 GenTG.[185] **212**

aa) Antrag. Das eigentliche Genehmigungsverfahren beginnt mit einem schriftlichen Antrag des Betreibers. **213**

Für diesen Antrag hat der Betreiber den seitens der Behörde bereitgehaltenen Vordruck (§ 3 GenTVfV)[186] auszufüllen und die zur Prüfung erforderlichen Unterlagen beizufügen. **214**

Dabei müssen die Unterlagen die in § 10 Abs. 2 S. 2 Nr. 2 und 3 GenTG beschriebenen Angaben erhalten: **215**

– die Namen und die Anschrift des Betreibers,
– die Beschreibung des Freisetzungsvorhabens hinsichtlich seines Zweck und Standortes, des Zeitpunktes und des Zeitraums,

---

[183] Verordnung über Antrags- und Anmeldeunterlagen und über Genehmigungs- und Anmeldeverfahren nach dem GenTG (Gentechnik-Verfahrenverordnung – GenTVfV) i.d.F. d. Bek. v. 4.11. 1996 (BGBl. I S. 1657); zul. geänd. durch VO v. 28.4. 2008 (BGBl. I S. 766).
[184] Verwaltungsverfahrensgesetz (VwVfG) i.d.F. d. Bek. v. 23.1. 2003 (BGBl. I S. 102), geänd. durch G v. 17.12. 2008 (BGBl. I S. 2586).
[185] Vgl. dazu bereits oben E. Rdnr. 14.
[186] Vgl. dazu www.lag-gentechnik.de, wo zum jeweiligen Bundesland die Anträge bereitgehalten werden.

E. Das Gentechnikgesetz und seine Rechtsverordnungen

– die dem Stand der Wissenschaft entsprechende Beschreibung der sicherheitsrelevanten Eigenschaften des einzusetzenden Organismus und der Umstände, die für das Überleben, die vor Landnutzung und die Verbreitung des Organismus von Bedeutung sind; Unterlagen über vorangegangene Arbeiten in einer gentechnischen Anlage oder über Freisetzungen sind beizufügen,
– eine Risikobewertung nach § 6 Abs. 1 GenTG und eine Darlegung der vorgesehenen Sicherheitsvorkehrungen
– einen Plan zur Ermittlung der Auswirkungen des freizusetzenden Organismus auf die menschliche Gesundheit und die Umwelt
– eine Beschreibung der geplanten Überwachungsmaßnahmen sowie Angaben über entstehende Reststoffe und ihre Behandlung sowie über Notfallpläne[187]
– eine Zusammenfassung der Antragsunterlagen gemäß der Entscheidung 2002/813/EG des Rates vom 3.10.2002 zur Festlegung des Schemas für die Zusammenfassung der Informationen zur Anmeldung einer absichtlichen Freisetzung gentechnisch veränderter Organismen in die Umwelt zu einem anderen Zweck als zum Inverkehrbringen.

216 Nach § 5 GenTVfV kommen die Sachkundenachweise für den Projektleiter und des bzw. der Beauftragten für die Biologische Sicherheit hinzu.

217 Dabei muss der Antragsteller der zuständigen Behörde eine Risikoabschätzung vorliegen, die je nach dem, ob es sich dabei um Mikroorganismen, Pflanzen oder Tiere handelt, sehr unterschiedliche Aspekte berücksichtigen muss. Im Antrag müssen unter anderem detaillierte Angaben zur gentechnischen Modifizierung (Genkonstrukt, Gentransfer, Markergene), zu deren Auswirkungen auf den Empfängerorganismus, zur gesundheitlichen Unbedenklichkeit, zum Verzehr bestimmter Teile sowie zur biologischen Sicherheit des gentechnisch veränderten Organismus in der Umwelt enthalten sein. Zusätzlich müssen die Möglichkeiten zum Auskreuzen der neu eingeführten Gene durch die Verbreitung der Pollen durch Wind und Insekten abgeschätzt und Maßnahmen zu deren weitergehenden Verhinderung (z.B. Mantelsack, Schutzzonen) aufgezeigt werden.

218 **bb) Eingangsbestätigung.** Das Bundesamt für Verbraucherschutz und Lebensmittelsicherheit bestätigt den Eingang des Antrags und überprüft den Antrag auf Vollständigkeit und bewertet die Angaben.

219 **cc) EG-Beteilungsverfahren.** Zur Sicherstellung der Interessen der am Genehmigungsverfahren nicht beteiligten EG-Mitgliedstaaten sieht die Freisetzungsrichtlinie[188] für die Freisetzung ein gemeinschaftsweites Beteiligungsverfahren vor. Diese Vorschriften der Freisetzungsrichtlinie

---

[187] Die GenTNotfV gilt ausweislich ihres Anwendungsbereichs nach § 1 GenTNotfV nur für gentechnische Anlagen, nicht für Freisetzungen.
[188] Vgl. dazu bereits oben D. Rdnr. 53 ff.

IV. Freisetzung und Inverkehrbringen

wurde aufgrund der Ermächtigung nach § 16 Abs. 6 GenTG mit Erlass der Gentechnik-Beteiligungsverordnung[189] in das deutsche Recht umgesetzt.

Ist der Antrag in Deutschland bei der zuständige Bundesoberbehörde gestellt, so hat diese binnen 30 Tagen nach Eingang des Antrags eine Zusammenfassung der vom Antragsteller erhaltenen Antragsunterlagen der Kommission zu übermitteln (§ 1 Abs. 1 S. 1 GenTBetV). Ferner hat sie den Mitgliedstaaten der Europäischen Gemeinschaft und den anderen Vertragsstaaten des Abkommens über den Europäischen Wirtschaftsraum auf deren Anforderung eine Kopie der vollständigen Antragsunterlagen zu übermitteln (§ 1 Abs. 1 S. 3 GenTBetV). Die zuständige Bundesoberbehörde hat vorgebrachte Bemerkungen der Mitgliedstaaten und der anderen Vertragsstaaten bei der Entscheidung über den Freisetzungsantrag zu berücksichtigen (§ 1 Abs. 2 S. 1 GenTBetV). Im Gegensatz zur Beteiligung der Mitgliedstaaten beim Inverkehrbringen ist der zuständigen Bundesoberbehörde die Letztentscheidung über die Freisetzung vorbehalten.[190] Dies findet seinen Grund darin, dass die Freisetzung eher lokal im Mitgliedstaat wirkt. Die zuständige Bundesoberbehörde teilt ihre Entscheidung über den Freisetzungsantrag einschließlich der Begründung im Fall einer Ablehnung der Kommission, den Mitgliedstaaten der Europäischen Gemeinschaft und den anderen Vertragsstaaten mit (§ 1 Abs. 2 S. 2 GenTBetV).

Das Verfahren für Anträge zur Freisetzung, die in Mitgliedstaaten gestellt worden sind, ist in § 2 GenTBetV geregelt. Danach muss die zuständige Bundesoberbehörde innerhalb von 30 Tagen, nachdem sie die Unterlagen von der Kommission erhalten hat, die zuständige Behörde des Mitgliedstaats um Auskünfte ersuchen oder eine Kopie der vollständigen Antragsunterlagen beantragen und über die Kommission oder unmittelbar ihre Bemerkungen übermitteln (§ 2 Abs. 1 S. 2 GenTBetV). Sie muss die Zusammenfassung der Antragsunterlagen und die nachträglich erhaltenen Informationen unverzüglich dem Bundesamt für Naturschutz, dem Robert-Koch-Institut sowie dem Bundesinstitut für Risikobewertung, der Biologischen Bundesanstalt für Land- und Forstwirtschaft und gegebenenfalls dem Friedrich-Löffler-Institut und dem Paul-Ehrlich-Institut zuleiten (vgl. § 16 Abs. 4 S. 1 und S. 2 GenTG). Für den Fall, dass sich die Freisetzungsfläche in der Nähe eines deutschen Bundeslandes befindet, hat die zuständige Bundesoberbehörde die jeweils zuständige Landesbehörde des angrenzenden Landes über die Entscheidung des Mitgliedstaates zu unterrichten (§ 2 Abs. 2 GenTBetV).

220

221

---

[189] Verordnung über die Beteiligung des Rates, der Kommission und der Behörden der Mitgliedstaaten der Europäischen Union und der anderen Vertragsstaaten des Abkommens über den Europäischen Wirtschaftsraum im Verfahren zur Genehmigung von Freisetzungen und Inverkehrbringen sowie im Verfahren bei nachträglichen Maßnahmen nach dem GenTG – Gentechnik-Beteiligungsverordnung (GenTBetV) v. 17.3. 1995 (BGBl. I S. 734), zul. geänd. durch VO v. 23.3. 2006 (BGBl. I S. 65); vgl. dazu bereits oben D. Rdnr. 143.
[190] Vgl. zum Inverkehrbringen unten E. Rdnr. 250 ff.

E. Das Gentechnikgesetz und seine Rechtsverordnungen

222 **dd) Beteiligung anderer Behörden.** Die zuständige Bundesoberbehörde beteiligt diejenigen Behörden, deren Rechtsbereiche von der Freisetzung berührt sind (§§ 16 Abs. 5 S. 2, 10 Abs. 7 S. 4 GenTG).

223 Dabei trifft das Bundesamt für Verbraucherschutz und Lebensmittelsicherheit die Entscheidung über eine Freisetzung im Benehmen mit dem Bundesamt für Naturschutz und dem Robert-Koch-Institut sowie dem Bundesinstitut für Risikobewertung (§ 16 Abs. 4 S. 1 1. HS GenTG); ferner ist zuvor eine Stellungnahme der Biologischen Bundesanstalt für Land- und Forstwirtschaft (§ 16 Abs. 4 S. 2 GenTG) und, soweit gentechnisch veränderte Wirbeltiere oder gentechnisch veränderte Mikroorganismen, die an Wirbeltieren angewendet werden, betroffen sind – auch des Friedrich-Loeffler-Institut und des Paul-Ehrlich-Instituts (§ 16 Abs. 4 S. 1 2. HS GenTG) einzuholen.[191]

224 Vor der Erteilung der Genehmigung prüft und bewertet die Zentrale Kommission für die Biologische Sicherheit (ZKBS) den Antrag im Hinblick auf mögliche Gefahren für Mensch, Tier und Umwelt unter Berücksichtigung der geplanten Sicherheitsvorkehrungen und gibt hierzu Empfehlungen (§§ 4 und 16 Abs. 5 GenTG).[192] Für die Empfehlungen gilt – wie im Anlagenzulassungsrecht –, dass die Bundesanstalt für Verbraucherschutz und Lebensmittelsicherheit die Stellungnahme bei ihrer Entscheidung zu berücksichtigen hat (§§ 16 Abs. 5 S. 2, 10 Abs. 7 S. 3 GenTG). Von der Stellungnahme der ZKBS kann die zuständige Bundesoberbehörde nur mit schriftlicher Begründung abweichen ((§§ 16 Abs. 5 S. 2, 11 Abs. 8 S. 3 GenTG). Dies hat zur Folge, dass häufig die ZKBS die Entscheidung der zuständigen Bundesoberbehörde vorwegnehmen. Ob die Bundesoberbehörde von der Stellungnahme der ZKBS abweichen kann, ist umstritten.[193] Da die Mitglieder der Kommission nicht weisungsgebunden sind (§ 4 Abs. 3 GenTG), setzten ihre Empfehlungen und Stellungnahmen auch für die gerichtliche Überprüfung Maßstäbe, weil auch dem Gericht grundsätzlich die sachliche Kompetenz für die Beurteilung fehlt, ob die Behörde bei ihrer Entscheidung den Stand von Wissenschaft ausreichend ermittelt und berücksichtigt hat.[194]

225 Im Rahmen der Behördenbeteiligung leitet die zuständige Behörde den Antrag und die erforderlichen Unterlagen unverzüglich an die zu beteiligenden Stellen weiter (§ 9 Abs. 1 GenTVfV). Sie setzt den zu beteiligenden Stellen eine angemessene Frist für die Abgabe ihrer Äußerungen. Hat eine beteiligte Stelle oder Fachbehörde bis zum Ablauf der Frist keine Stellungnahme abgegeben, so kann die Genehmigungsbehörde davon ausgehen, dass diese sich nicht äußern will (§ 9 Abs. 3 GenTVfV).

---

[191] Zur früher vorgesehenen Beteiligung des Umweltbundesamtes (UBA) vgl. *Nöh*, ZUR 1999, 12 ff.
[192] Zur inhaltlich herausgehobenen Stellung der ZKBS vgl. *Kloepfer/Delbrück*, DÖV 1990, 897 (900).
[193] Vgl. dazu bereits oben E. Rdnr. 72.
[194] *Eberbach/Lange/Ronellenfitsch*, Gentechnikrecht, § 6 GenTSV Rdnr. 83.

IV. *Freisetzung und Inverkehrbringen*

ee) **Beteiligung der Öffentlichkeit.** Nach der Beteiligung der betroffenen Stellen wird ein Verfahren zur Beteiligung der Öffentlichkeit durchgeführt. § 18 Abs. 2 GenTG sieht vor, dass vor der Entscheidung über die Genehmigung einer Freisetzung ein Anhörungsverfahren durchzuführen ist.[195] **226**
Die näheren Einzelheiten des Anhörungsverfahrens regelt die Gentechnik-Anhörungsverordnung[196]. Danach sind vor der Entscheidung über die Genehmigung einer Freisetzung Anhörungen durchzuführen (§ 18 Abs. 2 GenTG i. V. m. § 1 Nr. 5 GenTAnhV). Die Pflicht zur Anhörung entfällt nach § 1 S. 2 GenTAnhV, wenn nach § 11 Abs. 1 S. 2 GenTVfV eine Freisetzung nachgemeldet wird. **227**

Zunächst hat die zuständige Bundesoberbehörde das Vorhaben in ihrem amtlichen Veröffentlichungsblatt und in örtlichen Tageszeitungen, die in den Gemeinden, in denen die beantragte Freisetzung erfolgen soll, verbreitet sind, **öffentlich bekannt zu machen** (§ 2 S. 1 GenTAnhV). Alsdann sind der Antrag und die Unterlagen nach Bekanntgabe einen Monat zur Einsicht **auszulegen** (§ 3 Abs. 2 S. 1 GenTAnhV). Bis zu einem Monat nach Ablauf der Auslegungsfrist können **Einwendungen** erhoben werden (§ 5 Abs. 1 S. 1 GenTAnhV), die dann in das Verfahren einbezogen werden. Die Formulierung der Einwendungen muss die Verletzung oder Gefährdung eigener Rechte erkennen lassen, d. h. hinreichend substantiiert sein.[197] So genannte Jedermann-Einwendungen in Form eines Formularschreibens reichen nicht aus.[198] Anders ist dies, wenn Einwendungen auf Sammellisten erhoben werden, wenn die Ausführungen auf der Sammelliste erkennen lassen, welche eigenen Rechtsgüter als betroffen betrachtet werden.[199] Eine Begründung, weshalb der Einwender die Gefährdung befürchtet, ist nicht erforderlich.[200] **228**

Nicht rechtzeitig erhobene Einwendungen, die nicht auf besonderen privatrechtlichen Titeln beruht, werden mit Ablauf der Einwendungsfrist ausgeschlossen (§ 18 Abs. 3 GenTG). Der **Einwendungsausschluss** nach § 5 Abs. 1 S. 2 GenTAnhV hat nicht nur die Wirkung, dass der Betroffene im Einwendungsverfahren mit seinen Einwendungen ausgeschlossen ist (**formelle Präklusion**), sondern darüber hinaus auch eine **materielle Präklusion** zur Folge.[201] Dies bedeutet, dass der Einwender grundsätzlich auch in **229**

---

[195] § 18 Abs. 2 GenTG hat durch die Änderung des Gentechnikgesetzes 2008 eine Klarstellung erfahren; für die Basisgenehmigung, die das gesamte Arbeitsprogramm umfasst, ist jeweils eine Anhörung durchzuführen; lediglich für Nachmeldung entfällt die Anhörung.
[196] Verordnung über Anhörungsverfahren nach dem Gentechnikgesetz (Gentechnik-Anhörungsverordnung – GenTAnhV) i.d.F. d. Bek. v. 4.11. 1996 (BGBl. I S. 1649), zul. geänd. durch VO v. 28.4. 2008 (BGBl. I S. 766); vgl. dazu oben D. Rdnr. 143.
[197] So *OVG Berlin*, Beschl. v. 29.3. 1994 – 1 S 45.93 –, ZUR 1994, 206 (208).
[198] Vgl. *OVG Berlin*, Beschl. v. 29.3. 1994 – 1 S 45.93 –, ZUR 1994, 206 (207).
[199] *VG Berlin*, Beschl. v. 18.7. 1995 – 14 A181.94 – ZUR 1996, 41 ff.
[200] *OVG Berlin*, Beschl. v. 29.3. 1994 – 1 S 45.93 –, ZUR 1994, 206 (208) unter Hinweis auf *BVerwGE*, 60, 297 (311); 80, 207 (219)).
[201] *Hirsch/Schmidt-Didczuhn*, GentG, § 18 Rdnr. 57 ff.; *Eberbach/Lange*, Gentechnikrecht, § 5 GenTAnhV Rdnr. 20 ff.; *OVG Berlin*, Beschl. v. 29.3. 1994 – 1 S 45.93 –, ZUR 1994, 206 (207).

einem späteren gerichtlichen Verfahren mit seinem Vorbringen ausgeschlossen ist, das er im Anhörungsverfahren als Einwendung hätte gelten machen können.[202]

230 Ein öffentlicher **Erörterungstermin**, bei dem die Betreffenden ihre Einwendungen vorbringen und gegebenenfalls begründen können, wurde bei der Novellierung des Gentechnikgesetzes 1993 aus dem Gesetz gestrichen.[203] Zugelassen werden zum Erörterungstermin nur die Einwender.

231 **ff) Entscheidung der zuständigen Bundesoberbehörde.** Die zuständige Bundesoberbehörde entscheidet unter Berücksichtigung der von den Mitgliedstaaten der Europäischen Gemeinschaft und den anderen Vertragsstaaten des Abkommens über den Europäischen Wirtschaftsraum vorgebrachten Bemerkungen (§ 1 Abs. 2 S. 1 GenTBetV). Danach liegt die Letztentscheidung über die Freisetzung beim Bundesamt für Verbraucherschutz und Lebensmittelsicherheit in Berlin.[204] Sie teilt die Entscheidung über den Freisetzungsantrag einschließlich der Begründung im Fall einer Ablehnung der Kommission, den Mitgliedstaaten der Europäischen Gemeinschaft, den anderen Vertragsstaaten des Abkommens über den Europäischen Wirtschaftsraum und den zuständigen Landesbehörden mit (§ 1 Abs. 2 S. 2 GenTBetV).

232 Für die Genehmigung eines Antrags auf Freisetzung erhebt das Bundesamt für Verbraucherschutz und Lebensmittelsicherheit in der Regel zwischen 2500,00 bis 15 000,00 € Gebühren (§ 2 Abs. 1 Nr. 1 BGenTGKostV[205]). In Einzelfällen kann bei einem außergewöhnlich hohen Aufwand auch eine Gebühr von bis zu 75 000,00 € festgesetzt werden (§ 2 Abs. 2 S. 1 BGenTGKostV). Demgegenüber kann im Einzelfall bei einem außergewöhnlich niedrigen Aufwand die Gebühr bis auf 50,00 € ermäßigt werden (§ 2 Abs. 3 BGenTGKostV).

233 **d) Genehmigungsvoraussetzungen.** Die Genehmigungsvoraussetzungen sind in § 16 Abs. 1 GenTG geregelt. Eine Genehmigung für eine Freisetzung ist zu erteilen, wenn

– die Voraussetzungen entsprechend § 11 Abs. 1 Nr. 1 und 2 GenTG,
– gewährleistet ist, dass alle nach dem Stand der Wissenschaft und Technik erforderlichen Sicherheitsvorkehrungen getroffen werden,
– nach dem Stand der Wissenschaft im Verhältnis zu dem angestrebten Zweck der Freisetzung unvertretbare schädliche Einwirkungen auf die geschützten Rechtsgüter nicht zu erwarten sind (Nr. 3).

234 Die Voraussetzungen nach § 16 Abs. 1 Nr. 3 GenTG, d.h. unvermeidbare schädliche Einwirkungen auf die in der Zweckbestimmung des Gen-

---

[202] OVG Berlin, Beschl. v. 29.3. 1994 – 1 S 45.93 –, ZUR 1994, 206 (207).
[203] Vgl. § 11 GenTAnhV.
[204] Vgl. zum Regelungscharakter der Freisetzungsentscheidung bereits oben E. Rdnr. 129.
[205] Bundeskostenverordnung zum Gentechnikgesetz (BGenTGKostV) v. 9.10. 1991 (BGBl. I S. 1972), zul. geänd. durch G v. 22.3. 2004 (BGBl. I S. 454).

IV. Freisetzung und Inverkehrbringen

technikgesetzes genannten Schutzgüter sind nicht zu erwarten, sind in der juristischen Literatur kritisiert worden und wurden zudem von der EG-Kommission gerügt.[206] Man argumentierte, dass der Wortlaut eine weitergehende Aufweichung des Rechtsgüterschutzes zuließe und damit im Widerspruch zu dem strikten Schutzanspruch des Art. 4 Abs. 1 FreisRL stünde.[207] Die Kriterien für die Bewertung des Zwecks der Freisetzung als maßgebliches Kriterium des behördlichen Abwägungsprozesses seien in keiner Weise gesetzlich vorstrukturiert, sodass die Vorschrift der Wesentlichkeitstheorie wegen einer fehlenden Gesetzesbindung der Genehmigungsbehörde nicht entspreche.[208] Nach der amtlichen Begründung des Gesetzgebers ist eine Gesamtabwägung der zu erwartenden Wirkung vorzunehmen unter Berücksichtigung der beabsichtigten oder in Kauf genommenen möglichen schädlichen Auswirkungen und des Nutzens des Vorhabens. Nicht möglich sei es, den Ausschluss jeglicher schädlicher Wirkungen zu verlangen. Sonst könnten dann keine Produkte zur Schädlingsbekämpfung freigesetzt oder in den Verkehr gebracht werden. Damit solle auch nicht das vorgegebene Schutzniveau relativiert werden. So bleibt es bei der strikten Abwehr und Vorsorge gegen schädliche Einwirkungen der genannten Art. Die Vorschrift soll daher nur einen Ausgleich der Zielkonflikte ermöglichen, die sich aus dem weiten Kreis der zu schützenden Rechtsgüter ergibt. Dabei bleibt aber die Frage, ob sich der strikte Schutzanspruch der Freisetzungsrichtlinie eindeutig im Gentechnikgesetz wieder findet, wie es nach der jüngsten Rechtsprechung des Europäischen Gerichtshofes notwendig ist, um dem Erfordernis der Rechtssicherheit in vollem Umfang zu genügen und seine Umsetzung in der behördlichen Genehmigungspraxis sicherzustellen, offen.

235 Der zuständigen Bundesoberbehörde ist nach der Rechtsprechung in § 16 Abs. 1 GenTG ein Beurteilungsspielraum eingeräumt, der nicht durch eigene Erkenntnisse des Gerichts ausgefüllt werden darf. Der Verwaltung kommt die Verantwortung für die Risikoermittlung und die Risikobewertung zu. Das Gericht darf die der Verwaltung zugewiesene Aufgabe der Risikoabschätzung nicht durch eine eigene Wertung ersetzen. Es kann nur prüfen, ob die Wertung der Bundesoberbehörde nachvollziehbar ist.[209]

236 Bei der Risikobewertung werden Aspekte wie der Gentransfer auf verwandte Kulturformen oder Wildpflanzen sowie eine mögliche Steigerung der über Dauer- oder Ausbreitungsfähigkeit der transgenen Pflanzen in landwirtschaftlichen oder natürlichen Ökosystemen aufgrund der gentech-

---

[206] Vgl. dazu auch *Drescher*, ZUR 1994, 289 (296 ff. m. w. N.).
[207] *Drescher*, ZUR 1994, 289 (296).
[208] *Drescher*, ZUR 1994, 289 (296).
[209] Vgl. *OVG Berlin*, Beschl. v. 29.3. 1994 – 1 S 45.93 –, ZUR 1994, 206 (208); VG Berlin, Beschl. v. 18.7. 1995 – 14 A 181.94 –, ZUR 1996, 41 (43); dazu auch *Jörgensen/Winter*, ZUR 1996, 293 (294).

nischen Veränderung geprüft. Eine Notwendigkeitsprüfung wird nicht vorgenommen.

237 **e) Genehmigungsentscheidung.** Nach Eingang der vollständigen Unterlagen und Klärung offener Fragen muss ein Antrag innerhalb von 90 Tagen rechtsgültig beschieden werden (§ 16 Abs. 3 S. 1 GenTG). Auf die Erteilung einer Genehmigung besteht ein Rechtsanspruch, sofern sich aus der Sicherheitsbewertung keine Gefährdung für Mensch und Umwelt vom freigesetzten Organismus ableiten lässt. Bislang wurden alle eingereichten Anträge positiv beschieden. Eine Freisetzung ist stets zeitlich begrenzt und auf eine oder mehrere definierte Flächenareale beschränkt (§ 14 Abs. 3 GenTG).

238 Die Änderung einer Freisetzung bedarf keiner Genehmigung, wenn die zuständige Bundesoberbehörde feststellt, dass die Änderung keine wesentlichen Auswirkungen auf die Beurteilung der Voraussetzungen nach § 16 Abs. 1 GenTG hat.

239 **f) Rechtsschutz.** Rechtsschutz gegen die Versagung beziehungsweise die Erteilung einer Freisetzungsgenehmigung ist wegen der Zuständigkeit der Bundesoberbehörde vor dem Verwaltungsgericht in Berlin zu suchen.[210]

240 Im Falle der Anfechtung einer Freisetzungsgenehmigung durch einen Dritten muss dieser vor Gericht eine Betroffenheit in eigenen Rechten geltend machen.[211] Dabei ist ein Dritter mit seinen Einwendungen vor dem Verwaltungsgericht dann nicht ausgeschlossen (**materielle Präklusion**), wenn er im Einwendungsverfahren Einwendungen auf einer Sammelliste geltend gemacht hat, wenn diese erkennen lassen, welche eigenen Rechtsgüter als betroffen betrachtet werden.[212] Problematisch ist bei einem Vorgehen gegen die Freisetzungsgenehmigung, dass bislang keine hinreichenden wissenschaftlichen Erkenntnisse möglich sind, um den Nachweis einer Gesundheitsgefährdung oder Eigentumsverletzung durch gentechnisch veränderte Organismen zu erbringen. Die Aufhebung einer Freisetzungsgenehmigung, deren Befristung abgelaufen ist, kann mangels Rechtsschutzinteresse nicht angefochten werden.[213] Auch ein Fortsetzungsfeststellungsinteresse besteht mangels konkreter Gefahr der Wiederholung des Freilassungsversuchs in einem solchen Fall nicht.[214]

241 Anders als in § 29 BNatSchG ist weder vor Freisetzungen noch vor dem Inverkehrbringen von gentechnisch veränderten Organismen eine Beteili-

---

[210] *BVerwG*, Beschl. v. 10.12. 1996 – 7 AV 11-18.96 –, NJW 1997, 1022 f.
[211] Zur Drittanfechtung gegen den Freilandanbau vgl. *VG Köln*, Urt. v. 25.1. 2007 – 13 K 2858/06 –; vgl. zum Aneignungsrecht des Jagdpächters *VG Braunschweig*, Urt. v. 23.7. 2008 – 2 A 227/07 –.
[212] *VG Berlin*, Beschl. v. 18.7. 1995 – 14 A181.94 – ZUR 1996, 41 (42); vgl. dazu bereits oben E. Rdnr. 175.
[213] *VG Berlin*, Urt. v. 26.3. 1998 – VG 14 A 164.95 –, ZUR 1998, 320.
[214] *VG Berlin*, Urt. v. 26.3. 1998 – VG 14 A 164.95 –, ZUR 1998, 320.

IV. Freisetzung und Inverkehrbringen

gung von Verbänden vorgesehen. Dementsprechend scheidet auch eine Klagemöglichkeit der Verbände aus.[215]

Neben dem Weg zum Verwaltungsgericht ist wegen privatrechtlich begründeter Ansprüche auch der Rechtsweg zu den ordentlichen Gerichten eröffnet. Abwehransprüche gegen Einwirkungen aus nach § 16 GenTG genehmigten Freilandversuchen können bei den Zivilgerichten anhängig gemacht werden. Beide Rechtswege sind nach der in Rechtsprechung und Literatur vorherrschenden Meinung gleichwertig und können nebeneinander beschritten werden.[216] Zivilgerichtliche Klagen sind gerichtet auf die Vornahme von Untersuchungsmaßnahmen, die Beseitigung von Beeinträchtigungen oder die Unterlassung drohender Beeinträchtigungen durch die Freisetzung gentechnisch veränderten Materials. Anspruchsgrundlagen sind hier §§ 1004 Abs. 1, 823 Abs. 1 BGB. Ob überhaupt ein Eingriff in das Eigentum vorliegt, beurteilt sich nach § 903 BGB. Ausgeschlossen sind zivilrechtliche Ansprüche dann, wenn die Benutzung des Grundstücks nicht oder nur unwesentlich beeinträchtigt wird,[217] was letztlich der Betreiber zu beweisen hat.[218] Sobald die Freisetzungsgenehmigung rechtskräftig ist, ist auch das Zivilgericht wegen § 23 GenTG daran gebunden.

242

g) Eintragung in das Standortregister. Zum Zwecke der Überwachung etwaiger Auswirkungen von gentechnisch veränderten Organismen auf die geschützten Rechtsgüter und Belange sowie zum Zweck der Information der Öffentlichkeit werden bestimmte Angaben über Freisetzungen gentechnisch veränderter Organismen und bestimmte Angaben über den Anbau gentechnisch veränderter Organismen in einem Bundesregister erfasst (§ 16a Abs. 1 GenTG). Die Schaffung eines Standortregisters geht auf die Änderung der Freisetzungsrichtlinie der Europäischen Gemeinschaft zurück, die durch die dritte Änderung des Gentechnikgesetzes eingeführt worden ist. Die gesetzliche Regelung hat auch durch die Änderung des Gentechnikgesetzes von 2008 eine Klarstellung erfahren, sodass das Standortregister nach der jetzigen Fassung nicht nur die Freisetzung, sondern auch den Anbau von gentechnisch veränderten Pflanzen erfasst.

243

Das Register wird beim Bundesamt für Verbraucherschutz und Lebensmittelsicherheit geführt und ist allgemein zugänglich (§ 16a Abs. 1 S. 2 und 3 GenTG).[219] Dies war im Rahmen des Verfahrens zur Änderung des

244

---

[215] Zum Fehlen eines Verbandsklagerechts für Naturschutzverbände vgl. *VG Berlin*, Urt. v. 6.5. 2004 – 14 A. 17.04 –.
[216] *OLG Stuttgart*, Urt. v. 24.8. 1999 – 14 U57/97 –, ZUR 2000, 29.
[217] *OLG Stuttgart*, Urt. v. 24.8. 1999 – 14 U57/97 –, ZUR 2000, 29 (30); kritisch zur Ablehnung Eingriffscharakters bei Ökobetrieben als Anmerkung zum Urteil *Abel-Lorenz*, ZUR 2000, 30 (31).
[218] Vgl. dazu unten E. Rdnr. 445 ff.
[219] Zur Anfrage Frankreichs, ob es ausreicht die betreffende Gemeinde oder das Departement zu benennen, Rs. C-552/07, eingereicht am 11.12. 2007 (Commune de Sausheim/Pierre Azelwandre) ABl. 2008 C 37, 20.

Gentechnikgesetzes von 2008 umstritten, ist aber im Gesetzgebungsverfahren beibehalten worden.[220]

245 Zur Führung des Standortregisters ist eine Mitteilung des Betreibers erforderlich, die dieser spätestens drei Werktage vor der Freisetzung bei der zuständigen Behörde abzugeben hat.[221] Mitteilen muss er die Bezeichnung des gentechnisch veränderten Organismus, seine gentechnischen Eigenschaften, das Grundstück der Freisetzung sowie die Größe der Freisetzungsfläche und den Freisetzungszeitraum.

246 Auch der Bewirtschafter (§ 3 Nr. 13a GenTG) der Fläche hat den Anbau von gentechnisch sehr änderten Organismen spätestens drei Monate vor dem Anbau der Behörde mitzuteilen. Seine Angaben umfassen die Bezeichnung und den spezifischen Erkennungsmarker des gentechnisch veränderten Organismus, seine gentechnisch veränderten Eigenschaften, den Namen und die Anschrift desjenigen, der die Flächen bewirtschaftet, das Grundstück des Anbaus sowie die Größe der Anbaufläche.

247 Aus diesen Angaben erstellt die Bundesbehörde einen allgemein zugänglichen Teil des Registers, der die Bezeichnung und den spezifischen Erkennungsmarker des gentechnisch veränderten Organismus, seine gentechnisch veränderten Eigenschaften das Grundstück der Freisetzung oder des Anbaus sowie die Flächengröße erfasst. Auskünfte aus dem allgemein zugänglichen Teil des Registers werden im Wege des automatisierten Abrufs über das Internet erteilt. Diese Form des Zugangs zu Informationen über Freisetzungsfläche ist in die Kritik geraten, nachdem es zunehmend zu der Vernichtung von Flächen mit dem Anbau gentechnisch veränderter Organismen gekommen ist. Gleichwohl ist in der letzten Novellierung des Gentechnikgesetzes an der Führung eines öffentlichen Standortregisters festgehalten worden.

248 Die zuständige Behörde erteilt auch aus dem nicht allgemein zugänglichen Teil des Registers Auskunft, auch über personenbezogene Daten, soweit der Antragsteller ein berechtigtes Interesse glaubhaft macht und kein Grund zu der Annahme besteht, dass der Betroffene ein überwiegendes schutzwürdiges Interesse an dem Ausschluss der Auskunft hat. Auf diese Art und Weise können etwa benachbarte Landwirte oder im Einzugsbereich einer Fläche mit gentechnisch veränderten Organismen wirtschaftende Imker[222] weitergehende Informationen über die Standortflächen erhalten.

249 Durch das Gesetz zur Änderung des Gentechnikgesetzes von 2008 ist die Vorschrift des § 16a Abs. 5a GenTG neu eingeführt worden. Danach

---

[220] Zum unbefugten Herausreißen gentechnisch veränderter Pflanzen in einem genehmigten Feldversuch vgl. *OLG Frankfurt*, Urt. v. 20.6. 2007 – 20 W. 391/06 –, NVwZ-RR 2008, 249 ff.

[221] Zuvor war hier eine frühestmögliche Mitteilung vorgesehen, die nach den Erfahrungen mit der 4. Änderung des Gentechnikgesetzes nicht mehr als erforderlich angesehen worden ist (BT-Drs. 16/6814 S. 23).

[222] Für Imker wird in der Literatur einen Einzugsbereich von drei bis 20 km angenommen, vgl. *Palme*, ZUR 2005, 119 (124).

IV. Freisetzung und Inverkehrbringen

dürfen die für die Ausführung des Gentechnikgesetzes zuständigen Behörden des Landes zum Zwecke der Überwachung die nicht allgemein zugänglichen Teil des Registers gespeicherten Daten im automatisierten Verfahren abrufen, soweit ein Grundstück betroffen ist, dass in ihrem Zuständigkeitsbereich belegen ist. Den Ländern wird im Hinblick auf den Verwaltungsvollzug damit ein umfassender Zugang zu dem vom Bund geführten Register eingeräumt.[223] Gestrichen worden ist dafür die Befugnis der Länder, eigene Standortregister zu führen, die vormals in § 16a Abs. 8 GenTG enthalten war. Die Vorschrift über landeseigene Standortregister ist als überflüssig angesehen worden, da die Länder die Errichtung derartiger Register nicht beabsichtigt haben.[224]

2. Inverkehrbringen

Gentechnisch veränderte Organismen dürfen erst dann in Verkehr gebracht werden, wenn sie aus den Freisetzungsexperimenten und den begleitenden Sicherheitsüberprüfungen keine unvertretbaren negativen Auswirkungen auf Mensch und Umwelt erwarten lassen, insbesondere müssen Organismen beziehungsweise Teile davon, die zum Verzehr bestimmt sind, lebensmittelrechtlichen Anforderungen (§§ 8, 9, 17 LFGB[225], NFVO[226] und NLV[227]) entsprechen. 250

Ein Inverkehrbringen liegt vor bei der Abgabe von Produkten, die gentechnisch veränderte Organismen enthalten oder aus solchen bestehen, an Dritte und das Verbringen in den Geltungsbereich des Gesetzes, soweit die Produkte nicht zu gentechnischen Arbeiten in gentechnischen Anlagen bestimmt oder Gegenstand einer genehmigten Freisetzung sind (§ 3 Nr. 8 GenTG).[228] 251

a) Genehmigungspflicht. Der Genehmigung der zuständigen Bundesoberbehörde bedarf nach § 14 Abs. 1 GenTG, wer 252

– Produkte in den Verkehr bringt, die gentechnisch veränderte Organismen enthalten oder aus solchen bestehen (Nr. 2),

---

[223] Vgl. BT-Drs. 16/6814 S. 23).
[224] Vgl. BT-Drs. 16/6814 S. 23).
[225] Lebensmittel- und Bedarfsgegenstände- und Futtermittelgesetzbuch (Lebensmittel- und Futtermittelgesetzbuch (LFGB) i.d.F. d. Bek. v. 26.4. 2006 (BGBl. I S. 945), zul. geänd. durch G v. 26.2. 2008 (BGBl. I S. 215);vgl. dazu bereits oben D. Rdnr. 172 ff.
[226] Verordnung (EG) Nr. 258/97 des Europäischen Parlaments und des Rates vom 27.1. 1997 über neuartige Lebensmittel und neuartige Lebensmittelzutaten (Novel Food-Verordnung) (ABl. EG Nr. L 43, S. 1); vgl. dazu bereits oben D. Rdnr. 82 ff.
[227] Verordnung zur Durchführung gemeinschaftsrechtlicher Vorschriften über neuartige Lebensmittel und Lebensmittelzutaten (Neuartige Lebensmittel- und Lebensmittelzutaten-Verordnung – NLV) i.d.F. v. 14.2. 2000 (BGBl. I S. 123), zul. geänd. durch Bek. v. 27.5. 2008 (BGBl. I S. 919); vgl. dazu bereits oben D. Rdnr. 114 ff.
[228] Vgl. dazu bereits oben E. Rdnr. 53 ff.

E. Das Gentechnikgesetz und seine Rechtsverordnungen

- Produkte, die gentechnisch veränderte Organismen enthalten oder aus solchen bestehen, zu einem anderen Zweck als der bisherigen bestimmungsgemäßen Verwendung in den Verkehr bringt (Nr. 3) oder
- Produkte in den Verkehr bringt, die aus freigesetzten gentechnisch veränderten Organismen gewonnen oder hergestellt wurden, für die keine Genehmigung nach Nr. 2 vorliegt (Nr. 4).

253 Die Genehmigung für ein Inverkehrbringen kann auf bestimmte Verwendungen beschränkt werden (§ 14 Abs. 1 S. 2 GenTG). Sofern der Zweck der Inverkehrbringen beschränkt wurde (vgl. § 16d Abs. 1 Nr. 1 GenTG) und später erweitert werden soll, bedarf es nach 3 14 Abs. 1 Nr. 3 GenTG einer erneuten Genehmigung. Der neu geschaffene Genehmigungstatbestand des § 14 Abs. 1 Nr. 4 GenTG schließt eine früher bestehende Regelungslücke. Bislang bedurfte es nämlich wohl keiner Inverkehrbringensgenehmigung, sofern das Produkt aus einer genehmigten Freisetzung stammte.[229]

254 Einer Genehmigung für ein Inverkehrbringen bedarf nicht, wer Produkte, die gentechnisch veränderte Organismen enthalten oder aus solchen bestehen, in den Verkehr bringt, die mit den in § 3 Nr. 3c GenTG genannten Verfahren hergestellt worden sind, für Arbeiten in Anlagen bestimmt sind und in eine Anlage abgegeben werden, in der Erschließungsmaßnahme nach Maßgabe des Satzes 2 angewandt werden (§ 14 Abs. 1a S. 1 GenTG).

255 Soweit das Inverkehrbringen durch Rechtsvorschriften geregelt ist, die den Regelungen dieses Gesetzes und der auf Grund dieses Gesetzes erlassenen Rechtsverordnungen über die Risikobewertung, das Risikomanagement, die Kennzeichnung, Überwachung und Unterrichtung der Öffentlichkeit mindestens gleichwertig sind, gelten die Zulassungsvorschriften des Gentechnikgesetzes nicht (§ 14 Abs. 2 GenTG).[230] Dies bedeutet, dass andere Gesetze das Gentechnikgesetz nur dann verdrängen können, wenn die Vorschriften der anderen Gesetze eine dem Gentechnikgesetz entsprechende oder höhere Risikoabschätzung vorsehen. Möglich ist eine Verdrängung des Gentechnikgesetzes allenfalls bei den §§ 11 ff. PflSchG[231] und §§ 2 DMG[232], die eine vergleichbare Abschätzung vorsehen. Nicht verdrängt wird das Gentechnikgesetz vom Arzneimittelgesetz[233], Tierseu-

---

[229] Vgl. *Palme*, NVwZ 2005, 253 (255).
[230] Die Vorschrift war vormals in § 2 Abs. 4 GenTG enthalten; vgl. dazu bereits oben E. Rdnr. 22.
[231] Gesetz zum Schutz der Kulturpflanzen (Pflanzenschutzgesetz – PflSchG) i.d.F. d. Bek. v. 14.5. 1998 (BGBl. I S. 971, 1527, 3512), zul. geänd. durch G v. 5.3. 2008 (BGBl. I S. 284).
[232] Düngemittelgesetz (DMG) v. 15.11. 1977 (BGBl I S. 2134), zul. geänd. durch G v. 9.12. 2006 (BGBl. I S. 2819, BGBl. 2007 I S. 195).
[233] Gesetz über den Verkehr mit Arzneimitteln (Arzneimittelgesetz – AMG) i.d.F. d. Bek. v. 12.12. 2005 (BGBl. I S. 3394), zul. geänd. durch G v. 23.11. 2007 (BGBl. I S. 2631).

IV. Freisetzung und Inverkehrbringen

chengesetz[234], Lebensmittel- und Futtermittelgesetzbuch[235] sowie vom Chemikaliengesetz[236] und Saatgutverkehrsgesetz[237]. Diese Gesetze haben eine geringere Risikoabschätzung, sodass sie vom Gentechnikgesetz nicht verdrängt werden.

Auf das Inverkehrbringen eines Erzeugnisses, das für die unmittelbare Verwendung als Lebensmittel oder Futtermittel oder für die Verarbeitung vorgesehen ist und Spuren eines gentechnisch veränderten Organismus oder einer Verbindung von gentechnisch veränderten Organismen enthält, finden die Vorschriften des Dritten Teils gem. § 14 Abs. 2a-ad GenTG keine Anwendung, soweit die gentechnisch veränderten Organismen einen Anteil in Höhe von 0,5% in den Erzeugnissen nicht überschreiten und 256

– das Vorhandensein des gentechnisch veränderten Organismus zufällig oder technisch nicht zu vermeiden ist (Nr. 1),
– bezüglich des gentechnisch veränderten Organismus durch den wissenschaftlichen Ausschuss der Gemeinschaft oder die europäische Behörde für Lebensmittelsicherheit spätestens drei Monate nach In-Kraft-Treten der VO (EG) Nr. 1829/2003 eine befürwortende Stellungnahme abgegeben wurde (Nr. 2),
– ein diesbezüglicher Zulassungsantrag für das Inverkehrbringen nicht abgelehnt worden ist (Nr. 3) und
– die Nachweisverfahren für den gentechnisch veränderten Organismus nach Maßgabe der Vorschriften der Verordnung (EG) Nr. 1829/2003 öffentlich verfügbar sind (Nr. 4).

b) Zuständigkeit. Für die Genehmigung des Inverkehrbringens ist ein Antrag bei der zuständigen Bundesoberbehörde zu stellen (§ 14 Abs. 1 GenTG). Dies ist das Bundesamt für Verbraucherschutz und Lebensmittelsicherheit (§ 31 S. 2 GenTG). Zuvor war dies das Robert-Koch-Institut. Im Gegensatz zur Zulassung der Errichtung und des Betriebes gentechnischer Anlagen hat sich folglich auch hier der Bund die Zuständigkeit vorbehalten. 257

c) Verfahren. Das Verfahren für das Inverkehrbringen gentechnisch veränderter Organismen weist aufgrund der Verkehrsfähigkeit von Produkten in der Europäischen Gemeinschaft einige Besonderheiten auf. 258

---

[234] Tierseuchengesetz (TierSG) i.d.F. d. Bek. v. 22.6. 2004 (BGBl. I S. 1260, 3588), zul. geänd. durch G v. 13.12. 2007 (BGBl. I S. 2930).
[235] Lebensmittel- und Bedarfsgegenstände- und Futtermittelgesetzbuch (Lebensmittel- und Futtermittelgesetzbuch (LFGB) i.d.F. d. Bek. v. 26.4. 2006 (BGBl. I S. 945), zul. geänd. durch G v. 26.2. 2008 (BGBl. I S. 215).
[236] Gesetz zum Schutz vor gefährlichen Stoffen (Chemikaliengesetz – ChemG) i.d.F. d. Bek. v. 2.7. 2008 (BGBl. I S. 1146).
[237] Saatgutverkehrsgesetz (SaatG) i.d.F. d. Bek. v. 16.7. 2004 (BGBl. I.S. 1673), zul. geänd. durch VO v. 31.10. 2006 (BGBl. I S. 2407).

259   **aa) Antragsbefugnis.** Zunächst muss derjenige, der einen Antrag auf Genehmigung des Inverkehrbringens stellt, in einem Mitgliedstaat der Europäischen Union ansässig sein oder einen dort ansässigen Vertreter benennen (§ 15 Abs. 3 S. 1 GenTG).

260   **bb) Antragsunterlagen.** Der Antrag muss alle Unterlagen enthalten, aus denen die Unbedenklichkeit der freigesetzten Organismen ersichtlich ist. Dem Antrag sind insbesondere folgende Unterlagen beizufügen:

– Name und Anschrift des Betreibers (Nr. 1),
– die Bezeichnung und eine dem Stand der Wissenschaft entsprechende Beschreibung des in Verkehr zu bringenden Produkts im Hinblick auf die gentechnisch veränderten spezifischen Eigenschaften; Unterlagen über vorangegangene Arbeiten in einer gentechnischen Anlage und über Freisetzungen (Nr. 2),
– eine Beschreibung der zu erwartenden Verwendungsarten und der geplanten räumlichen Verbreitung (Nr. 3),
– Angaben zur beantragten Geltungsdauer der Genehmigung (Nr. 3a),
– eine Risikobewertung nach § 6 Nr. 1 GenTG einschließlich einer Darlegung der möglichen schädlichen Auswirkungen (Nr. 4),
– eine Beschreibung der geplanten Maßnahmen zur Kontrolle des weiteren Verhaltens oder der Qualität des in Verkehr zu bringenden Produkts, der entstehenden Reststoffe und ihrer Behandlung sowie der Notfallpläne (Nr. 5),[238]
– einen Beobachtungsplan unter Berücksichtigung der Beobachtungspflicht nach § 16c GenTG einschließlich der Angaben zu dessen Laufzeit (Nr. 5a),
– eine Beschreibung von besonderen Bedingungen für den Umgang mit dem in Verkehr zu bringenden Produkt und einen Vorschlag für seine Kennzeichnung und Verpackung (Nr. 6),
– eine Zusammenfassung der Antragsunterlagen zur Festlegung des Schemas für die Zusammenfassung der Anmeldeinformationen zum Inverkehrbringen gentechnisch veränderter Organismen als Produkt oder in Produkten (Nr. 7).

261   **d) Genehmigungsverfahren.** Das Genehmigungsverfahren ist in § 16 GenTG geregelt. Das Bundesamt für Verbraucherschutz und Lebensmittelsicherheit bestätigt den Eingang des Antrags, überprüft den Antrag auf Vollständigkeit und bewertet die Angaben.

262   **aa) Bewertung durch die zuständige Bundesoberbehörde.** Die Bewertung dient der Information der übrigen Mitgliedstaaten und der Kommission. Vor der Entscheidung über einen Antrag auf Genehmigung des Inverkehrbringens ist nämlich das EG-Beteiligungsverfahren durchzuführen, da die Genehmigung für das Inverkehrbringen eines Produktes in al-

---

[238] Die GenTNotfV gilt nach dem Wortlaut des § 1 GenTNotfV für das Inverkehrbringen von gentechnisch veränderten Organismen nicht.

IV. Freisetzung und Inverkehrbringen

len EG-Mitgliedstaaten gilt (§ 14 Abs. 5 FreisRL).[239] Ebenso bedarf ein in einem anderen EG-Mitgliedstaat nach der Freisetzungs-Richtlinie genehmigtes Produkt für den Vertrieb in Deutschland keiner erneuten Genehmigung in Deutschland (Art. 14 Abs. 5 FreisRL).

Innerhalb von 90 Tagen nach Eingang des Antrags hat die zuständige Bundesoberbehörde einen **Bewertungsbericht** zu erstellen und dem Antragsteller bekannt zu geben (§ 16 Abs. 3 S. 2 GenTG). Bei der Berechnung der Frist bleiben die Zeitspannen unberücksichtigt, während deren die zuständige Bundesoberbehörde vom Betreiber gegebenenfalls angeforderte weitere Unterlagen abwartet oder eine Öffentlichkeitsbeteiligung nach § 18 GenTG durchgeführt wird. **263**

bb) EG-Beteiligungsverfahren. Zur Sicherstellung der Interessen der am Genehmigungsverfahren nicht beteiligten EG-Mitgliedstaaten sieht die Freisetzungsrichtlinie auch für das Inverkehrbringen ein gemeinschaftsweites Beteiligungsverfahren Diese Vorschriften der Freisetzungsrichtlinie wurde aufgrund der Ermächtigung nach § 16 Abs. 6 GenTG mit Erlass der Gentechnik-Beteiligungsverordnung[240] in das deutsche Recht umgesetzt. **264**

Ist der Antrag in Deutschland bei der zuständige Bundesoberbehörde gestellt, so hat diese nach Antragseingang eine Zusammenfassung der Antragsunterlagen den Mitgliedstaaten der Europäischen Gemeinschaft sowie den anderen Vertragsstaaten des Abkommens über den Europäischen Wirtschaftsraum und der Kommission zu übermitteln (§ 3 Abs. 1 S. 2 GenTBetV). **265**

Beabsichtigt die zuständige Bundesoberbehörde, die Genehmigung zu erteilen, so muss sie innerhalb von 90 Tagen nach Antragseingang den Bewertungsbericht an die Kommission übermitteln. Erhebt weder die Kommission noch ein Mitgliedstaat der Europäischen Gemeinschaft oder ein anderer Vertragsstaat des Abkommens über den Europäischen Wirtschaftsraum innerhalb von 60 Tagen nach Weiterleitung des Bewertungsberichts durch die Kommission mit Gründen versehene Einwände, so hat die zuständige Bundesoberbehörde die Genehmigung nach § 16 Abs. 2 GenTG zu erteilen (§ 3 Abs. 2 S. 1 GenTBetV). Werden mit Gründen versehene Einwände erhoben, versucht die zuständige Bundesoberbehörde in Verhandlungen nach Übersendung des Bewertungsberichts durch die **266**

---

[239] Dazu auch *VG Augsburg*, Urt. v. 30.5. 2008 – 7 K 07.276, Au 7 K –, DVBl. 2008, 992 ff.; zur Frage, ob sich Österreich zum gentechnikfreien Bewirtschaftungsgebiet durch Gesetz erklären konnte *EuG*, Urt. v. 5.10. 2005 – Rs. T-366/03 und T-235/04 –, ZUR 2006, 83 ff.
[240] Verordnung über die Beteiligung des Rates, der Kommission und der Behörden der Mitgliedstaaten der Europäischen Union und der anderen Vertragsstaaten des Abkommens über den Europäischen Wirtschaftsraum im Verfahren zur Genehmigung von Freisetzungen und Inverkehrbringen sowie im Verfahren bei nachträglichen Maßnahmen nach dem GenTG – Gentechnik-Beteiligungsverordnung (GenTBetV) v. 17.3. 1995 (BGBl. I S. 734), zul. geänd. durch VO v. 23.3. 2006 (BGBl. I S. 65); vgl. dazu bereits oben D. Rdnr. 143.

Kommission eine Einigung mit dem Einwender herbeizuführen. Kommt eine Einigung zustande, hat die zuständige Bundesoberbehörde auch in diesem Fall entsprechend der Einigung zu entscheiden (§ 13 Abs. 3 S. 3 GenTBetV). Kommt indes keine Einigung zu Stande, entscheidet die Kommission oder der Rat nach Art. 18 Abs. 1 i.V.m. Art. 30 Abs. 3 FreisRL. Die zuständige Bundesoberbehörde hat in diesem Fall die Genehmigung zu erteilen (§ 3 Abs. 4 GenTBetV).[241] Dies gilt nur dann nicht, wenn die zuständige Behörde mittlerweile über neue Informationen verfügt, durch die sie zu der Auffassung gelangt, dass das angemeldete Produkt eine Gefahr für die menschliche Gesundheit oder die Umwelt darstellen kann. In diesem Fall muss die zuständige Behörde die Kommission und die übrigen Mitgliedstaaten unverzüglich unterrichten und innerhalb der in Art. 16 Abs. 2 FreisRL festgelegten Frist eine abschließende Entscheidung im Schutzklauselverfahren erstreben.[242] Lehnen die Kommission oder der Rat das Inverkehrbringen ab, so hat die zuständige Bundesoberbehörde die Genehmigung zu versagen (§ 3 Abs. 6 GenTBetV). In diesem Fall liegt die Letztentscheidungsbefugnis bei der EG-Kommission.

267 Tatsächlich werden Genehmigungen über die gemeinschaftsweite Zulassung eines Inverkehrbringens von gentechnisch veränderten Produkten in der Regel durch die Kommission erteilt. Diese kann die Entscheidungskompetenz aufgrund der Möglichkeit, begründete Einwände zu erheben, an sich ziehen. So hat die Kommission beispielsweise bis 1998 die Zustimmung zum Inverkehrbringen von gentechnisch veränderten Sojabohnen[243], Chicoree[244] und Mais[245] erteilt. Die Entscheidungen ergingen, obwohl jedenfalls teilweise eine qualifizierte Mehrheit der Mitgliedstaaten das Inverkehrbringen ablehnte. Dies war deshalb möglich, weil die Entscheidungen im Ausschussverfahren ergingen und Vorschläge der Kommission vom Rat nach Art. 250 EG-Vertrag (vormals 189a EGV) nur einstimmig geändert werden konnten. Wenn also die Kommission mit dem die Freisetzung beantragenden Mitgliedstaat einer Auffassung war, konnten die anderen Mitgliedstaaten die Zustimmung zur gemeinschaftsweiten Freisetzung nicht verhindern.[246]

268 Andererseits aber ist die Zulassung gentechnisch veränderter Produkte seit Oktober 1998 suspendiert. Dagegen wird der Einwand erhoben, dieses Moratorium sei unvereinbar mit den Bestimmungen des Welthandelsrechts.[247] Mittlerweile ist das Moratorium wieder aufgehoben.

269 Beabsichtigt die zuständige Bundesoberbehörde, die Genehmigung zu versagen, so hat sie den Bewertungsbericht sowie die ihm zu Grunde lie-

---

[241] Vgl. dazu *EuGH*, Urt. v. 21.3. 2000 – Rs. C-6/99 –, NVwZ 2001, 61 ff.
[242] Vgl. dazu *EuGH*, Urt. v. 21.3. 2000 – Rs. C-6/99 –, NVwZ 2001, 61 ff.
[243] Entscheidung 96/281, ABl. EG 1996, Nr. L 107, S. 10.
[244] Entscheidung 96/424, ABl. EG 1996, Nr. L 175, S. 25.
[245] Entscheidung 96/98, ABl. EG 1996, Nr. L 31, S. 69.
[246] Vgl. dazu *Krämer*, ZUR 1998, 70 (74 ff.).
[247] Dazu *Scherzberg*, ZUR 2005, 1 (2).

IV. Freisetzung und Inverkehrbringen

genden Informationen nach seiner Bekanntgabe gegenüber dem Antragsteller der Kommission zu übermitteln (§ 3 Abs. 1 S. 3 GenTBetV).

Ist der Antrag auf Inverkehrbringen in einem anderen Mitgliedstaat ge- 270
stellt worden, wird das Verfahren durch § 4 GenTBetV bestimmt. Danach kann die zuständige Bundesoberbehörde innerhalb von 60 Tagen, nachdem sie von der Kommission den Bewertungsbericht erhalten hat, weitere Informationen anfordern, Bemerkungen vorbringen oder mit Gründen versehene Einwendungen erheben. In letzterem Fall wirkt sie an einem Einigungsversuch mit. Die zuständige Bundesoberbehörde hat den Bewertungsbericht unverzüglich an die Stellen weiterzuleiten, die im Rahmen des § 16 Abs. 4 S. 3 GenTG eine Stellungnahme abzugeben haben.

cc) Entscheidung durch die Bundesoberbehörde. Nach Abschluss 271
des EG-Beteiligungsverfahrens hat die zuständige Bundesoberbehörde über den Antrag unverzüglich, jedoch spätestens innerhalb von 30 Tagen schriftlich zu entscheiden (§ 16 Abs. 3 S. 4 2. HS GenTG).[248]

Für die Genehmigung eines Antrags auf Inverkehrbringen erhebt das 272
Bundesamt für Verbraucherschutz und Lebensmittelsicherheit in der Regel zwischen 5000,00 bis 30 000,00 € Gebühren (§ 2 Abs. 1 Nr. 2 BGenTGKostV[249]). In Einzelfällen kann bei einem außergewöhnlich hohen Aufwand auch eine Gebühr von bis zu 150 000,00 € festgesetzt werden (§ 2 Abs. 2 S. 2 BGenTGKostV). Demgegenüber kann im Einzelfall bei einem außergewöhnlich niedrigen Aufwand die Gebühr bis auf 50,00 € ermäßigt werden (§ 2 Abs. 3 BGenTGKostV).

dd) Beteiligung anderer Behörden. Die Entscheidung über die Er- 273
teilung der Genehmigung für ein Inverkehrbringen ergeht im Benehmen mit dem Bundesamt für Naturschutz, dem Robert Koch-Institut sowie dem Bundesinstitut für Risikobewertung (§ 16 Abs. 4 S. 3 GenTG). Zuvor ist eine Stellungnahme der Biologischen Bundesanstalt für Land- und Forstwirtschaft und soweit gentechnisch veränderte Wirbeltiere oder gentechnisch veränderte Mikroorganismen, die an Wirbeltieren angewendet werden, betroffen sind, des Friedrich-Loeffler-Institut und des Paul-Ehrlich-Institut einzuholen (§ 16 Abs. 4 S. 3 2. HS GenTG).

Mit Erteilung der Genehmigung erlangen die Organismen die freie Ver- 274
kehrsfähigkeit in der EU und können wie traditionelle Organismen behandelt werden. Im Lebensmittelbereich schließt die Erlaubnis zum Inverkehrbringen auch die fortlaufende Belieferung des Marktes ein.

e) Verlängerung der Inverkehrbringensgenehmigung. Wegen der 275
Befristung der Inverkehrbringensgenehmigung auf höchstens 10 Jahre ist in § 15 Abs. 4 GenTG geregelt, dass der Antrag auf Verlängerung der In-

---

[248] Zur Frage eines eigenen Regelungscharakters der Entscheidung vgl. bereits oben E. Rdnr. 129.
[249] Bundeskostenverordnung zum Gentechnikgesetz (BGenTGKostV) vom 9.10. 1991 (BGBl. I S. 1972), zul. geänd. durch G v. 22. 3. 2004 (BGBl. I S. 454).

E. *Das Gentechnikgesetz und seine Rechtsverordnungen*

verkehrbringensgenehmigung spätestens neun Monate vor Ablauf der Genehmigung zu stellen ist. Es handelt sich dabei um eine Ausschlussfrist.

276 Auch hier ist erneut das EG-Beteiligungsverfahren durchzuführen. Die Einzelheiten sind in § 3 Abs. 6a GenTBetV geregelt.

277 Gem. § 26 Abs. 1 S. 3 GenTG kann ein Inverkehrbringen gentechnisch veränderte Organismen untersagt werden, wenn die hierfür nach §§ 14 Abs. 1 S. 1 Nr. 2, 16 Abs. 3 GenTG erforderliche Genehmigung nicht vorliegt.

278 **f) Genehmigungsvoraussetzungen.** Die Genehmigung für ein Inverkehrbringen ist zu erteilen oder zu verlängern, wenn nach dem Stand der Wissenschaft im Verhältnis zum Zweck des Inverkehrbringens unvertretbare schädliche Einwirkungen auf die in § 1 Nr. 1 GenTG bezeichneten Rechtsgüter nicht zu erwarten sind (§ 16 Abs. 2 GenTG). Im Fall eines Antrags auf Verlängerung der Inverkehrbringensgenehmigung gilt das Inverkehrbringen bis zum Abschluss des Verwaltungsverfahrens nach deren Maßgabe als vorläufig genehmigt, sofern ein solcher Antrag rechtzeitig gestellt wurde.[250]

279 **g) Genehmigungsentscheidung.** Der Genehmigung des Inverkehrbringens durch die zuständige Bundesoberbehörde stehen Genehmigungen gleich, die von Behörden anderer Mitgliedstaaten der Europäischen Gemeinschaft oder anderer Vertragsstaaten des Abkommens über den Europäischen Wirtschaftsraum nach deren Vorschriften zur Umsetzung der Richtlinien 2001/18/EG erteilt worden sind (§ 14 Abs. 5 GenTG).

280 **h) Umgang mit in Verkehr gebrachten Produkten.** Eingefügt worden sind durch das Erste Gesetz zur Neuordnung des Gentechnikrechts die §§ 16a – d GenTG. Dabei regelt § 16a GenTG das Standortregister[251], § 16b GenTG den Umgang mit in Verkehr gebrachten Produkten, § 16c GenTG die Beobachtung und § 16d GenTG die Entscheidung der Behörde beim Inverkehrbringen. Hinzu gekommen ist durch die Änderung des Gentechnikgesetzes 2008 § 16e GenTG, der Ausnahmen für nicht kennzeichnungspflichtiges Saatgut enthält.

281 **aa) Vorsorgepflicht.** Wer zum Inverkehrbringen zugelassene Produkte, die gentechnisch veränderte Organismen enthalten oder aus solchen bestehen, anbaut, weiterverarbeitet, soweit es sich um Tiere handelt, hält oder diese erwerbswirtschaftlichen, gewerbsmäßig oder in vergleichbarer Weise in den Verkehr bringt, hat Vorsorge dafür zu treffen, dass die in § 1 Nr. 1 und 2 GenTG genannten Rechtsgüter und Belange durch die Übertragung von Eigenschaften eines Organismus, die auf gentechnischen Arbeiten beruhen, durch die Beimischung oder durch sonstige Erträge von

---

[250] Zur Fortwirkung der Genehmigung vgl. auch *OLG Brandenburg*, Urt. v. 17.1. 2008 – 5 U (Lw) 138/07 –, NJW 2008, 2127 ff.
[251] Vgl. dazu bereits oben E. Rdnr. 243 ff.

IV. Freisetzung und Inverkehrbringen

gentechnisch veränderten Organismen nicht wesentlich beeinträchtigt werden (§ 16b Abs. 1 S. 1 GenTG). § 16b GenTG gilt als Konkretisierung der Vorsorgepflicht zum Schutz der Gesundheit und zur Gewährleistung der Koexistenz (§ 1 Nr. 2 GenTG).[252]

Beim Anbau von Pflanzen, beim sonstigen Umgang mit Pflanzen und bei der Haltung von Tieren wird die Vorsorgepflicht durch die Einhaltung der guten fachlichen Praxis erfüllt (§ 16b Abs. 2 GenTG). **282**

(1) Gute fachliche Praxis. Zur guten fachlichen Praxis gehören, soweit dies zur Erfüllung der Vorsorgepflicht erforderlich ist, insbesondere **283**

– beim Umgang mit gentechnisch veränderten Organismen die Beachtung der Bestimmungen der Genehmigung für das Inverkehrbringen nach § 16 Abs. 5a GenTG (Nr. 1),
– beim Anbau von gentechnisch veränderten Pflanzen und bei der Herstellung und Ausprägung von Düngemitteln, die gentechnisch veränderte Organismen enthalten, Maßnahmen, um Einträge in andere Grundstücke zu verhindern sowie Auskreuzungen in andere Kulturen benachbarter Flächen die Weiterverbreitung durch Wildpflanzen zu vermeiden (Nr. 2),
– bei der Haltung gentechnisch veränderter Tiere die Verhinderung des Entweichen aus dem zur Haltung vorgesehenen Bereich und das Eindringen anderer Tiere der gleichen Art in diesem Bereich (Nr. 3),
– bei Beförderung, Lagerung und Weiterverarbeitung gentechnisch veränderte Organismen die Verhinderung von Verlusten sowie von Vermischungen und Vermengungen mit anderen Erzeugnissen (Nr. 4).

(2) Gentechnik-Pflanzenerzeugungsverordnung. Die Grundsätze der guten fachlichen Praxis werden auf der Grundlage der Ermächtigung des § 16b Abs. 6 GenTG durch die Gentechnik-Pflanzenerzeugungsverordnung[253] näher bestimmt.[254] Sie soll die Vorsorgepflicht des Erzeugers handhabbar machen und die Beachtung der Bestimmungen der Genehmigung für das Inverkehrbringen sicherstellen. Zugleich dient sie der Umsetzung der Empfehlung 2003/556/EG der Kommission vom 23. Juli 2003 mit Leitlinien für die Erarbeitung einzelstaatlicher Strategien und geeigneter Verfahren für die Koexistenz gentechnisch veränderter, konventioneller und ökologischer Kulturen.[255] **284**

Die Gentechnik-Pflanzenerzeugungsverordnung gilt für den Umgang mit zum Inverkehrbringen zugelassenen gentechnisch veränderten Pflan- **285**

---

[252] So auch *VG Augsburg*, Beschl. v. 4.5. 2007 – Au 7 E 07.259 –, ZUR 2007, 437 (440).
[253] Verordnung über die gute fachliche Praxis bei der Erzeugung gentechnisch veränderter Pflanzen (Gentechnik-Pflanzenerzeugungsverordnung – GenTPflEV) v. 7.4. 2008 (BGBl. I S. 655).
[254] Vgl. dazu auch *Kloepfer*, Umweltschutzrecht, § 17 Rdnr. 45.
[255] ABl. EU Nr. L 189 S. 36; vgl. dazu bereits oben D. Rdnr. 136; zur Gentechnik in der Landwirtschaft allgem. *Sander*, AUR 2008, 162 ff.

E. Das Gentechnikgesetz und seine Rechtsverordnungen

zen sowie für das Aufbringen von Stoffen, die vermehrungsfähige Bestandteile von gentechnisch veränderten Pflanzen enthalten, in der Landwirtschaft, Forstwirtschaft und Gartenbauwirtschaft (§ 1 S. 1 GenTPflEV).

286 Der Erzeuger gentechnisch veränderter Pflanzen muss seinen Nachbarn über den Anbau informieren (§ 3 GenTPflEV), seinen Anbau an benachbarte Nutzungen anpassen (§ 4 GenTPflEV), gegebenenfalls bei der Naturschutzbehörde anfragen, Sorgfaltsmaßnahmen im Hinblick auf Feldbestand, Lagerung, Beförderung, Ernte, eingesetzte Gegenstände und Durchwuchs ergreifen sowie Aufzeichnungen führen. Überwacht wird die Einhaltung der Vorsorgepflicht durch die Länder.

287 So hat der Erzeuger den Nachbarn spätestens drei Monate vor der Aussaat oder Anpflanzung seine persönlichen Daten, das Grundstück des Anbaus sowie die Größe der Anbaufläche und die Pflanzenart, die Bezeichnung und den spezifischen Erkennungsmarker der gentechnischen Veränderung mitzuteilen (§ 3 Abs. 1 GenTPflEV). Der Erzeuger ist der Bewirtschafter der Anbaufläche (§ 2 Nr. 3 GenTPflEV), während als Nachbar der Bewirtschafter einer benachbarten Fläche gilt (§ 2 Nr. 4 GenTPflEV). Als benachbart gilt eine landwirtschaftlich, forstwirtschaftlich oder gartenbauwirtschaftlich genutzte Fläche, die ganz oder zum Teil innerhalb der für die Pflanzenart in der Anlage festgelegten Abständen liegt (§ 2 Nr. 2 GenTPflEV). Beim Anbau von gentechnisch veränderten Mais gilt diejenige Fläche als benachbart, die innerhalb eines Abstands von 300 m vom Rand der Anbaufläche liegt (Anlage Nr. 1 zur GenTPflEV). Der Erzeuger muss den Bewirtschafter der Nachbarfelder ermitteln. Lässt sich der bewirtschaftende Nachbar nicht ermitteln, so kann sich der Erzeuger an den Eigentümer des betreffenden Grundstücks wenden und ihn auffordern, die Informationen an den Bewirtschafter weiterzuleiten (§ 3 Abs. 3 GenTPflEV). Nach Ablauf eines Monats kann er dann davon ausgehen, dass der Eigentümer selbst Bewirtschafter der betreffenden Fläche ist. In diesem Fall hat der Bewirtschafter die Anforderungen an die gute fachliche Praxis erfüllt.

288 Der Erzeuger muss mit seiner Anbaufläche konkret bestimmte Abstände zu Nachbarflächen einhalten. Für den Maisanbau enthält die Anlage zur Gentechnik-Pflanzenerzeugungsverordnung Vorgaben, da es sich bei Mais um die einzige gentechnisch veränderte Pflanzenart handelt, die mit gentechnikrechtlicher Genehmigung zum Inverkehrbringen sowie Sortenzulassung derzeit in Deutschland angebaut wird. Die Anlage trägt dabei drei Anbausituationen Rechnung. Zu Nachbarflächen mit konventionell angebautem Mais hat der Erzeuger einen Mindestabstand von 150 m einzuhalten. Zum Nachbarflächen mit ökologisch angebautem Mais zur Verwendung als ökologisches Lebensmittel oder Futtermittel hat der Erzeuger einen Mindestabstand von 300 m einzuhalten. Dies findet letztlich seine Begründung darin, dass der Markt für ökologische Produkte besonders sensibel ist. Durch den europäischen Gesetzgeber ist anerkannt, dass gentechnisch veränderte Organismen und deren Derivate mit der ökologischen

IV. *Freisetzung und Inverkehrbringen*

Wirtschaftsweise unvereinbar sind.[256] Letztlich hat der Erzeuger durch geeignete Maßnahmen zu vermeiden, dass Flächen, auf denen Mais angebaut wird, der zur Verwendung als Saatgut bestimmt ist, wesentlich beeinträchtigt werden. Ein konkreterer Abstand ist hier nicht festgelegt worden. Die einzelnen Abstände gehen auf ein Forschungsvorhaben einer Arbeitsgruppe zurück, die vom Bundesministerium für Ernährung, Landwirtschaft und Verbraucherschutz eingesetzt worden war.

Soweit eine Genehmigung für das Inverkehrbringen von gentechnisch veränderten Organismen besondere Bedingungen für die Verwendung zum Schutz besonderer Ökosysteme, Umweltgegebenheiten oder geographischer Gebiete enthält, hat der Erzeuger spätestens drei Monate vor der erstmaligen Aussaat oder Anpflanzung bei der zuständigen Naturschutzbehörde anzufragen, ob und inwieweit diese Bedingungen in seinem Fall einschlägig sind (§ 5 S. 1 GenTPflEV). 289

bb) Ausnahmen von der Vorsorgepflicht. Der Erzeuger muss die Vorsorgepflicht, konkretisiert durch die Grundsätze der guten fachlichen Parkpraxis, gegenüber einem anderen insoweit nicht beachten, als dieser durch schriftliche Vereinbarung mit ihm auf seinen Schutz verzichtet oder ihm auf Anfrage die für seinen Schutz erforderlichen Auskünfte nicht erteilt hat und die Pflicht im jeweiligen Einzelfall ausschließlich dem Schutz des anderen dient (§ 16b Abs. 1 S. 2 GenTG). Diese Vorschrift eröffnet die Möglichkeit, dass durch schriftliche private Absprachen von den Vorgaben des Gentechnikgesetzes und der vorgesehenen Rechtsverordnung über die gute fachliche Praxis bei der Erzeugung gentechnisch veränderter Pflanzen hinsichtlich der wirtschaftlichen Koexistenz abgewichen werden kann. Mit Zustimmung des Nachbarn kann folglich der vorgeschriebene Abstand verringert werden. Eine solche Absprache kann allerdings nicht dazu führen, dass vorgegebenen Mindestabstände gegenüber Dritten oder fachgesetzliche Anforderungen nicht eingehalten werden. Die Abweichung von den Vorgaben der guten fachlichen Praxis ist der zuständigen Behörde rechtzeitig vor der Aussaat oder Pflanzung anzuzeigen (§ 16b Abs. 1 S. 3 GenTG). Die Anzeigepflicht besteht auch dann, wenn die betroffene konventionelle oder ökologische Kultur von derselben Person bewirtschaftet wird wie die gentechnisch veränderte Kultur. 290

cc) Zuverlässigkeit. Wer mit Produkten, die gentechnisch veränderte Organismen enthalten oder daraus bestehen, für erwerbswirtschaftliche, gewerbsmäßige oder vergleichbare Zwecke umgeht, muss die Zuverlässigkeit, Kenntnisse, Fertigkeiten und Ausstattung besitzen, um die Vorsorgepflicht nach § 16 Abs. 1 GenTG erfüllen zu können (§ 16b Abs. 4 GenTG). 291

dd) Produktinformation. Letztlich hat derjenige, der Produkte, die gentechnisch veränderte Organismen enthalten oder daraus bestehen, in 292

---

[256] Vgl. Erwägungsgrund (10) zur Verordnung (EG) Nr. 1804/1999.

Verkehr bringt, eine Produktinformation mitzuliefern, die die Bestimmung der Genehmigung enthält, soweit diese sich auf den Umgang mit dem Produkt beziehen, und aus der hervorgeht, wie die Vorsorgepflicht, die gute fachliche Praxis und die Zuverlässigkeit erfüllt werden können (§ 16b Abs. 5 GenTG).

293 **ee) Beobachtung.** Damit eine Genehmigung zum Inverkehrbringen von gentechnisch veränderten Organismen auf der EU-Ebene erteilt wird, muss der Antragsteller künftig einen Entwurf für einen Plan mit Beobachtungsmaßnahmen (Monitoring) vorlegen. Damit soll auch nach dem Inverkehrbringen die Sicherheit von Umwelt und Gesundheit gewährleistet werden. Dementsprechend regelt § 16c Abs. 1 GenTG, dass derjenige, der als Betreiber Produkte, die aus gentechnisch veränderten Organismen bestehen oder solche enthalten, in Verkehr bringt, diese auch danach nach Maßgabe der Genehmigung zu beobachten hat, um mögliche Auswirkungen auf die geschützt Rechtsgüter zu ermitteln. Die Beobachtungspflicht gilt nicht für Freisetzungen.

294 Ziel der Beobachtung ist es, zu bestätigen, dass eine Annahme über das Auftreten und die Wirkung einer etwaigen schädlichen Auswirkungen eines gentechnisch veränderten Organismus oder dessen Verwendung in der Risikobewertung zutrifft (fallspezifische Beobachtung), (Nr. 1) und das Auftreten schädliche Auswirkungen des gentechnisch veränderten Organismus oder dessen Verwendung auf die menschliche Gesundheit und die Umwelt zu ermitteln, die in der Risikobewertung nicht vorgesehen wurden (allgemeine Beobachtung) (Nr. 2).

295 Vorgesehen ist, dass die Bundesregierung durch Rechtsverordnung die Einzelheiten regeln kann, etwa hinsichtlich der Festlegung des Mindeststandards der Beobachtung, der Einbeziehung Dritter oder der Einbeziehung bundesbehördlicher Beobachtungstätigkeiten.

296 **i) Entscheidung der Behörde bei Inverkehrbringen.** Die zuständige Bundesoberbehörde entscheidet im Rahmen der Genehmigung des Inverkehrbringens eines Produkts das gentechnisch veränderte Organismen enthält oder aus solchen besteht, über den Verwendungszweck (Nr. 1), die besonderen Bedingungen für den Umgang mit dem Produkt und seine Verpackung (Nr. 2), die Bedingungen für den Schutz besonderer Ökosysteme, Umweltgegebenheiten oder geografischer Gebiete (Nr. 3), die Kennzeichnung (Nr. 4), die Anforderungen an die Einzelheiten der Beobachtung auf der Grundlage der Risikobewertung, die Laufzeit des Beobachtungsplans (Nr. 5) und die Vorlagepflicht für Kontrollproben (Nr. 6).

297 Genehmigungen zum Inverkehrbringen von gentechnisch veränderten Organismen werden künftig für höchstens 10 Jahre erteilt. Eine Verlängerung der Genehmigung erfolgt für 10 Jahre. Dabei kann die Verlängerung für einen kürzeren oder längeren Zeitraum ausgesprochen werden. Bei der Verlängerung von Genehmigungen müssen insbesondere die Ergebnisse des Monitoring berücksichtigt werden. Im Rahmen des Moratoriums kann die zuständige Behörde, soweit die zur Abwehr nach dem Stand der Wis-

V. Gemeinsame Vorschriften

senschaft im Verhältnis zum Zweck des Inverkehrbringens unvertretbarer schädlicher Einwirkungen auf die Rechtsgüter erforderlich ist, die nach § 16d Abs. 1 S. 1 Nr. 5 GenTG getroffene Entscheidung nachträglich ändern, soweit dies zur Anpassung der Beobachtungsmethoden, der Probenname- oder Analyseverfahren an den Stand von Wissenschaft oder zur Berücksichtigung von erst im Verlauf der Beobachtung gewonnenen Erkenntnissen erforderlich ist (§ 16d Abs. 3 GenTG). § 16d Abs. 3 GenTG ist eine Spezialvorschrift zum Erlass einer nachträglichen Auflage, die Anforderungen an den in der Genehmigung festgelegten Beobachtungsplan an eine Änderung des Standes der Wissenschaft nachträglich anpassen.

j) Ausnahmen für Saatgut. Neu hinzugekommen ist eine Vorschrift 298 für die Ausnahmen für nicht kennzeichnungspflichtige Produkte in § 16e GenTG. Danach sind die Vorschriften über das Standortregister und den Umgang mit in Verkehr gebrachten Produkten nicht auf Produkte anzuwenden, die nach § 17b Abs. 1 und 3 GenTG und den Art. 12 und 24 VO (EG) Nr. 1829/2003[257], auch in Verbindung mit den auf Grund dieser Vorschrift festgelegten Schwellenwerte nicht mit einem Hinweis auf die gentechnische Veränderung gekennzeichnet werden müssen oder im Falle des Inverkehrbringens gekennzeichnet werden müssten. Die Vorschrift soll klarstellen, dass Produkte, die unterhalb des für sie jeweils geltenden Schwellenwert liegen und daher nicht als gentechnisch verändert gekennzeichnet werden müssen, von der Pflicht zur Mitteilung an das Standortregister und der Vorsorgepflicht beim Umgang mit in Verkehr gebrachten Produkten ausgenommen sind. In den meisten Fällen wird dem Verwender das Produkt überhaupt nicht bewusst sein, dass es Spuren von gentechnisch veränderten Organismen enthält.

k) Genehmigungsanspruch. Auch bei der Freisetzung und dem In- 299 verkehrbringen besteht im Falle des Vorliegens der Genehmigungsvoraussetzungen ein Rechtsanspruch auf Erteilung der Genehmigung.

V. Gemeinsame Vorschriften

Die gemeinsamen Vorschriften des Vierten Teils gelten wiederum so- 300 wohl für das Anlagenzulassungsrecht als auch für die Freisetzung und das Inverkehrbringen. Im Wesentlichen werden hier der Umgang mit einzureichenden Unterlagen, das Anhörungsverfahren sowie Nebenbestimmungen und nachträgliche Auflagen geregelt. Auch Befugnisse, die die zuständigen Behörden im Rahmen ihrer Überwachungsfunktionen wahrnehmen, sind hier normiert. So etwa die einstweilige Einstellung, Mitteilungspflichten, Überwachungs-, Auskunfts- und Duldungspflichten sowie be-

---

[257] Vgl. dazu bereits oben D. Rdnr. 114 ff.

E. Das Gentechnikgesetz und seine Rechtsverordnungen

hördliche Anordnungen und das Erlöschen der Genehmigung beziehungsweise das Unwirksamwerden der Anmeldung. Auch die Wirkung von Genehmigungen bezogen auf andere behördliche Entscheidungen und private Ansprüche werden hier konkretisiert. Hinzu gekommen sind weit reichende Vorschriften über die Informationsweitergabe und die Unterrichtung der Öffentlichkeit.

1. Verwendung von Unterlagen und ihre Vertraulichkeit

301 § 17 Abs. 1 S. 1 GenTG bestimmt, dass der Betreiber einer Anlage diejenigen Unterlagen nicht einreichen muss, von denen die zuständige Behörde ausreichende Kenntnis hat. Auch kann er sich auf Unterlagen Dritter beziehen (§ 17 Abs. 1 S. 2 GenTG). Dabei steht dem Dritten das Recht zu, der Verwendung seiner Unterlagen innerhalb einer Frist von 30 Tagen nach Zugang einer Mitteilung durch die zuständige Behörde zu widersprechen (§ 17 Abs. 2 S. 1 GenTG). Die Vorschrift ist von Bedeutung für Anträge, Anmeldungen und Anzeigen.[258]

302 Sind von mehreren Anmeldern oder Antragstellern gleichzeitig inhaltlich gleiche Unterlagen bei einer zuständigen Behörde vorzulegen, die Tierversuche voraussetzen, so teilt die zuständige Behörde den Anmeldern oder Antragstellern mit, welche Unterlagen von Ihnen gemeinsam vorzulegen sind, sowie jeweils Namen und Anschrift der anderen Beteiligten (§ 17 Abs. 4 S. 1 GenTG). Auf diese Weise soll verhindert werden, dass Tierversuche mehrfach durchgeführt werden müssen.

303 Angaben, die ein **Betriebs- oder Geschäftsgeheimnis** darstellen, sind vom Betreiber als vertraulich zu kennzeichnen (§ 17a Abs. 1 S. 1 GenTG). Dabei stehen personenbezogene Daten den Betriebs- und Geschäftsgeheimnissen gleich (§ 17a Abs. 1 S. 3 GenTG). Nicht unter das Betriebs- und Geschäftsgeheimnis fallen allgemeine Merkmale oder Beschreibung der gentechnisch veränderten Organismen, Name und Anschrift des Betreibers, Ort der gentechnischen Anlage oder Freisetzung und der Freisetzungszweck, die beabsichtigte Verwendung, die Sicherheitsstufe und Sicherheitsmaßnahmen, Methoden und Pläne zur Überwachung der gentechnisch veränderten Organismen und für Notfallmaßnahmen sowie die Risikobewertung (§ 17a Abs. 2 GenTG). Wegen § 17a Abs. 2 Nr. 6 GenTG werden auch eine ergebnishaft, wertende Zusammenfassung der im Rahmen der Risikobewertung (Umweltverträglichkeitsprüfung) vorgelegten Unterlagen ebenso wie das dem Prüfungsergebnis zu Grunde gelegte Tatsachenmaterial – beispielsweise die so genannten Rohdaten einer Tierversuchsstudie – vom Geheimnisschutz ausgenommen.[259]

---

[258] Vgl. dazu bereits oben E. Rdnr. 162 ff.; 213 ff.; 259 ff.
[259] Zur Herausgabe einer Rattenfütterungsstudie *OVG Münster*, Beschl. v. 20.6. 2005 – 8 B 940/05 –, ZUR 2005, 420 ff.

V. Gemeinsame Vorschriften

Der Betreiber hat begründet darzulegen, dass eine Verbreitung der Betriebs- und Geschäftsgeheimnisse ihm betrieblich oder geschäftlich schaden könnte (§ 17a Abs. 1 S. 2 GenTG). 304

2. Kennzeichnung

Seit 2004 ist in § 17b GenTG die Kennzeichnung von Produkten geregelt. Danach sind Produkte, die gentechnische veränderte Organismen enthalten oder aus solchen bestehen und in den Verkehr gebracht werden, auf einem Etikett oder in einem Begleitdokument entsprechend den Vorschriften über die Kennzeichnung mit dem Hinweis „dieses Produkt enthält gentechnisch veränderten Organismen" zu kennzeichnen. Dabei kann die Bundesregierung kraft Rechtsverordnung Produkte von der Kennzeichnungspflicht ausnehmen, die einen bestimmten festgelegten Schwellenwert nicht überschreiten und bei denen zufällige oder technisch nicht zu vermeidende Anteile von gentechnisch veränderten Organismen nicht ausgeschlossen werden können. 305

Eine Kennzeichnungspflicht gilt auch für gentechnisch veränderte Organismen, die einem anderen für gentechnische Arbeiten in gentechnischen Anlagen, für Arbeiten in Anlagen im Sinne § 14 Abs. 1a GenTG oder für eine Freisetzung zur Verfügung gestellt werden. Hier ist der Hinweis „Dieses Produkt enthält gentechnisch veränderten Organismen" aufzunehmen. 306

Die Vorschriften über die Kennzeichnung und Verpackung von Produkten, die für das Inverkehrbringen genehmigte gentechnisch veränderten Organismen enthalten oder aus solchen bestehen, gelten nicht für Produkte, die für eine unmittelbare Verarbeitung vorgesehen sind und deren Anteil angenommigten gentechnisch veränderten Organismen nicht höher als 0,9 % liegt, sofern dieser Anteil zufällig oder technisch nicht zu vermeiden ist (§ 17b Abs. 3 S. 1 GenTG). Dabei ist zugunsten der Bundesregierung festgelegt, dass diese durch Rechtsverordnung einen niedrigeren Schwellenwert festsetzen kann. 307

3. Anhörungsverfahren

Das Gentechnikgesetz sieht für bestimmte Genehmigungsverfahren die Durchführung eines förmlichen Anhörungsverfahrens durch die zuständige Behörde vor. Auf diese Weise soll die Beteiligung der Öffentlichkeit an diesem Verfahren sichergestellt werden. 308

Für die Errichtung und den Betrieb gentechnische Anlagen, in denen gentechnische Arbeiten der Sicherheitsstufe drei oder vier zu gewerblichen Zwecken durchgeführt werden sollen, und für Freisetzung hat die zuständige Behörde vor der Entscheidung ein Anhörungsverfahren durchzuführen (§ 18 Abs. 1 S. 1 und Abs. 2 S. 1 GenTG). Gleiches gilt für die Genehmigung gentechnische Anlagen, in denen gentechnische Arbeiten 309

E. *Das Gentechnikgesetz und seine Rechtsverordnungen*

der Sicherheitsstufe zwei zu gewerblichen Zwecken durchgeführt werden sollen, wenn ein Genehmigungsverfahren nach § 10 BImSchG[260] erforderlich wäre. Eine Ausnahme gilt nur für wesentliche Änderungen im Sinne des § 8 Abs. 4 GenTG, wenn durch die Änderung zusätzliche oder andere Gefahren für die geschützten Rechtsgüter nicht zu erwarten sind (§ 18 Abs. 1 S. 3 GenTG).

310 Die Einzelheiten des Anhörungsverfahrens sind in der Gentechnik-Anhörungverordnung[261] näher bestimmt.

4. Nebenbestimmungen, nachträgliche Auflagen

311 § 19 GenTG regelt den Erlass von Nebenbestimmungen und Auflagen. Nebenbestimmungen und Auflagen können direkt mit dem Genehmigungsbescheid verbunden werden. Klarstellend hat der Gesetzgeber in § 19 S. 3 GenTG aufgenommen, dass auch die nachträgliche Aufnahme von Nebenbestimmungen oder Auflagen zulässig ist.

312 Die nachträglichen Eingriffsbefugnisse der Genehmigungsbehörde sind in den §§ 19 und 20 GenTG geregelt, während die für die Überwachungsbehörde maßgeblichen Regelungen in den §§ 25 und 26 GenTG enthalten sind. Die Befugnisse der Genehmigungsbehörde sind nicht immer leicht von den Befugnissen der Überwachungsbehörde zu unterscheiden.[262] Nur die Genehmigungsbehörde ist allerdings befugt, ihre Entscheidungen mit Nebenbestimmungen zu versehen oder nachträgliche Auflagen anzuordnen, da Nebenbestimmungen Teil der Genehmigung sind. Nachträgliche Auflagen bedeuten die teilweise Aufhebung des ursprünglichen Verwaltungsakts, verbunden mit dem Erlass eines neuen, inhaltlich beschränkten Verwaltungsakts.[263] Nachträgliche Auflagen greifen folglich in den Bestand der ursprünglichen Genehmigung ein und modifizieren diese. Der Bestand der Nebenbestimmung hängt von der Wirksamkeit des Verwaltungsakts, d.h. von der ursprünglichen gentechnischen Genehmigung ab.[264]

313 **a) Nebenbestimmungen.** § 19 GenTG ermöglicht den Erlass von Nebenbestimmungen. Die Bestimmung richtet sich ausschließlich an die Genehmigungsbehörde.[265]

---

[260] Gesetz zum Schutz vor schädlichen Umwelteinwirkungen durch Luftverunreinigungen, Geräusche, Erschütterungen und ähnliche Vorgänge (Bundes-Immissionsschutzgesetz – BImSchG) i.d.F. d. Bek. v. 26.9. 2002 (BGBl. I S. 3830), zul. geänd. durch G v. 23.10. 2007 (BGBl. I S. 2470); vgl. dazu bereits oben D. Rdnr. 188 ff.
[261] Verordnung über Anhörungsverfahren nach dem GenTG (Gentechnik-Anhörungsverordnung – GenTAnhV) i.d.F. d. Bek. v. 4.11. 1996 (BGBl. I S. 1649), zul. geänd. durch VO v. 28.4. 2008 (BGBl. I S. 766); vgl. dazu oben D. Rdnr. 143.
[262] Vgl. dazu *Roller/Jülich*, ZUR 1996, 74 ff.
[263] Vgl. dazu *Kopp*, VwVfG, § 36 Rdnr. 33.
[264] Demgegenüber sind aufsichtsrechtliche Anordnungen nach §§ 25, 26 GenTG unabhängige eigenständige Verwaltungsakte, vgl. dazu unten E. Rdnr. 347 ff.
[265] Vgl. dazu *Eberbach/Lange/Ronellenfitsch*, Gentechnikrecht, § 19 Rdnr. 4.

V. Gemeinsame Vorschriften

Für alle förmlichen Zulassungen im Rahmen des Gentechnikgesetzes gilt, dass die zuständige Behörde ihre Entscheidung mit **Nebenbestimmungen** versehen kann. Ihr Erlass erfolgt in der Regel direkt in der Zulassung, kann allerdings auch nachträglich erfolgen (§ 19 S. 3 GenTG). Unter Beachtung des Verhältnismäßigkeitsprinzips muss eine solche Nebenbestimmung erforderlich sein, um die Genehmigungsvoraussetzungen sicherzustellen (§ 19 S. 1 GenTG).[266] 314

b) Nachträgliche Auflagen. Auch Auflagen können in die Genehmigungsentscheidungen aufgenommen werden (§ 19 S. 2 GenTG). Durch **Auflagen** können insbesondere bestimmte Verfahrensabläufe oder Sicherheitsvorkehrungen angeordnet werden. Dem Betreiber einer Anlage kann auch eine bestimmte Beschaffenheit oder Ausstattung der gentechnischen Anlage mittels einer Auflage vorgegeben werden. Häufig werden auch Vorschriften für die bestimmungsgemäße und sachgerechte Anwendung des in Verkehr zu bringenden Produkts angeordnet. Das Gesetz lässt auch die nachträgliche Anordnung von Auflagen zu (§ 19 S. 3 GenTG). Die Behörde kann grundsätzlich bei einem Voranschreiten des Standes von Wissenschaft und Technik nachträgliche Auflagen erlassen und damit den Anwendungsbereich der Genehmigung nachträglich einschränken.[267] 315

Problematisch ist der Erlass nachträglicher Auflagen dann, wenn – wie im Fall des Inverkehrbringens – die Genehmigung in einem anderen Mitgliedstaat erteilt worden ist. Die Befugnis zum Erlass nachträglicher Auflagen kommt der deutschen Genehmigungsbehörde nur dann zu, wenn sie selbst Genehmigungsbehörde war. Für den Fall, dass die Genehmigung für das Inverkehrbringen in einem Mitgliedstaat erteilt worden ist, kann die deutsche Behörde bei nachträglich eintretenden, neuen Erkenntnissen gem. § 20 Abs. 2 GenTG das Ruhen der Genehmigung anordnen, bis die Kommission im Ausschussverfahren über den Sachverhalt entschieden hat. Solange die Genehmigung beruht, kann gem. § 26 Abs. 1 S. 4 GenTG die zuständige Überwachungsbehörde gegebenenfalls die Untersagung des Inverkehrbringens anordnen. Allerdings werden die deutschen Vorschriften durch Art. 20 Abs. 3 FreisRL verdrängt, wonach die zuständige Behörde der Kommission einen Bewertungsbericht mit einem Vorschlag hinsichtlich einer möglichen Anpassung der Genehmigungsanforderungen vorlegen muss. Nur wenn die Kommission und die anderen Mitgliedstaaten dagegen keine Einwendungen erheben, kann die zuständige Behörde dann die Genehmigungsauflagen ändern. Kommt es zu keiner Einigung in diesem Verfahren, wird nach Art. 18 Abs. 1 FreisRL in dem Ausschussverfahren nach Art. 30 FreisRL entschieden. 316

---

[266] Zur Rechtmäßigkeit eines Feldabstand durch Nebenbestimmung vgl. *VG Köln*, Urt. v. 19.4. 2007 – 13 K 4565/05 –, LRE 56, 17 ff.
[267] *Roller*, ZUR 2005, 113 (116); zur Spezialregelung des § 16d Abs. 4 GenTG siehe bereits oben E. Rdnr. 297.

317 Die materiellen Voraussetzungen für nachträgliche Auflagen sind in Art. 20 FreisRL normiert. Sie entsprechen im Wesentlichen den Voraussetzungen im deutschen Recht.

5. Einstweilige Einstellung

318 Das Gentechnikgesetz enthält auch eine Sondervorschrift für nachträgliche Regelungen in Bezug auf die einmal erteilte Genehmigung. So kann anstelle einer Rücknahme oder eines Widerrufs der Genehmigung nach § 20 Abs. 1 S. 1 GenTG die einstweilige Einstellung der Tätigkeit angeordnet werden, wenn die Voraussetzungen für die Fortführung des Betriebs der gentechnischen Anlage, der gentechnischen Arbeit oder der Freisetzung nachträglich entfallen sind. Diese einstweilige Einstellung gilt bis der Betreiber nachgewiesen hat, dass die Voraussetzungen wieder vorliegen.

319 Der Gesetzgeber wollte der Genehmigungsbehörde mit dieser Vorschrift die Möglichkeit eröffnen, neben den entsprechenden Vorschriften der Verwaltungsverfahrensgesetze des Bundes[268] und der Länder mit einem milderen Mittel einzugreifen. Insbesondere in den Fällen, in denen die Behebung eines nachträglich eingetretenen Mangels möglich erscheint, soll dem Betreiber die Möglichkeit gegeben werden, die Voraussetzungen für die Fortführung seines Betriebes schaffen.[269]

320 Auch § 20 GenTG richtet sich nicht an die Überwachungsbehörde, sondern ebenso wie § 19 GenTG an die Genehmigungsbehörde.[270]

321 § 20 Abs. 1 GenTG gilt nach dem eindeutigen Wortlaut für das Inverkehrbringen nicht. Hier ist mit § 20 Abs. 2 GenTG eine Sonderregelung deshalb erforderlich, weil das Inverkehrbringen auch in einem anderen Mitgliedstaat genehmigt werden kann. Hier gilt, dass der Widerruf der Genehmigung als actus contrarius nur von der Behörde erlassen werden darf, die die Genehmigung erteilt hat. Im Falle der Zulassung in einem anderen Mitgliedstaat ist diese Behörde zuständig. Insoweit greift dann lediglich das vorläufige Verfahren nach § 20 Abs. 2 GenTG. Zudem kann die zuständige Bundesoberbehörde beim Inverkehrbringen bis zur Entscheidung der Kommission oder des Rates der Europäischen Gemeinschaft das Ruhen der Genehmigung ganz oder teilweise anordnen, wenn nach Erteilung einer Genehmigung aufgrund neuer oder zusätzlicher Informationen zu Risikobewertung oder einer neuen Bewertung ein berechtigter Grund zu der Annahme besteht, dass der gentechnisch veränderte Organismus eine Gefahr für die menschliche Gesundheit oder die Umwelt darstellt.

---

[268] Verwaltungsverfahrensgesetz (VwVfG) i.d.F. d. Bek. v. 23.1. 2003 (BGBl. I S. 102), zul. geänd. durch G v. 17.12.2008 (BGBl. I S. 2586).
[269] Roller/Jülich, ZUR 1996, 74 (75).
[270] Roller/Jülich, ZUR 1996, 74 (75).

V. Gemeinsame Vorschriften

6. Mitteilungspflichten

Für Änderungen beim Betrieb der gentechnischen Anlage enthält § 21 GenTG bestimmte Mitteilungspflichten für den Betreiber. 322

So hat der Betreiber etwa Änderungen im Personalbestand, die den Projektleiter, den Beauftragten für die Biologische Sicherheit beziehungsweise den Ausschuss für Biologische Sicherheit betreffen, der Behörde mitzuteilen (§ 21 Abs. 1 S. 1 GenTG). 323

Für den Fall, dass der Betreiber beabsichtigt, den Betrieb einer Anlage einzustellen, hat er der Behörde sowohl den Zeitpunkt der Einstellung und die im Sinne von § 6 Abs. 2 S. 2 GenTG vorgesehenen Nachsorgepflichten mitzuteilen (§ 21 Abs. 1b GenTG). 324

Auch die beabsichtigte Änderung der sicherheitsrelevanten Einrichtungen und Vorkehrungen einer gentechnischen Anlage müssen der Behörde gemeldet werden. Dies selbst dann, die gentechnische Anlage durch die Änderung weiterhin die Anforderungen der für die Durchführung der angezeigten, angemeldeten oder genehmigten Arbeiten erforderlichen Sicherheitsstufe erfüllt (§ 21 Abs. 2 GenTG). 325

Für Freisetzungen gilt eine Mitteilungspflicht nach § 21 Abs. 2a GenTG auch für jede beabsichtigte oder bekannt gewordene unbeabsichtigt eingetretene Änderung einer Freisetzung. Dabei gilt die Einschränkung, dass die Änderung Auswirkungen auf die Beurteilung der Voraussetzungen nach § 16 Abs. 1 GenTG haben kann. Dies wird für Änderungen der Freisetzungsparameter wie Verwendung beziehungsweise Entstehung eines anderen gentechnisch veränderten Organismus oder bei Wahl eines anderen Standorts der Fall sein.[271] 326

Ferner sieht das Gesetz vor, dass der Betreiber der zuständigen Behörde unverzüglich jedes Vorkommnis mitzuteilen hat, das nicht den erwarteten Verlauf der gentechnischen Arbeit oder der Freisetzung und des Inverkehrbringens entspricht und bei dem der Verdacht der Gefährdung der Rechtsgüter besteht (**Verdachtsstörfälle**) (§ 21 Abs. 3 GenTG).[272] Dabei sind alle für die Sicherheitsbewertung notwendigen Informationen sowie geplante oder getroffene Notfallmaßnahmen mitzuteilen (§ 21 Abs. 3 S. 2 GenTG). Die Anzeigepflicht besteht auch nach Beendigung des Vorhabens so lange fort, wie das Vorhaben noch Folgewirkungen auf Mensch und Umwelt haben kann.[273] 327

Nach § 21 Abs. 4 GenTG hat der Betreiber nach Abschluss einer Freisetzung der zuständigen Bundesoberbehörde die Ergebnisse der Freisetzung mitzuteilen, soweit diesen Erkenntnisse über eine Gefährdung der geschützten Rechtsgüter entnommen werden können. Dies gilt auch für Gefährdungen, die sich aus einem Inverkehrbringen ergeben, wenn dieses beabsichtigt ist (§ 21 Abs. 4 S. 2 GenTG). Dabei ist über die Dauer der 328

---

[271] *Palme*, ZUR 2005, 119 (122).
[272] *Roller/Jülich*, ZUR 1996, 74 (76).
[273] *Hirsch/Schmidt/Didczuhn*, GenTG, § 21 Rdnr. 6.

E. Das Gentechnikgesetz und seine Rechtsverordnungen

Mitteilungspflicht in der Genehmigung zur entscheiden. Mithin werden die Details dieser Mitteilungspflicht in der Genehmigung festgeschrieben. Nach § 21 Abs. 4a GenTG wird die Mitteilungspflicht auch auf die Beobachtung des Inverkehrbringens nach Maßgabe der Genehmigung für das Inverkehrbringen erstreckt.

329 Schließlich bestimmt § 21 Abs. 5 GenTG die Pflicht, der Genehmigungs- und der Überwachungsbehörde neue Informationen über Risiken für die menschliche Gesundheit oder die Umwelt unverzüglich mitzuteilen.

330 Erhält der Betreiber neue Informationen über Risiken für die geschützten Rechtsgüter und Belange, hat er diese, soweit die Freisetzung und das Inverkehrbringen betroffen sind, der zuständigen Bundesoberbehörde unverzüglich mitzuteilen. Dies gilt entsprechend für die übrigen am Inverkehrbringen des Produkts oder am Umgang damit Beteiligten (§ 21 Abs. 5a GenTG).

331 Hinzu gekommen ist die Vorschrift des § 21 Abs. 6 GenTG, der klarstellt, dass eine Mitteilung nach § 21 Abs. 5 und 5a GenTG nicht zur strafrechtlichen Verfolgung des Mitteilenden oder für ein Verfahren nach dem Gesetz über Ordnungswidrigkeiten gegen den Mitteilenden verwendet werden darf. § 21 Abs. 6 GenTG soll sicherstellen, dass der Mitteilende nicht mit negativen Folgen auf Grund der Mitteilung rechnen muss.

7. Andere behördliche Entscheidungen und der Ausschluss von privatrechtlichen Ansprüchen

332 Die §§ 22 und 23 GenTG regeln die Wirkungen einer Genehmigung nach dem Gentechnikgesetz.

333 **a) Konzentrationswirkung.** Dem Planfeststellungsrecht entsprechend regelt § 22 Abs. 1 S. 1 GenTG, dass die Anlagengenehmigung andere die gentechnische Anlage betreffende behördliche Entscheidung einschließt, insbesondere öffentlich-rechtliche Genehmigungen, Zulassungen, Verleihungen, Erlaubnisse und Bewilligungen, mit Ausnahme von behördlichen Entscheidungen auf Grund atomrechtlicher Vorschriften. Im Genehmigungsverfahren werden diese öffentlich-rechtlichen Vorschriften nach anderen Gesetzen geprüft. In der Regel werden die Träger öffentlicher Belange, die die Zulassungen nach anderen Gesetzen erteilen müssen, im Genehmigungsverfahren beteiligt. Durch die Genehmigungsentscheidung werden ihre behördlichen Zulassungen ersetzt. Materiell-rechtlich werden die Vorschriften nach anderen Gesetzen vollständig geprüft.

334 Die Konzentrationswirkung des § 22 Abs. 1 S. 1 GenTG gilt nicht für Anzeige- und das Anmeldeverfahren.

335 Lediglich die Vorschrift des § 34a BNatSchG sowie dazu ergangene Vorschriften der Länder bleiben unberührt (§ 22 Abs. 3 GenTG). § 34a BNatSchG regelt, dass in den von der Europäischen Gemeinschaft besonders geschützten Gebieten des Netzwerks Natura 2000 der Einsatz von

V. Gemeinsame Vorschriften

gentechnisch veränderten Organismen nur unter den besonderen Voraussetzungen des § 34a BNatSchG möglich sein soll.[274] Nach dem ausdrücklichen Wortlaut gilt diese Sperrwirkung für andere Schutzgebiete nicht. Damit stehen Freisetzung, Anbau und Umgang mit gentechnisch veränderten Organismen in diesen Gebieten unter dem Vorbehalt einer naturschutzrechtlichen Projektprüfung. Dies allerdings nur dann, wenn der Einsatz von gentechnisch veränderten Organismen geeignet ist, die entsprechenden Gebiete erheblich zu beeinträchtigen. In der Praxis wird hier zweistufig geprüft. Es wird zunächst im Rahmen einer Vorprüfung festgestellt, ob erhebliche Beeinträchtigungen überhaupt drohen. Erst dann, wenn dies bejaht wird, kommt es zur eigentlichen Projektprüfung. Ein unzulässiges Vorhaben ist bei negativer Projektprüfung damit zu versagen. Die Ausnahmevorschrift des § 34 Abs. 3 BNatSchG, wonach auch in diesem Fall Projekte aus zwingenden Gründen dennoch zugelassen werden können, gilt für gentechnisch veränderte Organismen nicht.

§ 22 Abs. 3 GenTG stellt klar, dass die Inverkehrbringensgenehmigung **336** die Befugnisse der für die Projektprüfung zuständigen Behörde unberührt lässt. Eine Untersagung des Einsatzes von gentechnisch veränderten Organismen in Natura-2000-Gebieten kann also nicht etwa unter Verweis auf die Konzentrationswirkung der Inverkehrbringensgenehmigung angegriffen werden.[275]

b) **Ausschluss privatrechtlicher Ansprüche.** Zudem sind privat- **337** rechtliche Ansprüche Dritter ausgeschlossen, wenn sie nicht auf besonderen Titeln beruhen (§ 23 S. 1 GenTG). Insofern kann vom Betreiber der Anlage die Einstellung des Betriebs der gentechnischen Anlage, der gentechnischen Arbeit oder die Beendigung einer Freisetzung nicht verlangt werden, wenn die Genehmigung unanfechtbar ist und für sie ein Anhörungsverfahren nach § 18 GenTG durchgeführt wurde. Vom Betreiber können nur solche Vorkehrungen verlangt werden, die die benachteiligenden Wirkungen ausschließen. Dies allerdings auch nur in dem Rahmen, in dem sie nach dem Stand der Technik durchführbar und wirtschaftlich nicht unvertretbar sind. Ist dies nicht der Fall, so kann nur Schadensersatz verlangt werden (§ 23 S. 2 GenTG).

8. Überwachungs-, Auskunfts-, Duldungspflichten

Die zuständigen Landesbehörden haben die Durchführung des Gentech- **338** nikgesetzes, seiner Rechtsverordnung und die Einhaltung der unmittelbar geltenden Rechts Akte der Europäischen Gemeinschaften zu überwachen (§ 25 Abs. 1 S. 1 GenTG).

---

[274] Unrechtmäßigkeit und einer Untersagung des Anbaus von BT-Mais im Naturschutz- und FFH-Gebiet *VG Frankfurt (Oder)*, Beschl. v. 13.7. 2007 – 7 L 170/07 –, ZUR 2007, 493 ff.
[275] So *Palme*, ZUR 2005, 119 (124).

339 Die Überwachung erfolgt durch schlicht-hoheitliches Tätigwerden und durch verpflichtende Anordnungen aufgrund spezieller Befugnisnormen der Überwachungsbehörde. Die schlicht hoheitliche Tätigkeit umfasst beispielsweise die Durchführung von Aufklärungs- und Beratungsaktionen oder die Sammlung von Informationen, solange diese nicht in Rechte Dritter eingreifen.[276] Für weitere Ermittlungen bedarf die Behörde entsprechender Befugnisnormen, die ihr in den §§ 25 und 26 GenTG zur Verfügung gestellt werden.

340 Damit diese ihrer Überwachungsfunktionen nachkommen kann, hat der Betreiber und die verantwortlichen Personen der zuständigen Behörde auf Verlangen unverzüglich die erforderlichen **Auskünfte** zu erteilen und die erforderlichen Hilfsmittel einschließlich Kontrollproben, im Rahmen ihrer Verfügbarkeit zur Verfügung zu stellen (§ 25 Abs. 2 GenTG).

341 Dabei sind die mit der Überwachung beauftragten Personen befugt zu den Betriebs- und Geschäftszeiten Grundstücke, Geschäftsräume und **Betriebsräume zu betreten** und zu besichtigen, Prüfungen einschließlich **Probennahmen durchzuführen** und **Unterlagen einzusehen** und hieraus Ablichtungen oder Abschriften anzufertigen (§ 25 Abs. 3 GenTG).

342 a) **Prüfungsrecht.** Prüfungen gehen dabei über bloße Besichtigungen hinaus. Da der Gesetzgeber eine möglichst lückenlose Überwachung gentechnischer Vorhaben sicherstellen wollte, hat er der Behörde deshalb alle erforderlichen **Prüfungen** gestattet, ohne diese inhaltlich näher zu bestimmen. Dementsprechend muss der Begriff Prüfung weit ausgelegt werden. Beispielsweise ist die Behörde berechtigt, die erzielten Produkte einer Freisetzung und die getroffenen Sicherheitsmaßnahmen des Freisetzungsversuchs zu überprüfen. Sie kann Stichproben entnehmen, die sich gegebenenfalls auch auf ein angrenzendes Gebiet erstrecken können. Sämtliche Prüfungen einschließlich der Stichprobennahme kann die Behörde entweder dem Betreiber aufgeben oder selbst mit eigenen Geräten durchführen.[277]

343 Prüfungen finden dort ihre Grenze, wo diese von der Überwachungskompetenz der Landesbehörde nicht mehr gedeckt sind und das Übermaßverbot nicht beachtet wird.

344 Die Pflicht des Betreibers, Prüfungen und Besichtigungen zu dulden, besteht unmittelbar und kann von der Behörde gegebenenfalls auch ohne Ankündigung durchgesetzt werden.[278] In der Regel wird die Behörde aber aus Gründen der Verhältnismäßigkeit ihr Zutritts- und Prüfungsverlangen dem Betreiber durch hoheitliche Verfügung ankündigen müssen.[279]

---

[276] *Koch/Igelgaufts*, GenTG, § 25 Rdnr. 3; *Hirsch/Schmidt/Didczuhn*, GenTG, § 25 Rdnr. 7.
[277] *Koch/Igelgaufts*, GenTG, § 25 Rdnr. 22.
[278] *Roller/Jülich*, ZUR 1996, 74 (76).
[279] *Roller/Jülich*, ZUR 1996, 74 (76).

V. Gemeinsame Vorschriften

b) Einsichtsrecht. § 25 Abs. 3 GenTG gewährt der Landesbehörde ein umfassendes Einsichtsrechts in alle Unterlagen, die mit dem Vorhaben in irgendeiner Weise zu tun haben. Das Einsichtsrechts besteht bereits dann, wenn die Kenntnis der Unterlagen der Behörde bei der Erfüllung ihrer Überwachungsaufgaben nützlich sein kann.[280] Es erstreckt sich auf alle Unterlagen, die der Betreiber aufzuzeichnen hat (§ 6 Abs. 3 GenTG).[281] 345

Besteht eine dringende Gefahr für die öffentliche Sicherheit und Ordnung, können die vorgenannten Maßnahmen auch in Wohnräumen und zu jeder Tages- und Nachtzeit getroffen werden (§ 25 Abs. 3 S. 2 GenTG). Die auskunftspflichtige Person kann nur diejenigen Auskünfte verweigern, die sie selbst wegen einer Straftat oder einer Ordnungswidrigkeit belasten würden (§ 25 Abs. 4 GenTG). 346

9. Behördliche Anordnungen

Die §§ 25 und 26 GenTG enthalten die für die Überwachung maßgeblichen Regelungen. Ihr Geltungsbereich ist nicht immer leicht von den nachträglichen Eingriffsbefugnissen der Genehmigungsbehörde nach §§ 19 und 20 GenTG abzugrenzen.[282] Die aufsichtsrechtlichen Anordnungen nach den §§ 25, 26 GenTG berühren als unabhängige, eigenständige Verwaltungsakte den Bestand der Genehmigung nicht. Sie sind in der Regel vorläufiger Natur, bis die Genehmigungsbehörde ihrerseits den Sachverhalt gewürdigt hat und über den Bestand der Genehmigung entschieden hat. 347

Die Überwachungskompetenz der zuständigen Landesbehörde nach dem Gentechnikgesetz lässt daneben bestehende Überwachungspflichten nach anderen Vorschriften unberührt.[283] 348

a) Einzelfallanordnung nach § 26 Abs. 1 S. 1 GenTG. Die zuständige Landesbehörde kann im Einzelfall Anordnungen treffen, die zur Beseitigung festgestellter oder zur Verhütung künftiger Verstöße gegen dieses Gesetz, die Rechtsverordnung oder gegen unmittelbar geltende Rechtsakte der Europäischen Gemeinschaft im Anwendungsbereich dieses Gesetzes notwendig sind. 349

§ 26 Abs. 1 S. 1 GenTG stellt eine umfassende **Generalklausel** dar, die der Überwachungsbehörde bestimmte zur Einhaltung ihrer Überwachungspflicht nach § 25 GenTG notwendige Eingriffsbefugnisse verleiht. Zur Beseitigung festgestellter oder zur Verhütung künftiger Verstöße gegen gentechnikrechtliche Bestimmungen kann die Behörde tätig werden. Durch selbstständige Einzelfallanordnung kann sie eine konkrete Pflicht erstmals begründen. Sie kann insbesondere eine nur abstrakt beschriebene 350

---

[280] *Hirsch/Schmidt/Didczuhn*, GenTG, § 25 Rdnr. 15.
[281] Vgl. dazu oben E. Rdnr. 97 ff.
[282] Vgl. dazu ausführl. *Roller/Jülich*, ZUR 1996, 74 ff.
[283] Vgl. *Koch/Igelgaufts*, GenTG, § 25 Rdnr. 3.

Verpflichtung konkretisieren.²⁸⁴ Folglich kann eine Überwachungsbehörde auch die Gefahrenabwehrpflicht und die Risikovorsorgepflicht durch nachträgliche Anordnungen konkretisieren. Eine solche Anordnung nach § 26 GenTG stellt einen eigenständigen Verwaltungsakt dar, der den Bestand der Genehmigung unberührt lässt.

351 Die Generalklausel des § 26 Abs. 1 S. 1 GenTG eröffnet die Möglichkeit weiterer Aufzeichnungspflichten zu verlangen, wenn damit die Erfüllung der Risikovorsorgepflicht sichergestellt wird. Das gleiche gilt für die Konkretisierung der Aufbewahrungspflicht. Hier können Sie beispielsweise die Rückstellung von Proben verlangen, wenn der Genehmigungsbescheid dazu keine Regelungen enthält.²⁸⁵

352 Fraglich ist, ob die Überwachungsbehörde auf dieser Grundlage auch eine so genannte Risikobegleitforschung im Rahmen der Freisetzung anordnen kann.²⁸⁶

353 In gleicher Form kann eine Untersagung erlassen werden, wenn die vorhandenen sicherheitsrelevanten Einrichtungen und Vorkehrungen nicht oder nicht mehr ausreichen. Dabei ist die zuständige Landesbehörde grundsätzlich an der von der Genehmigungsbehörde vorgenommenen Risikobewertung gebunden. Sie kann somit nicht wegen des Fehlens der Genehmigungsvoraussetzungen die endgültige Untersagung der Durchführung eines gentechnischen Vorhabens anordnen, wenn die Genehmigungsbehörde an der Genehmigung festhält.²⁸⁷ Mittels der ihr zustehenden Überwachungsmaßnahmen darf die Überwachungsbehörde also keine von der Genehmigungsbehörde abweichende Sicherheitsphilosophie durchsetzen, soweit diese in der Genehmigung ihren Niederschlag gefunden hat.²⁸⁸

354 Eine Untersagung ist ferner möglich, wenn der Betreiber einer nachträglichen Anordnung oder einer Pflicht auf der Grundlage einer Rechtsverordnung nicht nachkommt.

355 **b) Untersagung nach § 26 Abs. 1 S. 2 GenTG.** Die zuständige Landesbehörde kann insbesondere den Betrieb einer gentechnischen Anlage bzw. gentechnischen Arbeit ganz oder teilweise untersagen (§ 26 Abs. 1 S. 2 GenTG). Voraussetzung für eine solche Untersagung ist, dass eine erforderliche Anzeige oder Anmeldung unterblieben, eine erforderliche Genehmigung oder Zustimmung nicht vorliegt (§ 26 Abs. 1 S. 2 Nr. 1 GenTG) oder ein Grund zur Rücknahme oder zum ach Widerruf einer Genehmigung gegeben ist (§ 26 Abs. 1 S. 2 Nr. 2 GenTG).

356 **aa) Untersagung wegen fehlender Zulassung.** Ist die erforderliche Zulassung unterblieben, so kann die zuständige Landesbehörde als Überwachungsbehörde die Untersagung des Vorhabens verfügen. Die Untersa-

---

[284] *Hirsch/Schmidt/Didczuhn*, GenTG, § 26 Rdnr. 2.
[285] *Roller/Jülich*, ZUR 1996, 74 (77).
[286] *Roller/Jülich*, ZUR 1996, 74 (77 ff.).
[287] *Hirsch/Schmidt/Didczuhn*, GenTG, § 25 Rdnr. 3.
[288] *Roller/Jülich*, ZUR 1996, 74 (75).

gung kann sich sowohl auf Teile des Vorhabens beziehen als auch zeitlich begrenzt werden, wobei eine Untersagungsdauer von mehr als drei Jahren nach § 27 Abs. 1 Nr. 2 GenTG zum Erlöschen der Genehmigung führt. Die Untersagung kann, weil sie ein weit gehender Eingriff in die Rechte des Betreibers ist, stets nur die ultima ratio einer Aufsichtsbehörde ich in Anordnung sein. Sie hat in der Regel nur vorläufigen Charakter. Nur für den Fall, dass die erforderliche Zulassung unterblieben ist, ist die Untersagungsverfügung nicht nur vorläufiger, sondern dauerhafter Natur.[289]

Voraussetzung für eine Untersagungsverfügung ist, dass eine erforderliche Zulassung nicht eingeholt worden ist. An einer Zulassung fehlt es nicht nur dann, wenn diese gar nicht eingeholt worden ist, sondern auch dann, wenn die Genehmigung nichtig ist (§ 44 VwVfG), mit ihr verknüpfte aufschiebende Bedingungen oder modifizierende Auflagen nicht erfüllt worden sind, wenn eine auflösende Bedingung eingetreten oder eine erteilte Genehmigung zurückgenommen, widerrufen oder erloschen ist.

bb) Untersagung wegen Grund zur Rücknahme bzw. Widerruf. 358
Die Untersagung kann nach § 26 Abs. 1 S. 2 Nr. 2 GenTG auch verfügt werden, wenn ein Grund zur Rücknahme oder zum Widerruf einer Genehmigung nach dem Verwaltungsverfahrensgesetz[290] gegeben ist. An sich ist in diesem Fall die Genehmigungsbehörde befugt, ihre Genehmigung nach den Vorschriften der §§ 48 Abs. 1, 49 Abs. 2 VwVfG zurückzunehmen oder zu widerrufen. Für den Widerruf und die Rücknahme ist ausschließlich die Genehmigungsbehörde zuständig, die den Genehmigungsbescheid erlassen hat. Die zuständige Landesbehörde kann als Überwachungsbehörde jedoch eine Untersagungsanordnung nach § 26 Abs. 1 S. 2 Nr. 2 GenTG aussprechen. Hier kommt der Überwachungsbehörde eine eigenständige Prüfungskompetenz im Hinblick auf das Vorliegen von Widerrufs- und Rücknahmegründen zu. Dies wird in der Literatur zum Teil als Problem einer faktischen Doppelzuständigkeit von Genehmigungs- und Überwachungsbehörde kritisiert.[291] Im Unterschied zur Kompetenz der Genehmigungsbehörde wird die Überwachungsbehörde in diesen Fällen allerdings nur eine zeitlich befristete Untersagungsverfügung erlassen können. Eine endgültige Entscheidung über die Untersagung des Vorhabens muss von der Genehmigungsbehörde getroffen werden.

cc) Untersagung bei Verstoß gegen Nebenbestimmungen und Auf- 359
lagen. Ausreichend ist auch, dass gegen Nebenbestimmungen oder nachträgliche Auflagen verstoßen wird. Kommt der Betreiber einer gentechnischen Anlage einer Auflage, einer vollziehbaren nachträglichen Anordnung oder einer Pflicht aufgrund einer Rechtsverordnung nach § 30

---

[289] Roller/Jülich, ZUR 1996, 74.
[290] Verwaltungsverfahrensgesetz (VwVfG) i.d.F. d. Bek. v. 23.1. 2003 (BGBl. I S. 102), zul. geänd. durch G v. 17.12.2008 (BGBl. I S. 2586); vgl. dazu bereits oben E. Rdnr. 211.
[291] Roller/Jülich, ZUR 1996, 74 (79).

GenTG nicht nach und betreffen die Auflage, die Anordnung oder die Pflicht die Beschaffenheit oder den Betrieb der gentechnischen Anlage, so kann die Überwachungsbehörde den Betrieb ganz oder teilweise bis zur Erfüllung der Auflage, die Anordnung oder der Pflicht aus einer Rechtsverordnung nach § 30 GenTG untersagen (§ 26 Abs. 2 GenTG). Der Verstoß muss eine von der Genehmigungsbehörde angeordnete Nebenbestimmung, auch eine nach § 19 S. 3 GenTG nachträglich verfügte Auflage, betreffen.

360 **dd) Stilllegungs- und Beseitigungsverfügung.** Die zuständige Behörde kann zudem anordnen, dass eine gentechnische Anlage, die ohne die erforderliche Anmeldung oder Genehmigung errichtet, betrieben oder wesentlich geändert wird, ganz oder teilweise stillzulegen oder zu beseitigen ist (§ 26 Abs. 3 S. 1 GenTG). Eine Pflicht zur Anordnung der Stilllegung besteht jedenfalls dann, wenn die geschützten Rechtsgüter auf andere Weise nicht ausreichend geschützt werden können (§ 26 Abs. 3 S. 2 GenTG).

361 **ee) Untersagung bei Freisetzungen.** Die Freisetzung kann untersagt werden, wenn entweder die erforderliche Genehmigung nicht vorliegt oder ein Grund zur Rücknahme oder zum Widerruf der Genehmigung gegeben ist (§ 26 Abs. 4 S. 1 i.V.m. § 26 Abs. 1 S. 2 Nr. 1 und 2 GenTG). Gleiches gilt, wenn gegen Nebenbestimmungen oder nachträgliche Auflagen nach § 19 GenTG verstoßen wird oder vorhandene sicherheitsrelevante Einrichtungen und Vorkehrungen nicht oder nicht mehr ausreichen (§ 26 Abs. 4 S. 2 GenTG).

362 **ff) Untersagung beim Inverkehrbringen.** Die Möglichkeit, eine Untersagung durch die zuständige Landesbehörde zu verfügen, ist für den Fall des Inverkehrbringens in § 26 Abs. 1 S. 3 und Abs. 5 GenTG bestimmt.

363 Das Inverkehrbringen kann untersagt werden, wenn die erforderliche Genehmigung nicht vorliegt (§ 26 Abs. 1 S. 3 GenTG). Sie kann das Inverkehrbringen bis zu einer Entscheidung des Rates oder der Kommission der Europäischen Gemeinschaft vorläufig untersagen, soweit das Ruhen der Genehmigung angeordnet worden ist (§ 26 Abs. 5 S. 2 GenTG).[292] Sie kann das Inverkehrbringen bis zu dieser Entscheidung vorläufig ganz oder teilweise untersagen, wenn der hinreichende Verdacht besteht, dass die Voraussetzungen für das Inverkehrbringen nicht mehr vorliegen (§ 26 Abs. 5 S. 3 GenTG).

364 Mit der letzten Änderung des Gentechnikgesetzes ist im Rahmen der Verhältnismäßigkeit die Vorschrift des § 26 Abs. 5 S. 3 GenTG eingefügt worden. Danach sieht die zuständige Behörde von Anordnungen ab, wenn das Produkt, das nicht zum Inverkehrbringen zugelassene gentechnisch

---

[292] Zur Rechtmäßigkeit einer Vernichtungsanordnung für verunreinigtes Saatgut *OVG Lüneburg*, Beschl. v. 7.3. 2008 – 13 ME 11/08 –, NVwZ 2008, 804 ff.

V. Gemeinsame Vorschriften

veränderte Organismen enthält, zur unmittelbaren Bearbeitung vorgesehen und sichergestellt ist, dass das Produkt weder in unverarbeitetem noch in verarbeitetem Zustand in Lebensmittel oder Futtermittel gelangt, die gentechnisch veränderte Organismen nach der Verarbeitung zerstört sind und keine schädlichen Auswirkungen auf die Rechtsgüter eintreten.

10. Erlöschen der Genehmigung, Unwirksamwerden der Anmeldung

Die Regelungen über das Erlöschen einer Genehmigung beziehungsweise das Unwirksamwerden einer Anmeldung ist in § 27 GenTG geregelt. 365

a) **Erlöschen der Genehmigung.** Die Genehmigung erlischt, wenn 366 innerhalb einer von der Genehmigungsbehörde gesetzten Frist, die höchstens drei Jahre betragen darf, nicht mit der Errichtung und dem Betrieb der gentechnischen Anlage oder der Freisetzung begonnen wurde (§ 27 Abs. 1 Nr. 1 GenTG). Gleiches gilt, wenn eine gentechnische Anlage während eines Zeitraums von mehr als drei Jahren nicht mehr betrieben worden ist (§ 27 Abs. 1 Nr. 2 GenTG).

Beide Fristen können auf Antrag aus wichtigem Grund um höchstens 367 ein Jahr verlängert werden (§ 27 Abs. 3 S. 1 GenTG). Diese Regelungen entsprechen den allgemeinen baurechtlichen Vorschriften.

Ferner erlischt die Genehmigung, soweit das Genehmigungserfordernis 368 aufgehoben wird (§ 27 Abs. 2 GenTG). So in den Fälle, in denen nachträglich statt eines Genehmigungsverfahrens ein Anmeldeverfahren oder ein Anzeigeverfahren durchgeführt werden kann.

b) **Unwirksamwerden der Anmeldung.** Die Anmeldung einer Anlage in der gentechnische Arbeiten der Sicherheitsstufe eins oder zwei durchgeführt werden sollen, wird unwirksam, wenn innerhalb von drei Jahren nicht mit der Errichtung oder dem Betrieb der gentechnischen Anlage begonnen (§ 27 Abs. 4 Nr. 1 GenTG) oder wenn die gentechnische Anlage während des Zeitraums von mehr als drei Jahren nicht mehr betrieben worden ist (§ 27 Abs. 4 Nr. 2 GenTG). 369

11. Informationsweitergabe

Die Informationspflichten der zuständigen Behörde sind in § 28 GenTG 370 geregelt. Danach unterrichtete die zuständigen Behörden die zuständige Bundesoberbehörde.

Zuständigen Behörden sind sowohl die Genehmigungsbehörde als auch 371 die Überwachungsbehörden. Sie haben ihrer Informationspflicht unverzüglich nachzukommen.

Eine Informationspflicht besteht, für die im Vollzug des Gesetzes ge- 372 troffenen Entscheidungen, sofern sie für die Bundesoberbehörde relevant sind (§ 28 Abs. 1 Nr. 1 GenTG), über sicherheitsrelevante Erkenntnisse

E. Das Gentechnikgesetz und seine Rechtsverordnungen

und Vorkommnisse (§ 28 Abs. 1 Nr. 2 GenTG), über Zuwiderhandlungen und den Verdacht auf Zuwiderhandlungen gegen Vorschriften des Gentechnikgesetzes, seiner auf Grund des Gesetzes erlassenen Rechtsverordnungen und gegen unmittelbar geltendes Recht der Europäischen Gemeinschaft sowie gegen Genehmigungen und Auflagen im Anwendungsbereich dieses Gesetzes (§ 28 Abs. 1 Nr. 3 GenTG).

373   Auch die zuständige Bundesoberbehörde gibt Ihre Erkenntnisse, soweit sie für den Gesetzesvollzug von Bedeutung sein kann, den zuständigen Behörden bekannt (§ 28 Abs. 2 GenTG).

12. Unterrichtung der Öffentlichkeit

374   Für die Information der Öffentlichkeit ist die Weitergabe von Informationen in § 28a GenTG näher geregelt. Danach soll die zuständige Behörde die Öffentlichkeit über behördliche Anordnungen einschließlich angeordneter Vorsichtsmaßnahmen (§ 28a Abs. 1 GenTG) informieren. Dies muss sie jedenfalls dann, wenn ein hinreichender Verdacht einer Gefahr für die geschützten Rechtsgüter einschließlich der zu treffenden Vorsichtsmaßnahme besteht (§ 28a Abs. 2 Nr. 1 GenTG).

375   Im Übrigen unterrichtet sie die Öffentlichkeit über die Ergebnisse der Überwachung des Inverkehrbringens in allgemeiner Weise (§ 28 Abs. 2 Nr. 2 GenTG). Der Schutz der Interessen der Betreiber wird dadurch gewahrt, dass vertrauliche Informationen nicht veröffentlicht werden dürfen (§ 28 Abs. 3 GenTG). Vor der Entscheidung über die Veröffentlichung ist gegebenenfalls der Betroffene anzuhören (§ 28a Abs. 3 S. 2 GenTG).

13. Methodensammlung

376   Um Informationen dauerhaft verfügbar zu haben, eröffnet die zuständige Bundesoberbehörde im Benehmen mit den nach lebens- und futtermittelrechtlichen Vorschriften zuständigen Behörden eine amtliche Sammlung von Verfahren zur Probenahme und Untersuchung von Proben, die im Rahmen der Überwachung von gentechnischen Arbeiten, gentechnischen Anlagen, Freisetzungen von gentechnisch veränderten Organismen und dem Inverkehrbringen durchgeführt oder angewendet werden (§ 29b GenTG). Dabei werden die Verfahren unter Mitwirkung von Sachkundigen aus den Bereichen der Überwachung, der Wissenschaft und der beteiligten Wirtschaft festgelegt. Die Sammlung ist laufend auf dem neuesten Stand zu halten (§ 29b Abs. 2 GenTG).

14. Auswertung und Bereitstellung von Daten

377   Die zuständige Bundesoberbehörde hat die Daten, die von ihr nach § 28 GenTG beim Umgang mit gentechnisch veränderten Organismen erhoben oder ihr übermittelt worden sind, zum Zwecke der Beobachtung, Samm-

lung und Auswertung von sicherheitsrelevanten Sachverhalten zu verarbeiten und zu nutzen. Sie kann auch Daten über Stellungnahmen der Kommission zur Sicherheitseinstufung und zu Sicherheitsmaßnahmen und Entscheidungen an die zuständigen Behörden zur Verwendung im Rahmen von Anmelde- und Genehmigungsverfahren übermitteln (§ 29 Abs. 1 GenTG). Dabei ist die Errichtung eines automatisierten Abrufverfahrens zulässig (§ 29 Abs. 1a GenTG). Auch in diesem Fall bleiben die Rechtsvorschriften über die Geheimhaltung unberührt (§ 29 Abs. 2 GenTG). Personenbezogene Daten sind ebenso zu schützen wie Betriebs- und Geschäftsgeheimnisse (§ 29 Abs. 2 und 3 GenTG).

VI. Haftungsvorschriften

In den §§ 32 bis 37 GenTG sind die Haftungsfragen des Gentechnikrechts geregelt. Gehaftet wird auf Schadensersatz, den grundsätzlich der Betreiber zu leisten hat. 378

1. Haftung nach §§ 32 ff. GenTG

Gem. § 32 Abs. 1 GenTG ist der Betreiber verpflichtet, den Schaden zu ersetzen, der sich daraus ergibt, dass jemand infolge von Eigenschaften eines Organismus, die auf gentechnischen Arbeiten beruhen, getötet, sein Körper oder seine Gesundheit verletzt oder eine Sache beschädigt wird. 379

§ 32 GenTG führt für den Bereich der Gentechnologie eine **verschuldensunabhängige Gefährdungshaftung** ein, und zwar ohne Haftungsausschluss auch für Fälle höherer Gewalt. Gehaftet wird für alle gentechnisch bedingten Schäden. Die Haftung nach dem Gentechnikgesetz setzt kein freiwilliges Inverkehrbringen des Organismus, welcher auf gentechnischen Arbeiten beruht, durch den Betreiber voraus. Der Betreiber haftet vielmehr auch bei einem Entweichen des Organismus aus der Einrichtung.[293] Begründet wird die Gefährdungshaftung damit, dass die Wirkungsweise der in ihrer natürlichen Substanz veränderten Organismen nach aktuellem Stand der Wissenschaft nicht mit letzter Sicherheit zu prognostizieren ist. 380

Die Haftung nach § 32 GenTG ist nicht als Anlagen-, sondern als mittelbare **Handlungshaftung** ausgestaltet.[294] Haftungsrelevanter Anknüpfungspunkt ist das Vorhandensein eines gentechnisch verarbeiteten Organismus mit gentechnisch veränderten schadensverursachenden Eigenschaften als 381

---

[293] Vgl. *Kohler*, in: Staudinger, BGB, Art. 40 EGBGB, Rdnr. 106; zum Haftungsrecht weiterhin *Godt*, NJW 2001, 1167 ff.; *Wellkamp*, NuR 2001, 188 ff.

[294] Dieser Ansatz ist in der Literatur umstritten, vgl. dazu *Kohler*, in: Staudinger, BGB, § 37 GenTG, Rdnr. 1 m.w.N.

E. Das Gentechnikgesetz und seine Rechtsverordnungen

Gefahrenquelle, damit mittelbar die verantwortliche Herstellung und Freisetzung des gentechnisch geschaffenen oder veränderten Organismus, durch den es zum Schadenseintritt kommt. Nach den gentechnischen Betätigungsfeldern sind die Gefahrenbereiche der Laborexperimente, der Freilandversuche, der industriellen Fertigung und der zu vermarktenden Produkte zu unterscheiden.[295]

382 Der sachliche Anwendungsbereich des § 32 GenTG erfasst nicht nur bestimmte risikoträchtige Methoden an oder mit Organismen, sondern gilt allgemein für alle gentechnisch veränderten Organismen im Sinne des § 3 Nr. 3 GenTG. Dies unabhängig davon, durch welche gentechnischen Arbeiten der Organismus hergestellt bzw. bearbeitet und wie er verwendet wurde. Erfasst werden also auch Methoden, die nicht mehr der Gentechnik im engeren Sinne zuzuordnen sind. Dazu zählen gentechnische Arbeiten im geschlossenen System und die Freisetzung solcher Organismen, die auf natürliche Weise nicht entstehen können; beispielhaft können hier etwa die Zellfusion oder Hybridisierungsverfahren genannt werden. Grund für diese weite Haftung ist das spezifische Gefahrenpotenzial, welches der Gentechnik insgesamt innewohnt.

383 Von der Haftung nach §§ 32 ff. GenTG nicht erfasst werden überkommene, aufgrund langjähriger Erfahrung als ungefährlich anerkannte biotechnische Verfahren, wie die Beteiligung von Mikroorganismen bei der Herstellung von Bier und Käse, die Gewinnung von Penicillin oder die Nutzung biologischer Abwasserkläranlagen.[296] Ebenfalls nicht vom sachlichen Anwendungsbereich der §§ 32 ff. GenTG erfasst wird auch die Humangenetik[297], da das Gentechnikgesetz insgesamt nicht für die Anwendung gentechnisch am Methoden am Menschen und an menschlichen Embryonen gilt (§ 2 Abs. 2 GenTG).[298]

384 Von den Haftungsvorschriften der §§ 32 ff. GenTG ebenfalls nicht erfasst werden mit Genehmigung in Verkehr gebrachte gentechnisch veränderte Organismen. Dies ergibt sich aus der Ausnahmeregelung in § 37 Abs. 2 S. 1 GenTG. In diesem Fall findet für die Haftung des Herstellers § 1 Abs. 2 Nr. 5 ProduktHG[299] keine Anwendung, wenn der Produktfehler auf gentechnischen Arbeiten beruht.

385 **a) Haftungsbegründender Tatbestand.** Die Haftung nach § 32 Abs. 1 GenTG tritt ein, wenn geschützte Rechtsgüter durch ein zurechenbares Handeln mit gentechnisch veränderten Organismen verletzt worden sind.

---

[295] *Kohler*, in: Staudinger, BGB, § 37 GenTG, Rdnr. 1.
[296] Vgl. BT-Drs. 11/5622, S. 22; *Kohler*, in: Staudinger, BGB, § 37 GenTG, Rdnr. 2.
[297] Vg. dazu bereits oben B. Rdnr. 15 ff.; D. Rdnr. 2 ff.
[298] Vgl. dazu näher oben E. Rdnr. 26.
[299] Gesetz über die Haftung für fehlerhafte Produkte (Produkthaftungsgesetz – ProdHaftG) v. 15.12. 1989 (BGBl. I S. 2198), zul. geänd. durch G v. 19.7. 2002 (BGBl. I S. 2674).

VI. Haftungsvorschriften

aa) Rechtsgutverletzung. Der Haftungstatbestand des § 32 Abs. 1 GenTG setzt die **Verletzung der Rechtsgüter** des § 1 Abs. 1 GenTG voraus.[300] Es muss mithin ein Mensch getötet, sein Körper oder seine Gesundheit verletzt oder eine Sache beschädigt sein.[301] **386**

Unbestritten erfasst werden Rechtsgutverletzungen bei Laboranwendungen, Freilandversuchen und das ungenehmigte Inverkehrbringen von gentechnisch veränderten Organismen. **387**

Fraglich ist, ob ein von Auskreuzungen aus Freilandversuchen betroffener Ökolandwirt einen Schadensersatzanspruch gegenüber dem Betreiber des Freilandversuches geltend machen kann. Dies wird vom überwiegenden Teil des juristischen Schrifttums bejaht.[302] Denn eine Sachbeschädigung ist im Rahmen von § 32 GenTG auch dann anzunehmen, wenn keine Substanz Verletzung vorliegt, sondern eine bloße Beeinträchtigung der Nutzbarkeit durch eine Einwirkung auf die Sache.[303] Die Rechtsprechung steht dem eher kritisch gegenüber. Zunächst wurde vor Aufnahme der Koexistenzregelung in § 1 Nr. 2 GenTG eine Klagebefugnis des Ökolandwirtes abgelehnt.[304] **388**

Die Verletzung eines der genannten Rechtsgüter muss **durch Eigenschaften** eines Organismus hervorgerufen sein, die dieser durch die mit gentechnischen Arbeiten bewirkte Veränderung seiner Erbsubstanz erworben hat.[305] **389**

Ein **Organismus** ist jede biologische Einheit, die fähig ist sich zu vermehren oder genetisches Material zu übertragen (§ 3 Nr. 1 GenTG).[306] Vom Begriff umfasst sind neben Pflanzen und Tieren auch Mikroorganismen wie Bakterien, Pilze und Algen, ferner Viren und Viroide sowie tierische und menschliche Zellen. Keine Organismen sind dagegen Zellkerne, Chromosomen, Transposons, sowie chromosomale, reine natürliche oder rekombinante DNA. **390**

Hinzukommen muss, dass die Rechtsgutverletzung auf **bestimmte Eigenschaften** eines solchen Organismus zurückzuführen ist. Eigenschaften sind jedwede substanzielle Merkmale des Organismus, auch wenn diese nur von vorübergehendjer Dauer sein mögen.[307] **391**

bb) Haftungsbegründende Handlung. Die schädigenden Eigenschaften des Organismus müssen auf gentechnischen Arbeiten beruhen. Da bereits im Naturzustand gefährliche Organismen, die ohne gentech- **392**

---

[300] Vgl. zu den Rechtsgütern im Einzelnen oben E. Rdnr. 8 ff.
[301] Vgl. insbesondere zur Frage des Sachgüterschutzes oben E. Rdnr. 9.
[302] *Eberbach/Lange/Ronellenfitsch*, Gentechnikrecht, § 32 Rdnr. 13; wohl auch *Hirsch/Schmidt/Didczuhn*, GenTG, § 32 Rdnr. 25; zustimmend *Stökl*, ZUR 2003, 274 (277); vgl. zu den Neuregelungen der Folgen von Auskreuzungen auch *Schmieder*, UPR 2005, 49 ff.
[303] *Stökl*, ZUR 2003, 274 (277).
[304] So *OVG Berlin*, Beschl. v. 9.3. 1995 – 1 S 62.94 –.
[305] Vgl. *Kohler*, in: Staudinger, BGB, § 37 GenTG, Rdnr. 21.
[306] Vgl. dazu näher oben E. Rdnr. 33 f.
[307] *Kohler*, in: Staudinger, BGB, § 37 GenTG, Rdnr. 23.

nische Veränderungen in einen Schaden verursachen können, nicht unter den Tatbestand des § 32 Abs. 1 GenTG fallen, ist eine präzise Unterscheidung zwischen den Eigenschaften des Ausgangsmaterials, der Empfänger- und Spenderorganismen und der Vektoren, und den für die Haftung entscheidenden Eigenschaften des gentechnisch veränderten Organismus maßgeblich.[308]

393 Haftungsbegründend ist eine Handlung nur dann, wenn sie als gentechnische Arbeit unter den Begriff des § 3 Nr. 2 GenTG fällt. Dazu zählen die Erzeugung, Verwendung, Vermehrung, Lagerung, Zerstörung oder Entsorgung sowie der Transport gentechnisch veränderter Organismen.[309]

394 **cc) Kausalität.** Die Rechtsgutverletzung muss auf gentechnischen Veränderungen beziehungsweise Schöpfungen des Organismus beruhen. Insoweit muss zwischen der Rechtsgutverletzung und der Handlung ein haftungsbegründender Kausalzusammenhang bestehen. Aus diesem Grund formuliert § 32 Abs. 1 GenTG, dass die Rechtsgutverletzung ihren Grund gerade in den gentechnisch veränderten Eigenschaften haben muss.

395 Naturgemäß ergeben sich hier für den Geschädigten besondere Beweisschwierigkeiten, da die Ausbreitung der Organismen zum Teil nicht begrenzbar ist und die Verbreitungswege über Luft, Boden und Wasser häufig nun schwer nachverfolgt werden können. Allerdings hat sich der Gesetzgeber dafür entschieden, dass den Nachweis der Ursächlichkeit des gentechnisch veränderten Organismus für die Rechtsgutverletzung grundsätzlich der Geschädigte führen muss. Der Gesetzgeber hat hier auf eine Änderung der Beweislast verzichtet. Dies führt im Einzelfall dazu, dass in Fällen, in denen zwar die Ursächlichkeit für die Rechtsgutverletzung fest steht, nicht aber geklärt werden kann, welcher Betreiber von mehreren schadensursächlich war und ob der Beitrag eines Betreibers allein für die Rechtsgutverletzung genügt oder ob es erst im Zusammenwirken mit anderen Beiträgen zum Schadenseintritt kam, das Prinzip gilt, dass der Geschädigte den Beweis der Verursachung des von ihm in Anspruch genommenen Betreibers führen muss. Kann er diesen Beweis nicht in vollem Umfang erbringen, so entfällt der Ersatzanspruch in dem Umfang, in dem der Kausalitätsbeweis nicht geführt werden kann.

396 Nur für die Kausalität, ob die Rechtsgutverletzung, in Bezug auf welche ein gentechnisch veränderten Organismus als ursächlich ermittelt wurde, gerade auf den gentechnisch veränderten Eigenschaften des Organismus beruht, hat der Gesetzgeber dem Geschädigten die **widerlegliche Kausalitätsvermutung** in § 34 Abs. 1 GenTG zur Seite gestellt. Ist der Schaden durch gentechnisch veränderte Organismen verursacht worden, so wird vermutet dass er durch Eigenschaften dieser Organismen verursacht wurde, die auf gentechnische Arbeiten beruhen (§ 34 Abs. 1 GenTG).

---

[308] Zur Frage, ob auch selbstständige Mutation beziehungsweise Rückmutation den Tatbestand erfüllen vgl. *Kohler*, in: Staudinger, BGB, § 37 GenTG, Rdnr. 25.
[309] Vgl. dazu näher oben E. Rdnr. 36 ff.

VI. Haftungsvorschriften

Der Betreiber kann diese Vermutung gem. § 32 Abs. 2 GenTG dadurch **397** entkräften, dass er nachweist, dass es wahrscheinlich ist, dass der Schaden auf anderen Eigenschaften dieser Organismen beruht. Zum Nachweis eines anderen Bedingungszusammenhangs bedarf es nicht des vollen Gegenbeweises, sondern nach § 34 Abs. 2 GenTG lediglich des Beweises von Umständen, aus denen sich die Wahrscheinlichkeit ergibt, dass der Schaden auf anderen, nicht auf gentechnischen Arbeiten beruhenden Eigenschaften des Organismus beruht. Allerdings genügt es nicht, wenn der Betreiber die bloße, nicht sehr wahrscheinliche Möglichkeit eines anderen als des nach § 34 Abs. 1 GenTG vermuteten Bedingungszusammenhangs behauptet.[310]

b) Haftungsumfang. aa) Schaden. Die Verletzung der in § 32 Abs. 1 **398** GenTG genannten Rechtsgüter muss einen Schaden zur Folge haben.

Der Umfang der zu ersetzenden Schäden wird in § 32 Abs. 4 bis 7 **399** GenTG näher bestimmt. Im Einzelnen hat der Verursacher bei einer Körperverletzung Ersatz der Kosten der Heilung sowie des Vermögensnachteils zu leisten, den der Verletzte dadurch erleidet, dass infolge der Verletzung seine Erwerbsfähigkeit zeitweise oder dauernd aufgehoben oder gemindert oder eine Mehrung seiner Bedürfnisse eingetreten ist. Im Falle des Todes hat er daneben auch die Kosten für eine versuchte Heilung und Unterhaltsleistungen zu übernehmen.

Der Ersatz **ökologischer Schäden** ist in § 32 Abs. 7 GenTG besonders **400** geregelt. Danach hatte der Geschädigte den Zustand herzustellen, der bestehen würde, wenn die Beeinträchtigung nicht eingetreten wäre, wenn die Beschädigung einer Sache auch eine Beeinträchtigung der Natur oder der Landstraße darstellt. Hier soll die Unverhältnismäßigkeit der Aufwendung nicht allein deshalb angenommen werden, weil sie den Wert der Sache erheblich übersteigen. Für die erforderlichen Aufwendungen hat der Schädiger auf Verlangen Vorschuss zu leisten (§ 32 Abs. 7 S. 2 GenTG).

bb) Haftungsausschluss. Die Haftung nach § 32 GenTG kann durch **401** vertragliche Vereinbarungen beschränkt oder ausgeschlossen werden.

Im Falle der Verletzung eines Arbeitnehmers sind die sozialversiche- **402** rungs- rechtlichen Haftungsvorschriften nach § 104 SGB-VII vorrangig, so dass die Haftung aus § 32 GenTG zurücktritt.[311]

cc) Haftungsmehrheit. Sind für denselben Schaden mehrere Betrei- **403** ber zum Schadensersatz verpflichtet, so haften sie als Gesamtschuldner (§ 32 Abs. 2 S. 1 GenTG). Die Vorschrift regelt das Außenverhältnis zwischen dem Geschädigten und mehreren Betreibern. Im Außenverhältnis haften die Betreiber unbegrenzt. Erfasst werden die Konstellationen, in denen ein Schaden gemeinschaftlich durch Mittäter oder Teilnahme aber auch in Form der Nebentäterschaft verursacht worden sind.

---

[310] *Hirsch/Schmidt-Didczuhn*, GenTG, § 34 Rdnr. 14.
[311] Vgl. *Hirsch/Schmidt-Didczuhn*, GenTG, § 37 Rdnr. 39.

404 Lediglich im Innenverhältnis zueinander hängt der Umfang der Ersatzpflicht des jeweils Ersatzpflichtigen davon ab, inwieweit der Schaden vorwiegend von dem einen oder anderen Teil verursacht worden ist. Das Innenverhältnis wird in § 32 Abs. 2 S. 2 GenTG geregelt. Der Ausgleich zwischen den Geschädigten ist nach den Vorschriften für das Gesamtschuldverhältnis der §§ 421 ff. BGB[312] zu regeln. Dabei tritt an die Stelle der grundsätzlichen Haftung nach gleichen Teilen nach § 426 Abs. 1 S. 1 BGB die Spezialvorschrift § 32 Abs. 2 S. 2 HS 1 GenTG, ohne dass dies einen praktischen Unterschied zu dem bei § 426 BGB geltenden Recht macht. Bei der Abwägung ist das Gewicht der von den Beteiligten gesetzten Schadensursachen in ihrer konkreten Auswirkung maßgeblich.[313]

405 **dd) Mitverschulden.** Hat ein Verschulden des Geschädigten bei der Entstehung des Schadens mitgewirkt, so muss er sich dieses nach § 254 BGB anrechnen lassen (§ 32 Abs. 3 S. 1 GenTG). Die Haftung des Betreibers wird nicht dadurch gemindert, dass der Schaden zugleich durch die Handlung eines Dritten verursacht worden ist (§ 32 Abs. 3 S. 2 GenTG). Damit führt der Umstand, dass der Schaden durch einen Dritten verursacht wurde, nicht zu einer Minderung des Ersatzanspruchs gegen den Betreiber. Auf die Art der Schadensverursachung durch den Dritten kommt es nicht an. Die Vorschrift verhindert eine Reduzierung der Haftung des Betreibers auf eine Teilhaftung. Durch den Verweis auf § 32 Abs. 2 S. 2 GenTG ist sichergestellt, dass das Innenverhältnis zwischen dem Betreiber und dem Dritten nach den Vorschriften der §§ 421 ff. BGB auszugleichen ist.

406 **c) Haftungsberechtigung und Haftungsverpflichtung.** Ersatzberechtigt ist der Geschädigte. Geschädigter ist derjenige, dessen Rechtsgut unmittelbar mit dem gentechnisch veränderten, schädigenden Organismus in Kontakt kommt. Auch der mittelbar Geschädigte hat gem. § 32 Abs. 4 GenTG einen Ersatzanspruch. Dies gilt etwa für Beerdigungskosten und Unterhaltsansprüche eines Dritten. Nicht ersatzberechtigt ist der Betreiber der gentechnischen Anlagen selbst. Hingegen kommen seine Mitarbeiter oder Besucher als Geschädigte in Betracht.

407 Haftungsverpflichtet ist der Betreiber im Sinne des § 3 Nr. 7 GenTG, d.h. derjenige, der als Organisator den Anlass für die Existenz der Gefahrenquelle gesetzt hat.

408 **d) Verjährung.** Nach § 32 Abs. 8 GenTG verjähren Ersatzansprüche nach dem Gentechnikgesetz entsprechend der Vorschriften für unerlaubte Handlungen nach dem bürgerlichen Gesetzbuch (§§ 195, 199 Abs. 1 BGB), d.h. nach drei Jahren.

---

[312] Bürgerliches Gesetzbuch i.d.F. d. Bek. v. 2.1. 2002 (BGBl. I S. 42, ber. S. 2900 und BGBl. I 2003, S. 738), zul. geänd. durch G v. 12.8. 2008 (BGBl. I S. 1666).
[313] Vgl. *Hirsch/Schmidt-Didczuhn*, GenTG, § 32 Rdnr. 38.

VI. Haftungsvorschriften

e) Haftungshöchstbetrag und Deckungsvorsorge. Die Haftung des Betreibers ist gem. § 33 S. 1 GenTG auf einen Höchstbetrag von 85 Millionen € beschränkt. Die Haftungshöchstgrenze soll das gesamte Risiko kalkulierbar machen. Hinzu kommt, dass Haftungshöchstgrenzen etwaigen Ersatzpflichtigen die Möglichkeit schaffen, sich zu vertretbaren Konditionen zu versichern.[314] Entsteht ein Schaden, der die Höhe der Haftungshöchstgrenze übersteigt, erfolgt eine Schadensersatzteilung nach einer Quotenregelung (§ 33 S. 2 GenTG). Danach verringern sich die einzelnen Entschädigungen in dem Verhältnis, in dem ihr Gesamtbetrag zu dem Höchstbetrag steht. 409

Durch eine noch ausstehende Rechtsverordnung ist vorzusehen, dass eine hinreichende Deckungsvorsorge erbracht wird (§ 36 GenTG).[315] 410

f) Auskunftsansprüche des Geschädigten. Damit ein Geschädigter seine Ansprüche auch geltend machen kann, sieht § 35 GenTG ausdrücklich Informationsansprüche des Geschädigten vor und führt damit eine Kombination von außerprozessualen Auskunftsansprüchen und Beweiserleichterungen bis hin zur Beweislastumkehr im Haftungsprozess ein.[316] 411

Liegen danach Tatsachen vor, die die Annahme begründen, dass ein Personen- oder Sachschaden auf gentechnischen Arbeiten eines Betreibers beruht, so ist dieser verpflichtet, auf Verlangen des Geschädigten über die Art und den Ablauf der in der gentechnischen Anlage durchgeführten oder einer Freisetzung zu Grunde liegenden gentechnischen Arbeit Auskunft zu erteilen, soweit dies zur Feststellung, ob ein Anspruch nach § 32 GenTG besteht, erforderlich ist. Die §§ 259 und 261 BGB sind entsprechend anzuwenden. 412

Der Auskunftsanspruch besteht zunächst gegen den Betreiber. Er umfasst kein Einsichtsrechts in Unterlagen des Betreibers. 413

Ein Auskunftsanspruch ist nur ausgeschlossen, wenn die Vorgänge auf Grund gesetzlicher Vorschriften geheim zu halten sind oder die Geheimhaltung einem überwiegenden Interesse des Betreibers oder eines Dritten entspricht (§ 35 Abs. 3 GenTG). Da § 35 Abs. 3 GenTG keine Einschränkung vorsieht, wird in der Literatur diskutiert, ob die Auskunft verweigert werden kann, wenn durch sie die ordnungsgemäße Erfüllung der Aufgabe der Behörde beeinträchtigt würde, die Geheimhaltung zum Schutz und zum Wohle des Bundes oder eines deutschen Landes geboten erscheint, oder soweit sie Auskunftsvorgänge betrifft, die nach einem Gesetz oder ihrem Wesen nach geheim zuhalten sind. Dies ist im Ausnahmekatalog des § 9 S. 2 UmweltHG[317] entsprechend vorgesehen, dessen entsprechender Anwendung im Gentechnikrechts befürwortet wird.[318] 414

---

[314] *Kohler*, in: Staudinger, BGB, § 37 GenTG, Rdnr. 43.
[315] Zu einem Entwurf des BMI, BMI GZ III A 6-6100/36 – 2–8 v. 11.5. 1991.
[316] Vgl. *Kohler*, in: Staudinger, BGB, § 37 GenTG, Rdnr. 53.
[317] Umwelthaftungsgesetz (UmweltHG) v. 10.12. 1990 (BGBl. I S. 2634), zul. geänd. durch G v. 23.11. 2007 (BGBl. I S. 2631).
[318] *Hirsch/Schmidt-Didczuhn*, GenTG, § 35 Rdnr. 1.

415 Dieser Auskunftsanspruch besteht unter den vorgenannten Voraussetzungen auch gegenüber den Behörden, die für die Anmeldungen, die Erteilung einer Genehmigung oder die Überwachung zuständig sind (§ 35 Abs. 2 GenTG).

416 **g) Ansprüche bei Nutzungsbeeinträchtigungen.** Hinzu gekommen ist die Regelung des § 36a GenTG, der Ansprüche bei Nutzungsbeeinträchtigungen regelt soll.[319] Danach stellt die Übertragung von Eigenschaften eines Organismus, die auf gentechnischen Arbeiten beruhen, oder sonstige Einträge von gentechnischer veränderten Organismen eine **wesentliche Beeinträchtigung** im Sinne von § 903 BGB dar, wenn entgegen der Absicht des Nutzungsberechtigten wegen der Übertragung oder des sonstigen Eintrags Erzeugnisse insbesondere nicht in den Verkehr gebracht werden dürfen oder nach den Vorschriften dieses Gesetzes oder nach anderen Vorschriften nur unter Hinweis auf die gentechnische Veränderung gekennzeichnet in den Verkehr gebracht werden dürfen oder nicht mit einer Kennzeichnung in den Verkehr gebracht werden dürfen, die nach den für die Produktionsweise jeweils geltende Rechtsvorschriften möglich gewesen wäre.

417 Die Einhaltung der guten fachlichen Praxis nach § 16b Abs. 2 und 3 GenTG gilt als wirtschaftlich zumutbar im Sinne des § 906 BGB (§ 36a Abs. 2 GenTG).

418 Für die Beurteilung der Ortsüblichkeit im Sinne von § 906 BGB kommt es nicht darauf an, ob die Gewinnung von Erzeugnissen mit oder ohne gentechnische Organismen erfolgt (§ 36a Abs. 3 GenTG).

419 Kommen nach den tatsächlichen Umständen des Einzelfalls mehrerer Nachbarn als Verursacher in Betracht und lässt sich nicht ermitteln, wer von ihnen die Beeinträchtigung durch seine Handlung verursacht hat, so ist jeder für die Beeinträchtigung verantwortlich. Eine Ausnahme gilt nur dann, wenn jeder nur einen Teil der Beeinträchtigung verursacht hat und eine Aufteilung des Ausgleichs auf die Verursacher möglich ist.

420 **h) Haftung nach anderen Rechtsvorschriften.** Für solche gentechnisch veränderten Organismen, die auf der Grundlage von speziellen Vorschriften in den Verkehr gebracht werden dürfen, gelten die Haftungsvorschriften nach den §§ 32 ff. GenTG nicht. Dies ist im einzelnen in § 37 GenTG geregelt.

421 **aa) Haftung für Arzneimittel.** So richtet sich die Haftung bei der Anwendung eines zum Gebrauch bei Menschen bestimmten Arzneimittels, das nach arzneimittelrechtlichen Vorschriften zugelassen worden ist und durch das jemand getötet oder an Körper oder Gesundheit verletzt

---

[319] Vgl. dazu *Palme*, ZUR 2005, 119 (126); *Neutze*, AUR 2008, 193 ff.; *Wagner*, VersR 2007, 1017 ff.; *Arnold*, NuR 2006, 15 ff.

VI. Haftungsvorschriften

worden ist, nach dem Arzneimittelgesetz[320] (§ 37 Abs. 1 GenTG). Die Haftungsvorschriften des Gentechnikgesetzes gelten hier nicht.

bb) Haftung für gentechnisch veränderte Produkte. Das Gleiche gilt, wenn Produkte, die gentechnisch geänderten Organismen enthalten oder aus solchen bestehen, auf Grund einer Inverkehrbringensgenehmigung oder einer Zulassung oder Genehmigung nach sonstigen Rechtsvorschriften im Sinne des § 14 Abs. 2 GenTG in den Verkehr gebracht werden. In diesem Fall richtet sich die Haftung desjenigen Herstellers, dem die Zulassung oder Genehmigung für das Inverkehrbringen erteilt worden ist nach dem Produkthaftungsgesetz[321]. § 1 Abs. 2 Nr. 5 ProduktHG findet insoweit keine Anwendung, wenn der Produktfehler auf gentechnischen Arbeiten beruht (§ 37 Abs. 2 GenTG). Danach gilt der Vorrang der Produkthaftung, wenn ein Produkt, das gentechnisch veränderte Organismen enthält oder aus solchen besteht, nach Maßgabe der erforderlichen gentechnischen Risikoabschätzung in den Verkehr gebracht werden darf.[322] 422

2. Haftung nach anderen Rechtsvorschriften

Die Haftung nach anderen Vorschriften bleibt grundsätzlich unberührt (§ 37 Abs. 3 GenTG). 423

Entsprechend sind neben dem Gentechnikgesetz auch die zivilrechtlichen Vorschriften der §§ 823 ff., 1004 BGB[323], ebenso wie die Bestimmungen des Produkthaftungsgesetzes, des Umwelthaftungsgesetzes[324] und des Umweltschadensgesetzes[325] anwendbar. Gleiches auch für die Haftung nach dem Arzneimittelgesetz bei der Anwendung eines zum Gebrauch bei Menschen bestimmten Arzneimittels (§ 37 Abs. 1 GenTG) und wenn die Zulassung oder Genehmigung für das Inverkehrbringen nach einem anderen Gesetz erteilt worden ist (§ 37 Abs. 2 GenTG). 424

---

[320] Gesetz über den Verkehr mit Arzneimitteln (Arzneimittelgesetz – AMG) i.d.F. d. Bek. v. 12.12. 2005 (BGBl. I S. 3394), zul. geänd. durch G v. 23.11. 2007 (BGBl. I S. 2631); vgl. dazu bereits oben D. Rdnr. 175.

[321] Gesetz über die Haftung für fehlerhafte Produkte (Produkthaftungsgesetz – ProdHaftG) v. 15.12. 1989 (BGBl. I S. 2198), zul. geänd. durch G v. 19.7. 2002 (BGBl. I S. 2674).

[322] *Eberbach/Lange/Ronellenfitsch*, Gentechnikrecht, Stand: Oktober 1995, § 37 Rdnr. 16; Godt, NJW 2001, 1167 (1172); *Wolfers/Kaufmann*, ZUR 2004, 321.

[323] Vgl. zum Abwehranspruch eines Imkers *VG Augsburg*, Urt. v. 30.5. 2008 – 7 K 07.276, Au 7 K –, DVBl. 2008, 992 ff.; zum Abwehranspruch aus einem Landpachtvertrag vgl. *OLG Brandenburg*, Urt. v. 17.1. 2008 – 5 U (Lw) 138/07 –, NJW 2008, 2127 ff.; zum Abwehranspruch eines Dritten gegen einen „Anbauer" vgl. OVG Berlin-Brandenburg, Beschl. v. 27.6. 2007 – 11 S. 54.07 –; zur Eigentumsverletzung durch die Bezeichnung als Gen-Milch vgl. *BGH*, Urt. v. 11.3. 2008 – VI ZR 7/07 –, NJW 2008, 2110 ff.

[324] Umwelthaftungsgesetz (UmweltHG) v. 10.12. 1990 (BGBl. I S. 2634), zul. geänd. durch G v. 23.11. 2007 (BGBl. I S. 2631).

[325] Gesetz über die Vermeidung und Sanierung von Umweltschäden (USchadG) vom 14.5. 2007 (BGBl. I S. 666.).

425 **a) Haftung nach dem Produkthaftungsgesetz.** Die ProdukthaftungsRL[326] harmonisiert die mitgliedstaatlichen Normen für die zivilrechtliche Haftung des Herstellers für durch fehlerhafte Sache verursachte Schäden. Sie wird durch das Produkthaftungsgesetz[327] umgesetzt.

426 Das Produkthaftungsgesetz haftet derjenige Hersteller, dem die Genehmigung zum Inverkehrbringen erteilt wurde (§ 4 Abs. 1 ProduktHG). Damit haften andere Verwender von gentechnisch veränderten Organismen, namentlich in der Landwirtschaft, nicht. Sie können ihrerseits auf die Genehmigung für das Inverkehrbringen vertrauen. Die Haftung soll nur demjenigen Betreiber der zu Grunde liegenden gentechnischen Arbeit und nicht denjenigen treffen, der im Vertrauen auf die Unbedenklichkeit des in den Verkehr gebrachten gentechnisch veränderten Organismus aus diesem Organismus landwirtschaftliche Erzeugnisse bezieht.[328]

427 Erfasst werden Sachschäden nur, wenn die betreffende Sache ihrer Art nach gewöhnlich für den privaten Ge- oder Verbrauch bestimmt und hierzu von dem Geschädigten auch rechtlich verwendet worden ist (§ 1 Abs. 1 S. 2 ProduktHG). Dies dürfte bei zufälligen Auskreuzungen von gentechnisch veränderten Organismen in der Landwirtschaft problematisch sein.

428 Zudem ist eine Haftung nach dem Produkthaftungsgesetz nur gegeben, wenn das Produkt fehlerhaft ist (§ 3 ProduktHG). Fehlerhaft ist ein Produkt, wenn es nicht die Sicherheit bietet, die man unter Berücksichtigung aller Umstände zu erwarten berechtigt ist (Art. 6 ProdukthaftungsRL). Zufälliger Auskreuzungen bei Freilandversuchen fallen nicht darunter. Dass gentechnisch veränderte Pflanzen ähnlich wie konventionelle Pflanzen auskreuzen, widerspricht nämlich gerade keiner berechtigten Erwartung, so dass in den Auskreuzungsfällen ein Produktfehler regelmäßig nicht vorliegt.[329]

429 Insgesamt werden damit Einträge durch gentechnisch veränderte Organismen auf Feldern eines Dritten im Rahmen eines landwirtschaftlichen Betriebes von der Haftung nach dem Produkthaftungsgesetz nicht erfasst.[330]

430 **b) Haftung nach dem Umwelthaftungsgesetz.** In bestimmten Bereichen, die in der Anlage zu Umwelthaftungsgesetz[331] aufgeführt sind, kommt dieses Gesetz zusätzlich zu tragen.

---

[326] Richtlinie des Rates vom 25. Juli 1985 zur Angleichung der Rechts- und Verwaltungsvorschriften der Mitgliedstaaten über die Haftung für fehlerhafte Produkte (85/374/EWG) (ABl. EG Nr. L 210, S. 29).

[327] Gesetz über die Haftung für fehlerhafte Produkte (Produkthaftungsgesetz – ProdHaftG) v. 15.12. 1989 (BGBl. I S. 2198), zul. geänd. durch G v. 19.7. 2002 (BGBl. I S. 2674).

[328] Amtl. Begründung BR-Drs. 387/89, S. 36 f.

[329] *Stökl*, ZUR 2003, 274 (275).

[330] *Wolfers/Kaufmann*, ZUR 2004, 321 (322).

[331] Umwelthaftungsgesetz (UmweltHG) v. 10.12. 1990 (BGBl. I S. 2634), zul. geänd. durch G v. 23.11. 2007 (BGBl. I S. 2631).

VI. Haftungsvorschriften

Im Wesentlichen geht es dem Umwelthaftungsgesetz nicht um eine zivilrechtliche, sondern um eine ordnungsrechtliche Haftung wegen Schäden an Rechtsgütern, die – wie etwa die biologische Vielfalt – nicht Privatrechtsubjekten zuzuordnen sind. Erfasst werden in der Regel nur ökologische Schäden, nicht aber Schäden an privaten Rechtsgütern durch absichtliche Freisetzung und das Inverkehrbringen von gentechnisch veränderten Organismen.[332]

§ 1 UmweltHG sieht eine verschuldensunabhängige Gefährdungshaftung für bestimmte, im Anhang 1 genannte Anlagen vor. Zu diesen Anlagen zählen etwa auch Anlagen zur Erzeugung von Chemikalien (Ziff. 45 Anlage 1 UmweltHG) oder Anlagen zur Herstellung von Arzneimitteln (Ziff. 48 Anlage 1 UmweltHG) sowie Anlagen zur Herstellung von Lebensmitteln (Ziff. 64 Anlage 1 UmweltHG). Werden in diesen Anlagen gentechnisch veränderte Organismen eingesetzt, so ist das Umwelthaftungsgesetz im Falle eines Schadens anwendbar.

Die Gefährdungshaftung des Umwelthaftungsgesetzes beschränkt sich nicht auf Schadensereignisse wie Unfälle, sondern erfasst auch gerade den bestimmungsgemäßen Normalbetrieb sowie Entwicklungsrisiken, also solche Schadensverläufe, die nach dem Stand von Wissenschaft und Technik nicht auszuschließen waren. Die Anlage muss allerdings abstrakt und auch konkret geeignet sein, den behaupteten Schaden zu verursachen.[333]

Die Gefährdungshaftung setzt weder Verschulden noch Rechtswidrigkeit der Tätigkeit voraus. Auch rechtfertigt die öffentlich-rechtliche Genehmigung einer gefährlichen Tätigkeit die Realisierung der Gefahr nicht. Lediglich in Einzelfällen soll die Genehmigung ausnahmsweise rechtfertigende Wirkung entfalten, nämlich dann, wenn sie schon per Gesetz mit dieser Rechtswirkung ausgestattet wurde.[334] Der behördlich genehmigte Normalbetrieb ist lediglich insoweit begünstigt, als der Betreiber nach § 5 UmweltHG nicht für unwesentliche oder nach den örtlichen Verhältnissen zumutbare Sachschäden, d.h. für Bagatellschäden haftet. Zu dem kann sich der Betreiber gem. § 6 Abs. 2 UmweltHG auf eine Ursachenvermutung berufen. Danach wird vermutet, dass der genehmigte Normalbetrieb nicht zu einem Schaden führen kann, so dass der Geschädigte im Falle eines Schadens den vollen Kausalitätsnachweis erbringen muss. Der Betreiber seinerseits muss die Einhaltung des bestimmungsgemäßen Betriebs nachweisen.

c) Haftung nach dem Umweltschadensgesetz. Das Umweltschadensgesetz[335] sieht eine rückwirkende Haftung für Schäden, die zwischen dem 30.4. und dem 14.11. 2007 verursacht worden sind, vor. Es betrifft

---

[332] *Stökl*, ZUR 2003, 274 (275).
[333] Vgl. *OLG Düsseldorf*, Urt. v. 10.12. 1993 – 22 U 172/93 –, NJW-RR 1994, 1181; dass., Urt. v. 17.8. 2001 – 22 U 9/01 –, NJW-RR 2002, 26.
[334] *Landsberg/Lülling*, UmweltHG, § 1 Rdnr. 8.
[335] Gesetz über die Vermeidung und Sanierung von Umweltschäden (USchadG) v. 14.5. 2007 (BGBl. I S. 666.).

Schäden, an der Biodiversität, den Gewässern und dem Boden. Gehaftet wird für diese Schäden künftig ohne Rücksicht auf Verschulden oder das Vorliegen von Genehmigungen für Umweltschäden und – über die bisherigen Regelungen hinaus – schon für Umweltgefährdungen. Eine Haftungshöchstgrenze ist im Umweltschadensgesetz ebenfalls nicht vorgesehen.

436 Das Umweltschadensgesetz gilt neben dem Umwelthaftungsgesetz[336] und erweitert dessen Haftung. Es gilt auch für Schäden, die durch gentechnisch veränderte Organismen verursacht worden sind.

437 Voraussetzung für die Haftung nach dem Umweltschadensgesetz ist, dass ein Schaden

- an geschützten Arten oder natürlichen Lebensräume des § 21a BNatSchG,
- Gewässern nach § 22a WHG oder
- am Boden durch eine Beeinträchtigung der Bodenfunktionen i. S. d. Bodenschutzgesetzes[337]

eingetreten ist. Dabei beurteilt sich die Schädigung nach den Vorschriften für das materielle Recht des Bundesnaturschutzgesetzes[338], des Wasserhaushaltsgesetzes[339] oder des Bodenschutzgesetzes[340].

438 Verantwortlich ist nach dem Umweltschadensgesetz jede natürliche oder juristische Person. Dies ist in einem Unternehmen in der Regel derjenige, mit einer Aufgabe beauftragt ist und im Rahmen seiner beruflichen Tätigkeit dieser Aufgabe wahrnimmt. Dies kann bei gentechnischen Anlagen der Betreiber aber auch der Projektleiter oder der Beauftragte für die Biologische Sicherheit sein.

439 Der Schaden muss der juristischen Person oder der natürlichen Person zurechenbar sein. Eine Rechtswidrigkeit oder ein Verschulden ist nicht erforderlich. Insbesondere kann eine bereits erteilte Genehmigung – mit Ausnahme einer Prüfung im Naturschutzrecht – die Haftung nicht ausschließen. Sie entfaltet keine Legalisierungswirkung.

440 Aus dem Umweltschadensgesetz ergeben sich bestimmte Informationspflichten (§ 4 USchadG), Gefahrermittlungspflichten (§ 7 Abs. 2 Nr. 1 USchadG), Pflichten zur Gefahrabwehr im Vorfeld der Schädigung (§ 5 USchadG), Pflichten zur Schadensbegrenzung (§ 6 Abs. 1 USchadG) und Behebung d. h. zur Sanierung (§ 8 USchadG) und zur Kostentragung (§ 9 USchadG). Lediglich dann, wenn die Behörde die Sanierungshandlung

---

[336] Vgl. dazu bereits oben E. Rdnr. 430 ff.
[337] Gesetz zum Schutz vor schädlichen Bodenveränderungen und zur Sanierung von Altlasten (Bundes-Bodenschutzgesetz – BBodSchG) v. 17.3. 1998 (BGBl. I S. 502), zul. geänd. durch G v. 9.12. 2004 (BGBl. I S. 3214).
[338] Vgl. dazu unten D. Rdnr. 209 ff.
[339] Vgl. dazu unten D. Rdnr. 199.
[340] Gesetz zum Schutz vor schädlichen Bodenveränderungen und zur Sanierung von Altlasten (Bundes-Bodenschutzgesetz – BBodSchG) v. 17.3. 1998 (BGBl. I S. 502), zul. geänd. durch G v. 9.12. 2004 (BGBl. I S. 3214).

zunächst einmal selbst vorgenommen hat, kann der Betreiber zu den Kosten nicht mehr herangezogen werden.

Im Rahmen des § 10 USchadG können Betroffene und Vereinigungen **441** durch einen Antrag bei der Behörde deren Tätigwerden gegenüber einem Verursacher verlangen und dieses Tätigwerden gegebenenfalls auch im Wege einer Klage erzwingen.

d) Haftung nach zivilrechtlichen Vorschriften. Grundsätzlich sind **442** die zivilrechtlichen Haftungsvorschriften neben den haftungsrechtlichen Regelungen des Gentechnikgesetzes nach §§ 32 ff. GenTG anwendbar.[341] Haftungsrelevant sind insbesondere Aufopferungs- oder Ausgleichsansprüche nach §§ 1004, 906 BGB sowie Schadensersatzansprüchen nach §§ 823 ff. BGB. Die Vorschrift des § 906 BGB ist dabei die zentralen Norm zur Steuerung der privaten Umwelthaftung im Nachbarverhältnis, da sie die Befugnisse des Eigentümers aus § 903 BGB und damit die Reichweite von Abwehr- und Schadensersatzansprüchen Steuer. Danach kann der Eigentümer unerwünschte Einwirkungen auf sein Grundstück grundsätzlich ausschließen. Für die Zuführung unwägbarer Stoffe gilt die Einschränkung, dass der Eigentümer unwesentliche Beeinträchtigungen gar nicht (§ 906 Abs. 1 BGB) und wesentliche Beeinträchtigungen nur unter einschränkenden Voraussetzungen abwehren oder entsprechende Ausgleichsansprüche geltend machen kann (§ 906 Abs. 2 BGB). Um so genannte unwägbare Stoffe handelt es sich auch bei der Übertragung von gentechnisch veränderten Organismen, z.B. durch Polenflug, auf ein benachbartes Feld.

Die Wesentlichkeit einer Einwirkung im Sinne des § 906 BGB bemisst **443** sich nach ihrer Schädlichkeit und – bei bereits eingetretenen Schäden – ihrem Ausmaß. Die Beurteilung erfolgt nach dem so genannten differenziert-objektivem Bewertungsmaßstab, d.h. abzustellen ist auf die konkrete Beschaffenheit und tatsächliche Zweckbestimmung nach dem Empfinden des Durchschnittsmenschen. Dabei stellt die Rechtsprechung auf den verständigen Durchschnittsmenschen ab. Allerdings kann sich die Wesentlichkeit der Beeinträchtigung auch aus der besonderen Empfindlichkeit einer bestimmten Nutzung ergeben. Daran gemessen stellt die Zuführung fremder DNA auf natürlichem Wege keine wesentliche Einwirkung im Sinne des § 906 BGB dar. Begründet wird dies damit, dass die Anwesenheit fremder Gene nicht die Grundstücksnutzung als solche, sondern nur – unter Umständen – die Vermarktung der landwirtschaftlichen Produkte berührt.[342]

Eine wesentliche Einwirkung liegt nach § 906 Abs. 1 S. 2 BGB auch **444** dann nicht vor, wenn die in Gesetzen oder Rechtsverordnung festgelegten Grenz- oder Richtwerte von den entsprechenden Einwirkungen nicht über-

---

[341] Zur Gentechnik und dem zivilen Haftungssystem vgl. *Luttermann*, JZ 1998, 174 ff.
[342] So auch *Wolfers/Kaufmann*, ZUR 2004, 321 (322).

schritten werden. § 906 Abs. 1 S. 2 BGB legt dabei einen Vorrang öffentlich-rechtlicher Wertungen fest. Die Vorschrift soll vor Wertungswidersprüchen zwischen Umwelt- und Zivilrecht schützen. Erfasst werden insbesondere solche gentechnisch veränderten Organismen, die von einer Inverkehrbringensgenehmigung gedeckt sind. Fraglich ist, ob dies auch für so genannte Zufallsauskreuzungen bei genehmigten Freisetzungen gilt, was in der Rechtsprechung zum Teil bejaht wird.[343] Dies ist insoweit bedenklich, als das wohl durch die Inverkehrbringensgenehmigung eine öffentlich-rechtliche Vorschrift im Sinne des § 906 Abs. 1 S. 2 BGB, nicht aber durch die Freisetzungsgenehmigung geschaffen wird. Bei Letzterer werden die Auswirkungen gerade nur lokal geprüft.

445 Nach § 36a GenTG liegt eine **wesentliche Beeinträchtigung** im Sinne von § 906 BGB insbesondere vor, wenn

- Erzeugnisse nicht in den Verkehr gebracht werden dürfen (Nr. 1) oder
- nach den Vorschriften dieses Gesetzes oder nach anderen Vorschriften nur unter Hinweis auf die gentechnische Veränderung gekennzeichnet in den Verkehr gebracht werden dürfen (Nr. 2) oder
- nicht mit einer Kennzeichnung in den Verkehr gebracht werden dürfen, die nach denen für die Produktionsweise jeweils geltenden Rechtsvorschrift nicht möglich gewesen wäre (Nr. 3).

446 Damit liegt im Falle von Zufallsauskreuzungen dann eine Eigentumsverletzung vor, wenn das beeinträchtigte Produkt den geltenden Schwellenwert für die Kennzeichnungspflicht überschreitet. Nach dem neuen Kennzeichnungsrecht gilt, dass bei zufälligen oder technisch unvermeidbaren Beimischungen von bis zu 0,9 % keine Kennzeichnungspflicht besteht (Art. 4 Abs. 7 EG-VO 1830/2003 in Verbindung mit Art. 21 Abs. 3 FreisRL), sofern es sich dabei um zugelassene gentechnisch veränderte Organismen handelt. § 36a Abs. 1 Nr. 3 GenTG bezieht sich auf die Kennzeichnungsmöglichkeiten nach der Verordnung (EWG) Nr. 834/2007 des Rates v. 28.6. 2007 über die ökologische/biologische Produktion und die Kennzeichnung von ökologischen/biologischen Erzeugnissen[344] und die nach deutschem Recht zugelassene Kennzeichnung „ohne Gentechnik" nach § 5 NLV.

447 Die Haftungsvorschrift des § 36a Abs. 1 Nr. 3 GenTG wird als zu offen kritisiert, was zu erheblichen Haftungsverschärfungen führen könne.[345] Dies gelte für den Begriff „insbesondere", der klarstelle, dass die drei Fallgruppen keine abschließenden Aufzählungen enthalten. Den drei Fall-

---

[343] *OVG Münster*, Beschl. v. 31.8. 2000 – 21 B 1125/00 –, NVwZ 2001, 110 ff.; *VG Schleswig*, Beschl. v. 3.7. 2001 – 1 B 35/01, ZUR 2001, 409 ff.; *Wolfers/Kaufmann*, ZUR 2004, 321 (323).
[344] und zur Aufhebung der Verordnung (EWG) Nr. 2092/91 (ABl. EG Nr. L 189, S. 1); vgl. zum ökologischen Landbau *Härtel*, ZUR 2008, 233 ff.
[345] *Wolfers/Kaufmann*, ZUR 2004, 321 (326).

VI. Haftungsvorschriften

gruppen wertmäßig vergleichbare Fälle können demzufolge ebenfalls eine wesentliche Beeinträchtigung darstellen.³⁴⁶

448 Eine wesentliche Beeinträchtigung dürfte immer dann anzunehmen sein, wenn die Sachsubstanz der Feldprodukte beschädigt oder zerstört wird, schädliche Einwirkungen auf den Boden zu befürchten sind oder die Feldprodukte infolge der Einwirkung ungenießbar würden oder gar die Gesundheit beeinträchtigen könnten.

449 Auch **Funktionsbeeinträchtigungen** sind als wesentliche Beeinträchtigungen des Eigentums anerkannt, wenn sie den Gebrauch einer Sache aufheben oder so nachhaltig stören, dass dadurch deren Marktwert herabgesetzt wird. Dies wird insbesondere in Fällen einer hohen Schadstoffbelastung bejaht.

450 Liegt eine wesentliche Eigentumsbeeinträchtigung wegen der Überschreitung eines Grenzwertes vor, so kann der Eigentümer deren Zufügung gleichwohl nicht abwehren, wenn die wesentliche Eigentumsbeeinträchtigung auf einer **ortsüblichen Nutzung** beruht. Nach § 36a Abs. 3 kommt es für die Beurteilung der Ortsüblichkeit im Sinne von § 906 BGB nicht darauf an, ob die Gewinnung von Erzeugnissen mit oder ohne gentechnisch veränderte Organismen erfolgt. Eine Duldungspflicht kann damit nicht allein darauf gestützt werden, dass in dem maßgeblichen Gebiet der Anbau mit gentechnisch veränderten Organismen stattfindet oder sogar überwiegt.

451 § 36a Abs. 2 GenTG bestimmt ferner, dass die Einhaltung der guten fachlichen Praxis nach § 16b Abs. 2 und 3 GenTG als wirtschaftlich zumutbar im Sinne von § 906 BGB gilt. Der Vorsorgepflicht im Rahmen der Einhaltung der guten fachlichen Praxis wird nur dann Genüge getan, wenn beim Anbau gentechnisch veränderter Pflanzen ausreichende Maßnahmen getroffen werden, dass Einträge und aus Kreuzungen auf andere Grundstücke vermieden werden. Als mögliche Maßnahmen werden die Einhaltung von Abständen, Sortenwahl, durchwuchs Bekämpfung und die Nutzung von natürlichen Pollen variieren angegeben.

452 Letztlich enthält § 36a Abs. 4 GenTG eine Beweislastregel. Kommen nach den tatsächlichen Umständen des Einzelfalls mehrere Nachbarn als Verursacher in Betracht und lässt sich nicht ermitteln, wer von ihnen die Beeinträchtigung durch seine Handlung verursacht hat, so ist jeder für die Beeinträchtigung verantwortlich. Dies gilt nicht, wenn jeder nur einen Teil der Beeinträchtigung verursacht hat und eine Aufteilung des Ausgleichs auf die Verursacher gem. § 287 ZPO³⁴⁷ möglich ist. Zwar muss der betroffene Landwirt wie bisher beweisen, dass es auf seinem Feld zu gewollten Beimischungen von gentechnisch veränderten Organismen gekommen ist. Den tatsächlichen Verursachungsbeitrag des einzelnen Verursachers muss er indes nicht beweisen. Hier greift die gesamtschuldnerische Haftung

---

³⁴⁶ Vgl. dazu *Palme*, ZUR 2005, 119 (126).
³⁴⁷ Zivilprozessordnung (ZPO) i.d.F. d. Bek. v. 5.12. 2005 (BGBl. I S. 3202, (2006) I S. 431; 2007 I S. 1781), zul. geänd. durch G v. 12.8. 2008 (BGBl. I S. 1666).

nach §§ 830 Abs. 1 S. 2, 840 Abs. 1 BGB. Zwangsläufig wird dies zu einer Auseinandersetzung zwischen den Landwirten führen, die gentechnisch veränderte Organismen angebaut haben. Etwaige Regressforderungen werden zwischen ihnen im Innenverhältnis gelöst werden müssen.

453 Dabei ist zu berücksichtigen, dass die Vorschriften der §§ 906, 1004 BGB unmittelbar nur gegenüber einem gentechnisch veränderte Organismen anbauender Nachbarn möglich sind. Demgegenüber ist die Haftung des Betreibers nach §§ 32 ff. GenTG weiter.

454 Zum Teil werden diese Regelungen auch auf das Inverkehrbringen gentechnisch veränderter Organismen angewandt, wenn diese etwa durch zufälliges Auskreuzen aus Freilandversuchen bei einem Ökolandwirt eine Marktwertbeeinträchtigung herbeiführen.[348]

455 In der Rechtsprechung werden Ansprüche auf Schadensersatz oder Ausgleichsansprüche für einen Ökolandwirt weitgehend abgelehnt.[349] Dies mit der Begründung, ein Ökolandwirt können nicht nachweisen, dass eine konkrete Übertragung von gentechnisch verändertem Erbgut auf seine nicht gentechnisch veränderten Pflanzen einer anderen Art drohe.

VII. Straf- und Bußgeldvorschriften

456 Um die Einhaltung der gesetzlichen Vorschriften zu sichern, enthält das Gentechnikgesetz und die auf seiner Grundlage ergangenen Rechtsverordnungen[350] eine Vielzahl von Tatbeständen, deren Verwirklichung straf- oder bußgeldbewehrt ist.[351]

1. Bußgeldtatbestände

457 Adressat von Bußgeldtatbeständen ist in der Regel der Betreiber, aber auch der Projektleiter und der Beauftragte für die Biologische Sicherheit.

458 Die Bußgeldtatbestände sind in § 38 GenTG normiert, soweit ist um in die Vorgaben des Gentechnikgesetzes geht. Wer nach diesen Vorschriften ordnungswidrig – d.h. vorsätzlich oder fahrlässig – handelt (§ 38 Abs. 1 GenTG), kann mit einer Geldbuße bis zu 50 000 € belegt werden.

459 Eine Ordnungswidrigkeit begeht, wer

– eine Risikobewertung für gentechnische Arbeiten der Sicherheitsstufe eins nicht richtig, nicht vollständig oder nicht rechtzeitig durchführt (Nr. 1),

---

[348] So *Wellkamp*, NuR 2001, 188 (190); dazu *Stökl*, ZUR 2003, 274 (277 m.w.N.); zur Gentechnik und Landwirtschaft vgl. auch *Wegener*, AUR Beilage 2007, Nr. 1, 21 ff.; *Härtel*, AUR Beilage 2007, Nr. 1, 2 ff.
[349] OLG Stuttgart, Urt. v. 24.8. 1999 – 14 U57/97 –, ZUR 2000, 29.
[350] Vgl. § 20 GenTSV, § 5 GenTAufzV.
[351] Vgl. *Simon*, IUR 1992, 193 (195); *Tünnesen-Harmes*, HdbUR, B.5 Rdnr. 110; *Hoppe/Beckmann/Kauch*, Umweltrecht, § 35 Rdnr. 78.

VII. Straf- und Bußgeldvorschriften

- Aufzeichnungen nicht führt (Nr. 1a),
- gentechnische Arbeiten in nicht dafür zugelassenen Anlagen durchführt (Nr. 2),
- eine Anlage errichtet oder erstmals Arbeiten durchführt ohne Genehmigung (Nr. 3),
- wesentliche Änderungen der Anlage, des Betriebes oder der gentechnischen Arbeiten nicht, nicht richtig oder nicht rechtzeitig angezeigt oder angemeldet hat (Nr. 4),
- wesentliche Änderungen der Anlage ohne Genehmigung durchführt (Nr. 5),
- die Anzeigepflicht für die Sicherheitsstufe zwei verletzt (Nr. 6),
- ohne Genehmigung weitere gentechnische Arbeiten der Sicherheitsstufe drei und vier durchführt (Nr. 6a),
- weitere gentechnische Arbeiten einer höheren Sicherheitsstufe als zugelassen durchführt (Nr. 6b),
- gentechnisch veränderte Organismen ohne Genehmigung in Verkehr bringt (Nr. 7),
- für Produkte gegen die Beobachtungspflicht (§ 16c Abs. 1 GenTG) verstößt (Nr. 7a),
- gegen vollziehbare Auflagen beziehungsweise Anordnungen nach § 16d Abs. 3 bzw. § 19 S. 2 GenTG verstößt (Nr. 8),
- gegen Mitteilungspflichten verstößt (Nr. 9),
- gegen Produktinformationspflichten zur Überwachung verstößt (Nr. 10),
- als Dritter gegen die Verpflichtung für Produkte verstößt (Nr. 11),
- gegen Überwachungspflichten nach § 25 GenTG verstößt (Nr. 11a),
- gegen Rechtsverordnungen zu Typen von Mikroorganismen oder anderen gentechnisch veränderten Organismen verstößt (Nr. 12).

Der Projektleiter einer gentechnischen Anlage kann Normadressat des **460**
§ 38 Abs. 1 Nr. 8 GenTG sein.[352] Er ist auch bußgeldrechtlich für die Umsetzung vollziehbarer behördlicher Auflagen und Anordnung verantwortlich, so dass er bei einem Verstoß gegen die Beachtung von Auflagen oder Anordnungen zu einem Bußgeld herangezogen werden kann.[353]

Soweit Aufzeichnungen nicht erstellt werden oder unvollständig sind, **461**
die Aufbewahrungsfristen nicht eingehalten werden und die Aufzeichnungen bei Betriebsstilllegung der Behörde nicht ausgehändigt werden, stellt dies für den Betreiber eine Ordnungswidrigkeit dar, die nach § 38 Abs. 1 Nr. 12 GenTG bußgeldbewehrt ist (§ 5 GenTAufzV).

---

[352] Zur Verantwortlichkeit des Projektleiters nach §§ 26 Abs. 2, 38 Abs. 1 Nr. 8 GenTG vgl. *OLG München*, Beschl. v. 11.10. 1996 – 3 ObOWi 126/96 –, NuR 1997, 466 f.
[353] Vgl. *OLG München*, Beschl. v. 11.10. 1996 – 3 ObOWi 126/96 –, NuR 1997, 466 f.

2. Straftatbestände

462 Auch die Straftatbestände, bei denen in der Regel eine Geldstrafe oder eine Freiheitsstrafe verhängt werden kann, können durch den Betreiber, den Projektleiter und den Beauftragten für die Biologische Sicherheit begangen werden.

463 Zu beachten ist dabei, dass eine Handlung sowohl als Täter, Mittäter, Anstifter oder in Beihilfe begannen werden kann. Täter ist, wer die Straftat selbst oder durch einen anderen begeht (§ 25 Abs. 1 StGB[354]). Mittäterschaft liegt vor, wenn mehrere gemeinschaftlich eine Straftat begehen (§ 25 Abs. 2 StGB). Als Anstifter wird bestraft, wer jemanden zur vorsätzlichen Tat bestimmt (§ 26 StGB). Letztlich handelt in Beihilfe, wer jemandem bei seiner vorsätzlichen Tat Hilfe leistet (§ 27 StGB). Durch diese Tatbestände lässt sich auch die Handlung eines anderen dem Projektleiter, Betreiber oder dem Beauftragten für die Biologische Sicherheit zurechnen, wenn diese in der beschriebenen Weise an der Handlung mitgewirkt haben.

464 **a) Abstrakte Gefährdungsdelikte.** Immerhin sieht das Gesetz einen Strafrahmen von einer Geldstrafe bis zu einer Freiheitsstrafe bis einem Jahr vor, wenn gegen die Vorschriften zur Deckungsvorsorge verstoßen wird (§ 39 Abs. 1 GenTG). Dieser Tatbestand wird in der Regel durch den Betreiber verwirklicht werden.

465 Die Freisetzung gentechnisch veränderter Organismen ohne Genehmigung (§ 39 Abs. 2 Nr. 1 GenTG) und das Betreiben einer gentechnischen Anlage ohne Genehmigung (§ 39 Abs. 2 Nr. 2 GenTG) wird demgegenüber mit zwei beziehungsweise fünf Jahren Freiheitsstrafe bestraft.

466 Die Straftatbestände des § 39 Abs. 1 und Abs. 2 GenTG sind als abstrakte Gefährdungsdelikt ausgestaltet, d.h. dass eine konkrete Gefahr für die Verwirklichung des Tatbestandes nicht eingetreten sein muss (§ 39 Abs. 2 GenTG).

467 **b) Konkrete Gefährdungsdelikte.** Demgegenüber ist der Straftatbestand des § 39 Abs. 3 GenTG als konkretes Gefährdungsdelikt ausgestattet, d.h. die Rechtsgüter müssen konkret in Gefahr geraten, nicht aber tatsächlich verletzt sein. Wenn also Leib, Leben, Gesundheit, Sachgüter von bedeutendem Wert und der Naturhaushalt etwa durch die Freisetzung die von gentechnisch geänderten Organismen ohne Genehmigung oder durch den Betrieb einer Anlage in der Arbeiten der Sicherheitsstufe drei oder vier durchgeführt werden ohne die entsprechende Genehmigung (§§ 39 Abs. 3 i.V.m. Abs. 2 GenTG) gefährdet werden, so erhöht sich der Strafrahmen von einer Freiheitsstrafe von drei Monaten bis zu fünf Jahren. Eine Geldstrafe ist hier nicht mehr vorgesehen.

---

[354] Strafgesetzbuch (StGB) i.d.F. d. Bek. v. 13.11. 1998 (BGBl. I S. 3322), zul. geänd. durch G v. 13.8. 2008 (BGBl. I S. 1690).

VII. Straf- und Bußgeldvorschriften

Gleiches gilt, wenn die Rechtsgutgefährdung durch eine an sich buß- **468** geldbewehrte Handlung verwirklicht wird. Als solche Handlungen, die auch strafbar sein können, gilt die Errichtung einer gentechnischen Anlage ohne Genehmigung oder die Durchführung erstmaliger gentechnische Arbeiten (§ 38 Abs. 1 Nr. 2 GenTG). Ebenso wird bei eine Gefährdung der Rechtsgüter zum Straftatbestand, wenn

– ein Beobachtungsplan,
– Sicherheitsauflagen oder Ausstattungsauflage oder
– Unterlassungs-, Untersagungs-, Stilllegungs- und Beseitigungsanordnungen nicht befolgt werden (§ 38 Nr. 8 GenTG)

oder

– bestimmten Mitteilungspflichten nicht nachgekommen wird (§ 38 Nr. 9 GenTG)

beziehungsweise

– Melde- oder Aufzeichnungspflichten verletzt werden (§ 38 Nr. 12 GenTG).

In den zuletzt genannten vier Fällen obliegt die Pflicht zur Beachtung **469** der Vorgaben stets dem Projektleiter, sodass dieser möglicherweise dann eine strafbare Handlung begeht, wenn zudem ein geschütztes Rechtsgut gefährdet wird.

Sachverzeichnis

Abfall D. 194
Abfallentsorgung B. 38
Abstände E. 288
Abwässer D. 193
Abwasserentsorgung B. 39
Abwasserverordnung D. 193, 199
ACTG B. 8
Adenin B. 8
Allgemeine Erklärung über das menschliche Genom und Menschenrechte der Unesco D. 3
Anhörungsverfahren E. 308 ff.
Anlagen- und Tätigkeitskonzept E. 20
Anlagenbezogene Regelungen D. 186 ff.
Anmeldepflicht E. 145
Anmeldeverfahren
– Auflagen E. 194
– Bedingungen E. 194
– Befristungen E. 194
– Behördenbeteiligung E. 191
– Eingangsbestätigung E. 189
– formelle Präklusion E. 229
– materielle Präklusion E. 229
– Schriftform E. 188
– Stellungnahme der Kommission E. 191
– Untersagung E. 195
– Zulassung durch Fristablauf E. 192
Anmeldevoraussetzungen E. 185 ff.
Anmeldung
– Unwirksamwerden E. 369
Antibiotikaresistenzgen D. 56
Antrag D. 91
Anwendung von Fortpflanzungstechnik D. 10
Anwendungsbereiche der Gentechnik
– Humanmedizin B. 1, 15 ff.
– Lebensmittelherstellung B. 1
– Pharmazie B. 1, 14
Anwendungsvorrang des EG-Rechts D. 44
Anzeigepflicht E. 149
Anzeigeverfahren
– Antragsunterlagen E. 197
– Eingangsbestätigung E. 199
– unbefristete Untersagung E. 202

– vorläufige Untersagung E. 201
– Wirkung der Anzeige E. 200
Anzeigevoraussetzungen E. 196
Arbeitnehmerschutzrichtlinie D. 51, 58 ff.
– biologische Arbeitsstoffe D. 60
– Risikogruppen D. 61
arbeitsbezogene Regelungen D. 213 ff.
Arbeitsschutzgesetz D. 214
Arbeitsstättenverordnung D. 214
Aromen D. 87
artenschutzbezogenen Regelungen D. 205 ff.
Arzneimittel
– Haftung E. 421
Arzneimittelgesetz D. 175 f.
Auflagen
– nachträgliche E. 315 ff.
Aufopferungsansprüche E. 442
Aufzeichnungspflicht
– Aufbewahrungspflicht E. 110
– bei Freisetzungen E. 105
– Bestehen E. 99
– Form E. 106
– im Laborbereich E. 102
– im Produktionsbereich E. 103
– Inhalt E. 100
– Sanktionen E. 112
– Sicherheitsstufe drei oder vier E. 104
– Umfang E. 101
– Zuständigkeit E. 108
– Zweck E. 98
Ausgleichsansprüche E. 442
Auskünfte E. 340
Auskunftsansprüche E. 411
Auskunftspflichten E. 338
Ausnahme für Saatgut E. 298
Auswertung von Daten E. 377

Basen B. 8
Baugesetzbuch D. 192
Beauftragter für die Biologische Sicherheit
– Aufgaben E. 124
– Bestellung E. 123
– Sachkunde E. 125
– Verhältnis zum Betreiber E. 126
Begriffe der Gentechnik B. 3

Sachverzeichnis

Begriff des Gentechnikrechts C. 1 ff.
Begriffsbestimmungen E. 31 ff.
behördliche Anordnungen E. 347 ff.
Bekämpfung von Umweltbelastungen B. 38
Beobachtung E. 293
Bereitstellung von Daten E. 377
Beschäftigte E. 31, 67
Beseitigungsverfügung E. 360
Betreiber E. 31, 57
Betretungsrecht E. 341
Betriebs- und Geschäftsgeheimnis E. 303
Betriebsräume E. 341
Bewirtschafter E. 31, 66
BImSchV
– 4. BImSchV D. 188
– 9. BImSchV D. 189
Biochemie B. 12
biologische Arbeitsstoffe D. 60
Biologische Bundesanstalt für Land- und Forstwirtschaft E. 221
biologische Sicherheitsmaßnahme E. 31, 64
Bio-Patentrichtlinien D. 68
Biostoffverordnung D. 67, 143, 215
Biotechnologie B. 11
Bundes- Immissionsschutzgesetz D. 188
Bundesamt für Verbraucherschutz und Lebensmittelsicherheit E. 129
Bundesinstitut für Risikobewertung E. 221
Bundeskostenverordnung D. 143
Bundesnaturschutzgesetz D. 209
Bußgeldtatbestände E. 457

Cartagena-Protokoll über die Biologische Sicherheit D. 39
Chimären- und Hybridbildung D. 19
Cytosin B. 8

Deckungsvorsorge E. 410
DNA B. 6
Drittes Gesetz zur Änderung des Gentechnikgesetzes D. 149
Duldungspflichten E. 338
dynamische Pflichten E. 74

EG- Beteiligungsverfahren E. 264
EG-rechtkonforme Auslegung D. 75
EG-Richtlinie D. 47, 50 ff.
Einfuhr embryonaler Stammzellen D. 25
Einsichtsrecht E. 341, 345

Einstellung
– einstweilige E. 318 ff.
Einzelfallanordnung E. 349 ff.
Embryonen
– Auswahl nach Geschlechtschromosomen D. 14
– Begriff D. 9
– eigenmächtige Befruchtung D. 17
– missbräuchliche Verwendung D. 13
– Veräußerung D. 13
Embryonenforschung B. 28
Embryonenschutzgesetz D. 5, D. 7 ff.
Empfehlung D. 98
Empfehlungen der EG D. 135 f.
Entscheidung D. 99
Entscheidungen der EG D. 133 ff.
Entsorgung B. 34, 38
entsorgungsrechtliche Regelungen D. 200
Enzyme B. 35
Erfindungen D. 69
ergänzende Prüfung D. 99
Erkennungsmarkerverordnung D. 81, 129
Erlöschen der Genehmigung E. 366
Ernährung B. 34
Erstes Gesetz zur Änderung des Gentechnikgesetzes D. 145
Erstes Gesetz zur Neuordnung des Gentechnikrechts C. 148
Erstprüfung D. 95
Ertragssteigerung B. 36
Etikettierungsrichtlinie D. 71 f.
Europäische Gemeinschaft
– Empfehlungen D. 49
– Entscheidungen D. 48
– Kompetenz D. 41
– rechtliche Regelungen D. 45 ff.
– Rechtsangleichung D. 42
– Sozialvorschriften D. 43
– Stellungnahmen D. 49
– Umweltpolitik D. 41
– Verordnungen D. 46
– Richtlinien D. 47
Experimentierschritte E. 39
Extraktionslösungen D. 87

Fachleuten für Biologische Sicherheit
– Projektleiter E. 114
– Beauftragter für die Biologische Sicherheit E. 113
fallspezifische Beobachtung E. 290
Förderzweck E. 14

Ziffern = Randnummern

formelle Präklusion E. 176, 229
Freisetzung
– Begriff E. 204
– Genehmigungspflicht E. 205
– Zuständigkeit E. 210
Freisetzungsrichtlinie D. 4, 35, 51, 53 f.
Freisetzungsverfahren
– Antrag E. 213
– Bekanntmachung E. 228
– Beteiligung anderer Behörden E. 222
– Beteiligung der Öffentlichkeit E. 226
– Bundesinstitut für Risikobewertung E. 221
– EG- Beteiligungsverfahren E. 219
– Eingangsbestätigung E. 218
– Einwendungen E. 228
– Einwendungsausschuss E. 229
– Entscheidung E. 231, 237
– Erörterungstermin E. 230
– Gentechnik-Beteiligungsverordnung E. 219
– formelle Präklusion E. 229
– materielle Präklusion E. 229, 240
– Rechtsschutz E. 239
Freisetzungsvoraussetzungen E. 233 ff.
Friedrich-Löffler-Institut E. 221
Funktionsbeeinträchtigungen E. 449

Gefährdungsdelikte
– abstrakte E. 464
– konkrete E. 467
Gefährdungshaftung
– verschuldensunabhängig E. 380
Gefahrenabwehr E. 91
Gefahrenabwehr und Vorsorge
– Drittschutz E. 95
– Sanktionen E. 96
– Umfang E. 93
– Wirkungen E. 95
Gefahrgutbeförderungsgesetz D. 182
Gefahrgutverordnung Binnenschifffahrt D. 181
Gefahrgutverordnung Seeschifffahrt D. 181
Gefahrgutverordnung Straße und Eisenbahn D. 181
gefahrstoffbezogenen Regelungen D. 154 ff.
gemeinsame Vorschriften E. 300 ff.
Gen B. 6
Gendiagnostik B. 16, 20
Gene pharmacing B. 37

Genehmigung
– Erlöschen E. 366
Genehmigungsanspruch E. 299
Genehmigungspflicht E. 141
Genehmigungsverfahren
– für Lebensmittel D. 90
– für Anlagen E. 160
Genehmigungsvoraussetzungen
– Einhaltung der öffentlich-rechtlichen Vorschriften E. 159
– für Anlagen E. 155
– Präsenz E. 158
– Zuverlässigkeit E. 157
– Beteiligung der Öffentlichkeit E. 173
– Eingangsbestätigung E. 170
– Einwendungen E. 175
– Entscheidung E. 179
– Erörterungstermin E. 177
– formelle Präklusion E. 176
– materielle Präklusion E. 176
– Rechtscharakter der Genehmigung E. 182
– Stellungnahme der Kommission E. 171
– Unterlagen E. 165
Generalklausel E. 350
Genetischen Anlagen E. 131 ff.
Genom B. 5
Genomanalyse B. 16, 19, C. 6
Genomforschung B. 16 f.
Gen-Richtlinien D. 32
Gentechnik
– Anwendungsbereiche B. 1, 14 ff.
– Begriffe B. 3
– Bekämpfung von Umweltbelastungen B. 38
– Entsorgung B. 34, 37
– Ernährung B. 34 ff.
– Humanmedizin B. 1, 14. ff.
– Landwirtschaft B. 34 ff.
– Lebensmittelherstellung B. 1
– Methoden B. 9
– Pharmazie B. 1, 32 ff.
– Prinzip der Veränderung B. 7
– Umwelt-Gentechnik C. 30 ff.
Gentechnik- Anhörungsverordnung D. 143
Gentechnik- Aufzeichnungsverordnung D. 143
Gentechnik- Beteiligungsverordnung D. 143
Gentechnik- Notfallverordnung D. 143

175

Sachverzeichnis

Gentechnik- Pflanzenerzeugungsverordnung D. 143, E. 284
Gentechnik- Sicherheitsverordnung E. 86 ff., 143, 220
Gentechnikgesetz
– Änderungen D. 144 ff.
– Drittes Gesetz zur Änderung des Gentechnikgesetzes D. 149
– Erstes Gesetz zur Änderung des Gentechnikgesetzes D. 145
– Erstes Gesetz zur Neuordnung des Gentechnikrechts D. 148
– Gesetz über die Neuordnung zentraler Einrichtungen des Gesundheitswesens D. 146
– Gesetz zur Änderung des Gentechnikgesetzes, zur Änderung des EG- Gentechnik- Durchführungsgesetzes und zur Änderung der neuartige Lebensmittel- und Lebensmittelzutaten- Verordnung A. 3, D. 150
– Zweites Gesetz zur Änderung des Gentechnikrechts D. 147
Gentechnikgesetz
– Anwendungsbereich E. 18 ff.
– Begriffsbestimmungen E. 31 ff.
– Gesetzeszweck E. 4 ff.
– weitergehende Anforderungen E. 30
Gentechnik-Pflanzenerzeugungsverordnung A. 3,
Gentechnikrecht
– enges Verständnis C. 3
– weites Verständnis C. 4
gentechnisch veränderte Produkte
– Haftung E. 422
gentechnisch veränderter Organismus E. 31, 40 f.
gentechnische Anlagen E. 31, 49
gentechnische Arbeiten E. 31, 36
Gentechnologie B. 3
Gentherapie B. 16
– somatischen Gentherapie B. 25
– Keimbahntherapie B. 26
Geschlechtschromosomen D. 14
Gesetz über das Verbot bakteriologische Waffen D. 185
Gesetz über den Transport gefährlicher Güter D. 177 ff.
Gesetz über die Beförderung gefährlicher Güter D. 181
Gesetz über die Kontrolle von Kriegswaffen D. 183 f.

Gesetz über die Neuordnung zentraler Einrichtungen des Gesundheitswesens D. 146
Gesetz zur Änderung des Gentechnikgesetzes, zur Änderung des EG- Gentechnik- Durchführungsgesetzes und zur Änderung der neuartige Lebensmittel- und Lebensmittelzutaten- Verordnung A. 3, D. 150
Gesetz zur Änderung des Gentechnikrechts A. 3
Gesetzgebungskompetenz des Bundes D. 138
Grundpflichten E. 74 ff.
grüne Gentechnik D. 56
Guanin B. 8

Haftung
– Arzneimittel E. 421
– Produkte E. 422, 425 ff.
Haftungsausschluss E. 401
haftungsbegründende Handlung E. 392
haftungsbegründender Tatbestand E. 385
Haftungsberechtigung E. 406
Haftungshöchstbetrag E. 409
Haftungsmehrheit E. 403
Haftungsumfang E. 399
Haftungsverpflichtung E. 406
Haftungsvorschriften E. 378 ff.
Handlungshaftung E. 381
Humangenetik
– Ausnahme E. 26

Impfstoffentwicklung B. 32
Infektionsschutzgesetz D. 156
Informationsweitergabe E. 370 ff.
Insulin B. 33
Internationale Regelungen D. 38 ff.
Inverkehrbringen E. 31, 53
– Antragsbefugnis E. 259
– Antragsunterlagen E. 260
– Beteiligung anderer Behörden E. 273
– Bewertung durch die Bundesoberbehörde E. 262
– Bewertungsbericht E. 263
– EG- Beteiligungsverfahren E. 264
– Entscheidung E. 271, 296
– Genehmigungspflicht E. 252
– Genehmigungsverfahren E. 261
– EG-Beteiligungsverfahren E. 264
– Verfahren E. 257

Ziffern = Randnummern

- Verlängerung E. 275
- Zuständigkeit E. 257
Inverkehrbringensvoraussetzungen E. 278

Kausalität E. 394
Kausalitätsvermutung E. 396
Keimbahnmanipulation D. 16
Keimbahntherapie B. 26, D. 16
Keimbahnzellen D. 10
Kennzeichnung E. 305 ff.
Kennzeichnungspflicht D. 105
Kennzeichnungs-Verordnung D. 110
Kennzeichnungsverordnung D. 81, 126
Kleben B. 10
Klonen D. 18
- Klon-Schaf-Dolly B. 30
- Reproduktionsmedizin B. 29
- Reproduktive Klonen B. 30
- Therapeutische Klone B. 31
Klonieren B. 10
Klon-Schaf-Dolly B. 30
Koexistenzregelung E. 11
Kommission für die Biologische Sicherheit
- allgemeine Stellungnahmen E. 72
- Aufgaben E. 71 ff.
- Empfehlungen E. 71
- Zusammensetzung E. 69 ff.
- allgemeine Stellungnahmen E. 72
- Aufgaben E. 71 ff.
- Empfehlungen E. 71
- Zusammensetzung E. 69 ff.
kontrollfreie Vorhaben E. 153
Konvention über die Biologische Vielfalt D. 39
Konzentrationswirkung E. 333 ff.
Krankenkassen B. 19
Kreislaufwirtschafts- und Abfallgesetz D. 202 f.

Laborsicherheitsmaßnahmen E. 31, 63
Landesbauordnungen D. 192
Landwirtschaft B. 34
Lebens- und Futtermittelverordnung D. 81, 114 ff.
- Anwendungsbereich D. 115
- Lebensmittel D. 117
- Genehmigungsvoraussetzungen D. 121
- Zuständigkeit D. 122
Lebensmittel-, Bedarfsgegenstände- und Futtermittelgesetzbuch D. 172 ff.

Lebensmittelherstellung B. 1
Lebensmittel-Kennzeichnungsverordnung D. 72
Lebensmittelwirtschaft B. 35
Lebensmittelzusatzstoffe D. 87
Letztentscheidungsbefugnis D. 100

materielle Präklusion E. 176, 229
Menschenrechtsübereinkommen zur Biomedizin D. 3
Methoden der Gentechnik
- Kleben B. 10
- Klonieren B. 10
- Molekulare Scheren B. 10
- Schneiden B. 10
- Übertragung B. 10
- Vervielfältigung B. 10
Methodensammlung E. 376
Mikrobiologie B. 12
Mikroorganismen E. 31, 35
Mitteilungspflicht E. 151, 322 ff.
Mitteilungsverfahren D. 101
Mitverschulden E. 405
Molekulare Scheren B. 10
Monitoring E. 293

nationale Bestimmungen
- Gesetzgebungskompetenz des Bundes D. 138
- Gesetze D. 141
- Verordnungen D. 142
Nebenbestimmungen E. 313
neuartige Lebensmittel- und Lebensmittelzutaten- Verordnung D. 143
neuartige Lebensmittel und neuartiger Lebensmittelzutaten D. 81,
Novel Food- Verordnung
- Antrag D. 91
- Anwendungsbereich D. 85
- Ausnahmen D. 87
- Empfehlung D. 98
- Entscheidung D. 99
- ergänzende Prüfung D. 99
- Erstprüfung D. 95
- Genehmigungsverfahren D. 90
- Kennzeichnungspflicht D. 105
- Letztentscheidungsbefugnis D. 100
- Mitteilungsverfahren D. 101
- neuartige Lebensmittel und Lebensmittelzutaten D. 84
- Rechtsschutz D. 111
- wesentliche Grundsätze D. 88
- Wirkung D. 132

Sachverzeichnis

- Zulassungsverfahren D. 89
- Zulassungsverfahren D. 89
Nutzungsbeeinträchtigungen E. 416

OECD Sicherheitskriterien D. 31
ökologische Schäden E. 400
Organisation E. 128 ff.
Organismenliste E. 88
Organismus E. 31, 33
ortsübliche Nutzung E. 450

Paul-Ehrlich-Institut E. 221
Pflanzenbau B. 36
Pflicht zur Risikobewertung E. 77 ff.
Pharmazie B. 32 ff.
Präimplantationsdiagnostik B. 22, D. 9, 12
Prinzip der Veränderung B. 7
privatrechtliche Ansprüche
- Ausschluss E. 337
Probennahmen E. 341
Produkthaftungsgesetz E. 422, 425 ff.
Produktionssicherheitsmaßnahmen E. 31, 63
Projektleiter E. 31, 60, 114
- Sachkundenachweis E. 120
- Verantwortungsbereich E. 115
Prüfungsrecht E. 342

Qualitätsverbesserung B. 36

Recht auf informationelle Selbstbestimmung D. 5
Rechtsgüterschutz E 8 ff.
Rechtsgutverletzung E. 386
Reproduktionsmedizin B. 16, 29
reproduktives Klonen B. 30
Restriktionsenzyme B. 10
Restrisiko E. 83
Risikoabschätzung nach der ANSchRL D. 63
Risikobewertung
- Begriff E. 81
- Gentechnik- Sicherheitsverordnung E. 86 ff.
- Restrisiko E. 83
- Sicherheitsaspekte E. 82
- Wirkungen E. 90
Risikogruppen nach der ANSchRL D. 61
Risikomanagement E. 31, 56

Schaden E. 398
Schadensersatzansprüche E. 378 ff.
Schneiden B. 10

Schutzzweck E. 4
Sicherheitsmaßnahmen E. 134
Sicherheitsstufe 1 E. 135
Sicherheitsstufe 2 E. 135
Sicherheitsstufe 3 E. 135
Sicherheitsstufe 4 E. 135
Sicherheitsstufen E. 31, 62, 134
somatische Gentherapie B. 25
Stammzellenforschung B. 16, 27
Stammzellgesetz D. 5
- Anwendungsbereich D. 24
- Einfuhr und Verwendung embryonaler Stammzellen D. 25
- Genehmigung D. 27 ff.
- Stichtagsregelung D. 26
- Zentrale Ethik-Kommission für Stammzellenforschung D. 29
- Zweck des Gesetzes D. 23
Standortregister E. 243
Stichtagsregelung D. 26
Stilllegungsverfügung E. 360
Straftatbestände E. 462
Strahlenschutzverordnung D. 190
supranationale Regelungen D. 39
Systemrichtlinie D. 4, 35, 51 f.

technische Regelungen für biologische Arbeitsstoffe D. 218
Technologiefolgenabschätzung E. 82
therapeutisches Klonen B. 31
Thymin B. 8
Tiere E. 21
tierische Nebenprodukte- Beseitigungsgesetz D. 201
Tierproduktion B. 37
Tierschutzgesetz D. 206
Tierseuchenerreger- Verordnung D. 161
Tierseuchengesetz D. 161
totipotenten Stammzellen D. 9

Übertragung B. 10
Überwachungspflichten E. 338
Umgang mit gentechnisch veränderten Organismen E. 31, 55
Umgang mit in Verkehr gebrachten Produkten E. 280
- Abstände E. 288
- Ausnahme von der Vorsorgepflicht E. 290
- Beobachtung E. 293
- fallspezifische Beobachtung E. 290
- Genehmigungsanspruch E. 299
- gute fachliche Praxis E. 283

178

Ziffern = Randnummern

- Monitoring E. 293
- Produktinformationen E. 292
- Vorsorgepflicht E. 281
- Zustimmung des Nachbarn E. 290
- Zuverlässigkeit E. 291

Umwelt-Gentechnik B. 34
Umwelthaftungsgesetz E. 430 ff.
Umweltschadensgesetz E. 435 ff.
Unfallverhütungsvorschriften D. 219
unmittelbare Wirkung von Richtlinien D. 76 ff.
Unterrichtung der Öffentlichkeit E. 374
Untersagung
- Auflagen E. 359
- fehlende Zulassung E. 356
- Freisetzungen E. 361
- Inverkehrbringen E. 362 ff.
- Nebenbestimmungen E. 359
- Rücknahme E. 358
- Widerruf E. 358
Unwirksamwerden der Anmeldung E. 369

Vektor E. 31, 65
Verbesserung der Agrarstruktur B. 36
verbrauchende Erforschung D. 9
Verbringungsverordnung D. 81, 128
Verdachtsstörfälle E. 327
Verfahren der Veränderung E. 31, 42 ff.
Verjährung E. 406

Verordnung über die Bestellung von Gefahrgutbeauftragten D. 181
Verordnungen der EG D. 46, 80 ff.
Verordnungsermächtigung E. 23
Vervielfältigung B. 10
Verwaltungsgerichtshof Kassel D. 36
Verwaltungsvorschriften D. 32
Verwendung embryonaler Stammzellen D. 25
Verwendung von Embryonen D. 10
Verwendung von Unterlagen E. 301 ff.
Vorsorge E. 91
Vorsorgegedanke D. 56

Wasserhaushaltsgesetz D. 193, 199
wesentliche Änderungen E. 146
wesentliche Beeinträchtigung E. 416, 443, 445
wesentliche Grundsätze D. 88
Wesentlichkeit E. 443
Wirkung von Richtlinien D. 73 ff.

Zentrale Ethik-Kommission für Stammzellenforschung D. 29
ZKBS- Verordnung D. 143
Zulassungstatbestände E. 140
Zulassungsverfahren D. 89
Zustimmung des Nachbarn E. 290
Zuverlässigkeit E. 291
Zweites Gesetz zur Änderung des Gentechnikrechts D. 147